U0077241

耕股

價值投資最重要的事

智股網創辦人 洪鑑穩——著

第 1 章
價值投資思維確立

第 2 章
財務紀錄檢視模組

第 3 章
競爭優勢檢視模組

第 4 章

價值投資估價模組

第 5 章

週期位置檢視模組

懂價值投資＋景氣循環
才能真正買在便宜價

　　買進股價應低於公司價值的論述已經人盡皆知，不過評估個股價值可說是相當困難，更難的是如何預測大環境。作為一名價值投資信奉者，同時也身兼財經節目主持人與作家的我，還真的很少看到有作家能系統化地論述「景氣循環」。尤其在台股這個淺碟市場，一旦遇到外在環境劇烈變化，股價下探的空間其實相當大。

　　很幸運地，我在受邀推薦《耕股——價值投資最重要的事》時，終於讓我對價值投資結合景氣循環這個難題上獲得解答。作者洪鑑穩從 1987 年統計台股的走勢中統整了很多重要的關鍵，像是在循環上的「上漲」時間其實占據了 7 至 8 成的時間，這呼應了多數價值投資者所說「長期投資股市會有不錯報酬」的說法。不過要提醒的是，走在正確道路上時要避免踩雷，否則方向對也不一定能大大獲利。

　　為什麼這麼說？因為衰退期雖然短，不過通常來得又急又快，跌幅甚至會到腰斬的程度，會讓你放棄價值投資的堅持；如果不懂得景氣循環，價值投資非常容易淪為口號。

　　股神華倫・巴菲特（Warren Buffett）與提倡安全邊際的賽斯・卡拉曼（Seth Klarman）為什麼能成為傳奇投資大師，關鍵也是他們除了懂得估值公司外，更厲害的是，在每次循環週期的高點時都能保有相當高水位的現金，讓他們得以在復甦期大量買進跳水價的股票，來加速獲利的倍數與效率。因此，想做好價值投資，不能只懂「複利」，還要懂得抓「轉折」，才能更靠近財富自由。

　　那麼，何時是景氣過熱的時間呢？書中清楚地利用美國長短期公債殖利率倒掛以及其餘 5 指標來判斷，並建議在股市相對高檔時降低持股水位。而喜歡追蹤財報的我，特別喜歡「百大優質企業累計營收年增率」指標。當台灣前百大優質公司的賺錢能力拉高時，理所當然就是景氣的擴張期；反之，營收衰退時，景氣收縮就已經是進行式。本書第 5 章絕對是價值投資書中的重中之重，極少作者能將景氣循環結合價值投資。

　　如果你跟我一樣，屬於價值投資且積極型的投資人，本書值得細細品嘗，期望在下一次景氣循環的底部，我們能一起耕股，然後迎接豐收的到來。

價值波段達人

蕭凱迪

最鉅細靡遺的
價值投資學習指導手冊

「智股網」的文章我很早就在網路上看過，所以雖然沒見過鑑穩兄本人，但是對他的文章毫不陌生。編輯告訴我，她覺得鑑穩兄跟我很像，我看了鑑穩兄的著作後也有這種感覺。我們的整體思考邏輯就是從量化財務指標走向「質化分析」。這種方式的基本論點很簡單：「財務指標能幫助我們快速地篩選標的，但卻沒辦法告訴我們好公司的成因，而質化分析就是找出成因的技術！」

鑑穩兄思考嚴謹，整體思考系統化與結構化，而且鉅細靡遺，我在閱讀書稿的過程中也補充了不少我遺漏的思考點，其中本書第 3 章是我認為最重要的重點，也就是致力於「質化分析」的投資人所努力的方向：「如何評估一家公司的長期競爭力？」

擁有長期競爭力的公司，就是所謂「偉大的公司」。如同查理·蒙格（Charlie Munger）說的：「如果你能找到某檔價格公道的優秀企業的股票，買進，然後坐下來等，這種方法將會非常非常的有效，尤其是對散戶而言。」

「波克夏幾千億美元資產中的一大部分,來自於那些更優質的企業。仔細分析起來,會發現大錢都是從那些優質企業賺來的,其他賺大錢的人,絕大多數也是透過優質企業獲利。」是的,巨大的報酬率來自偉大的公司,那為什麼沒多少人能做到?因為許多人不相信存在「偉大的公司」,即使出現在眼前,他們也會視而不見。

你的投資方式會反映你的思考哲學,因此要找到偉大的公司,最簡單的方式就是成為偉大的人。偉大的定義不在於成為歷史偉人,而是要在工作領域成為同業翹楚、具備卓越的影響力,以及持久不墜的良好表現,這3點都來自於自我要求。卓越,始終是一種選擇。

我雖然羨慕鑑穩兄能親自到哥倫比亞大學學習價值投資,但我有我的投資路要走,投資人也有自己的路要走。自始至終,你在股市真正的交易對手不是3大法人,或者是神祕的主力大戶,更不是任何巨大資金的洪水猛獸。你真正面對的,其實是你自己的投資哲學。

所有投資哲學之中,價值投資是最符合常識,也是最禁得起考驗的投資哲學。鑑穩兄這本《耕股——價值投資最重要的事》,則是你價值投資學習指導手冊之中,最鉅細靡遺的一本著作。

價值投資者

雷浩斯

找到好公司
再等一個好價錢

　　與《Smart 智富》月刊結緣已超過 20 年了。從雜誌的訂閱者到被訪問數次，不自覺中好像是《Smart 智富》的一分子了。今年 5 月底自己出了一本個人的理財書，承蒙大家支持，銷路還算是差強人意。也可能是因為這個緣故，接到副總主筆劉萍的來信，要為《Smart 智富》的新書《耕股──價值投資最重要的事》寫推薦短文。在受寵若驚之餘，還是擔心自己這點功力實在有些不自量力。不過既然已經點頭在先，便以讀者的角度向大家分享一些心得。

　　在此之前對本書作者並不熟識，而後得知作者洪鑑穩是一位專業的投資者，擁有數家公司，已經縱橫股市多年，並有著令人羨慕的績效。這次將其鑽研多年的巴菲特（Warren Buffett）投資心法撰寫成冊，讓崇拜「巴爺爺」的讀者們又多了一本專業的教科書來研讀。

　　坊間有關巴菲特的書籍也不在少數，其中許多是翻譯書，書中的例子，對投資國內股市的一般小股民而言，無法產生直接運用的效果，只能學到其投資原則而已。所以這本圖文並茂、資料齊全的新書，

就很值得我們細細品味，並且運用在自己的投資上，開始在股市中製造個人的被動收入，早日邁向財務自由。

作者用「耕股」當作書名，正好和我用咖啡莊園來形容我的存股有異曲同工之妙。我們都是運用巴菲特的投資原則來存股──找到好公司，再等一個好價錢。只是這本書像是進階版的教科書，值得大家花些時間反覆研讀。

最近台股又上萬點了，再加上疫情的影響，各個經濟大國為了提振經濟而量化寬鬆，短期間內是不會改變的。過多的資金造就了股市的榮景，也多少顯示著景氣的泡泡愈來愈大。再加上銀行的超低利率，使得投機的氣氛也愈來愈濃了。這時若想要做個謹慎的投資者，不要跟著其他投機者上沖下洗，最後賠錢而黯然退場。這本書是一定要放在你的書桌上的，不是以前的書寫得不好，而是新書裡提供的各種資訊都是最新的，可以有立即參考的價值。一本幾百元的書，誰知道未來可以替諸位讀者帶來多少倍的回報？這絕對是有非常驚人的投資報酬率的。相信我！

存股教授

謝士英

40歲前沒有真正的
價值型投資人

　　說起「價值投資」，幾乎沒有人不將「股神」巴菲特（Warren Buffett）的投資哲學奉為圭臬；而影響巴菲特最深遠的人，非他的合夥人查理‧蒙格（Charlie Munger）莫屬。

　　蒙格曾說：「40歲以前沒有真正的價值型投資人。」這句話的本意是指，未曾經歷股市大風大浪洗禮的人，很難有足夠的心理素質與智慧，成為貨真價實的價值型投資人。而跟大部分的投資人相比，我比較幸運一點，提早在40歲以前就學成價值投資法了，能夠及早以此法踏實累積財富。

　　不過，有時還是會貪心地想，要是我提早10年、甚至20年便能知曉巴菲特這號人物，甚至求學時期若選擇到美國哥倫比亞大學就讀，藉此更早習得價值投資法，該會是多美好的一件事。畢竟，在學習與累積投資經驗的過程中，除了不斷汲取投資智慧外，更珍貴的是，能夠從中體悟到許多寶貴的普世智慧。

　　相信我，在學習價值投資法的路途中，並非僅僅是學習投資、累

積財富而已；單單透過閱讀有關巴菲特的書籍、查理・蒙格、班傑明・葛拉漢（Benjamin Graham）、霍華・馬克思（Howard Marks）……等投資大師的親筆著作，所內化而成的智慧，也足以翻轉你對許多事物的看法，甚至是改變你的人生觀，因為你將對平時習以為常的事物有更深一層的見解。

舉例來講，當你確實能體會到，葛拉漢為何以「市場先生」來形容股票市場的不理性時，你也同時能體會到人類是一種多麼不理性的物種。因為我們的基因早已寫入了許多不同的心理傾向，例如貪婪、恐懼、傲慢、妒忌等；而當這些心理發生作用時，便會成為阻礙我們人生進步的絆腳石。若能藉此反觀自我，則不難發現，過往自己曾經歷的難關，很多時候可以用更理性的方式來思考與處理，避免犯下無謂的錯誤，並獲致更理想的結果。

在全心投入價值投資之前，我僅將少數資金用於執行價值投資法之上，長期投資幾家大家耳熟能詳的績優股或龍頭股，例如台積電（2330）、統一超（2912）、台塑（1301）等好公司，但大部分的資金仍以短期投資為主（約80%的比重）。日子一久，那些被我遺忘在戶頭裡的好公司股票，整體績效表現並不輸給我短期投資部位的績效，部分個股甚至創造出20%以上的年化報酬率。

而後我開始深入研究並全心執行價值投資法，並在2017年自費近1萬美元，赴紐約的哥倫比亞大學商學院，參加它們所舉辦的價值投

資課程。在課程中，教授除了傳授基本觀念，也使用許多實際案例來說明如何評估一家公司的競爭優勢、如何估算公司的內在價值，包含高科技業公司與傳統產業公司，例如全球最大半導體公司英特爾（Intel）、連鎖超市沃爾瑪（Walmart）、跨國電商巨擘亞馬遜（Amazon）、平價連鎖超市達樂（Dollar General）……等。

參加課程的學員來自世界各地，甚至包括知名基金公司的經理人。說實在的，當時我對那些遠道而來的學員感到疑惑，因為他們理應都是經驗豐富的專家，怎麼會來參加這門課程？經交流後，才發現原來他們原本的操作模式，並非以價值投資法為主；他們雖然知道價值投資法的基本觀念，卻缺乏完整的投資技巧。多數學員最想知道的，莫過於如何評估公司長期競爭力與估算一家公司的內在價值。

而我雖然已經以價值投資法建立了一套操作模式，但這堂課程幫助我補強了先前沒發現到的缺陷，也讓我的整體投資思維更成熟，操作模式也更為精進。

為了讓自己在實務投資上更有效率，我整合所有習得的投資精髓，系統性地建構起多套應用模組。而為了更有效率地檢視所有上市櫃公司的歷史財務紀錄及估價，我特別聘請程式設計公司幫助我設計一套軟體，自台灣經濟新報（TEJ）取得所有上市櫃公司的歷史財務資料以及相關資訊，運用大數據，開發出股票篩選系統與估價系統。在長期使用的過程中，我也根據自己的實務經驗持續改善它的功能，

至今已成為相當完善的系統。

　　許多朋友知悉了我運用的工具後，建議我將之公諸於世。仔細思考後，我發現確實有許多投資人，雖有心學習價值投資法，卻始終無法掌握要領，而我創建的這套系統，絕對可以帶來幫助。於是我開始大幅優化這套系統，並建置在公開網站上，期望幫助更多人實踐正統的價值投資法，「智股網」（www.iqvalue.com）因此誕生。

　　無論是開發智股網，或是撰寫這本書，最大的動機，都是希望幫助更多人認識價值投資法，而且愈早認識愈好。然而，即使是年齡稍長的人，只要願意起步都不嫌晚；藉由價值投資法，累積更多財富，同時提高自己的生命質量。

　　別忘了，許多價值投資大師都已超過 60 歲以上；更別說是巴菲特與蒙格這兩位老人家，2020 年的此刻，前者已經 90 歲了，後者則接近 100 歲。價值投資法絕對是一個可以活到老、用到老的投資法。

導讀

先立於不敗之地
再設法提高報酬

　　這本書從頭到尾就只有一個目的——告訴你如何利用巴菲特（Warren Buffett）的價值投資法，從股市中賺取穩定、安全、持續的報酬，並藉此累積更多的財富。

　　如果你不愛賺錢，或是對長期投資股票沒有興趣，那就請你把這本書闔上，放回展示架上。如果你想要讓金錢緊緊跟著你，我相信這本書絕對能幫助你做到；因為價值投資法不僅是世上最容易學習的投資法，更是最能幫助你累積財富的投資法。

　　許多人誤解價值投資法是試圖賺取最高報酬；事實上，它的最大優點是幫助我們降低虧損風險，並盡可能讓「獲利風險比」極大化。

　　雖然價值投資法講究優先讓自己立於不敗之地，並且盡可能創造非凡的投資績效，但風險是無法完全避免的——個股有體質弱化的風險、產業有供需結構變化的風險、大環境有系統性的風險，還有投資人自己造成的誤判風險。不要認為自己能100%避開這些風險，即便是巴菲特也無法做到。

重點來了，既然我們無法 100% 避開風險，我們的投資方法是否能有效將某些風險的發生機率降至最低呢？真的遇到這些風險時，我們的投資組合是否也能將傷害降至最低呢？這些是投資者容易忽略，卻也最應該優先考慮的事。

最正確的投資思維是，當你要把辛苦賺來的血汗錢投資出去前，不能只想著如何賺到錢，或是能賺到多少錢，更重要的是得謹慎思考風險。當我們發現可能產生永久性虧損的機率過高，或自己無法判斷，就必須放棄，另尋其他標的。

價值投資法不可或缺的4要素

講得更明白些，投資就是優先讓自己在市場上立於不敗之地，試圖永久留在市場之中，並且懂得耐心等待那些少數會出現的絕佳投資機會；只要機會一出現，就大膽買進並長期持有，如此就能創造穩定、持續、安全的獲利。如果能再善加利用複利的效應，讓時間成為財富增長的助力，假以時日便能累積可觀的財富，這就是價值投資法的真正原理。價值投資法有 4 項不可或缺的要素：

1.永久留在股市

要成為贏家，比的是氣長，不是一時的勝利。投資也一樣，誰能存

活在股市中愈久，誰就能成為最後的贏家。唯有具備長存於股市的能力，才能永遠留在股市之中，如此也就有愈多機會掌握到稀世的投資機會。永久留在市場的關鍵，端看風險控管的能力，因為市場風險是我們無可迴避的障礙，更是打擊我們獲利的主要因素，所以誰能把風險控管做得愈好，誰就愈有能力永久留在市場之中。籃球比賽有句諺語是這麼說的：「好的進攻幫你贏得一場比賽，好的防守幫你贏得冠軍。」

我們不難發現，每當 NBA 的賽事結束後，輸球那方的球隊教練在接受記者訪問時，總是把輸球主因歸咎於防守上的缺失，因為好的防守能力，往往是穩定贏得多場比賽的關鍵能力。投資也有異曲同工之處，大部分因賠錢而退出股市的輸家，都是缺乏風險意識，或是不知如何在平時就做好風險控管的投資人。

很多時候，即便他們一開始能賺取非常豐厚的獲利（尤其是在牛市的週期中），但只要一遇到嚴重的股災，就會一次徹底賠光光。所以不管是實務上的操作，或是投資的法則，都不能忽略風險控管。風險控管也是許多投資大師們重視的關鍵能力，他們能長存於股市之中，不是因為他們能把握住每次賺大錢的機會，而是善於控制風險。別忘了巴菲特的名言：「第 1 條規則：永遠不要虧損；第 2 條規則：永遠不要忘記第 1 條。」因此在這裡，我把那句籃球比賽的諺語稍微修改成：

「好的獲利方法幫你賺取一時的獲利，懂得風險控管幫你累積一世的財富。」

在股市中，唯有先讓自己立於不敗之地，才能夠在投資股市的過程中，穩定賺取長期報酬，這才是投資股市最重要的關鍵。每當你思考是否應該把錢投資在一家公司的股票時，不應該只想著該檔股票能賺到多少錢；更重要的是，得優先思考虧損的風險是否過高，以及自己能否完全了解該公司，這才是思考過程中最應該重視的環節。

2.掌握更多絕佳投資機會

當然，有絕佳防守能力是不夠的，還得有進攻能力。就像籃球比賽，空有強大的防守能力，卻沒有投籃得分的能力，仍然於事無補。在投資市場上，防守能力是為了保障自己永久留在市場，進攻能力則是懂得分辨與掌握甚少出現的絕佳投資機會。

「對我們來講，投資相當於賭馬。我們要尋找一匹獲勝機率是1/2、賠率是 1 賠 3 的馬。你要尋找的是標錯賠率的賭局，這就是投資的本質。你必須擁有足夠的知識，才能知道賭局的賠率是不是標錯了。這就是價值投資。」

──查理‧蒙格（Charlie Munger）《窮查理的普通常識》

而所謂「絕佳投資機會」，指的就是那些贏面大、輸面小，賠錢機率低、賺錢機率高的投資機會；例如，被市場定錯價格的好公司股票，或是價格公道的成長型公司股票。投資人若能找到這樣的投資機會，就得積極出手，因為買進這種股票是最安全，也是最佳的獲利保證。

　　缺點是，這樣的絕佳投資機會通常只會在特殊情況才會大量出現，例如經濟衰退的時期，或是產業前景堪憂的情況等。因此絕佳的機會甚少出現，一旦出現，你必須具備足夠的辨識能力，而這項能力必須透過學習與實務上的歷練，才能愈趨精熟。這也是本著作的主要目的之一，幫助讀者建立辨識絕佳投資機會的能力。

　　假設一個人只有 10 年的時間能投資股市，在這 10 年之中，他有 10 次的機會遇到絕佳的投資標的；以此類推，如果他有 20 年的時間可以投資股市，那他就有 20 次的機會能遇到絕佳的投資標的。所以簡單來講，如果他有辦法存活在股市愈長的時間，他自然能掌握到愈多的絕佳投資機會；長期下來，自然賠錢的機率會大大減少，賺錢的機率會大大提高。這是很簡單的思考邏輯，有趣的是，只有少數人能真正懂得其中的奧妙之處，而巴菲特就是其中之一。

3.創造持續、穩定、安全的獲利

　　長期獲利的關鍵在於，當你判斷正確或遇到好時機時，可以賺很多；而當你判斷錯誤或遇到不好情況時，卻只會虧很少。如此長期

下來，錢就會追著你跑。所以在整個投資法則的設計與建構上，必須是以優先提升股市存活度的能力與機率為主，並在存活的期間耐心等待符合輸面小、贏面大的絕佳投資機會。只要機會一出現，就應該下重注，以此建立一組絕佳的投資組合，而後便可享有持續、穩定、安全的獲利，進而累積更多的財富。幸運的是，雖然絕佳機會出現的次數並不多，但只要每年都能掌握到數次，長期下來就可創造相當優異的投資績效。

講得更直接點，投資人只要能掌握前面的第 1 項與第 2 項要素，獲利自然會追著你跑。投資要致勝，絕對不是使盡全身的力氣去追逐獲利而得，而是你得懂得如何讓錢隨之而來。這是很重要的觀念，只是很多人不懂，總認為投資致勝必得在市場上無數次地殺進與殺出，或是追逐強勢股，賺取快狠準的獲利。

我們的目標絕對不是追求一夜致富，而是創造持續、穩定、安全的獲利績效，這才是正確的投資思維。若以此再結合複利與時間的要素，創造複利效應，就能夠累積可觀的財富。「持續、穩定、安全的獲利」是創造複利效應相當重要的必要元素，一旦缺乏這項元素，複利的效應必將大大減弱，累積財富的速度也會因此相當緩慢。

4.創造複利效應，累積更多財富

複利效應的力量非常可觀，也是巴菲特時常用來解釋自己累積財富

的主要因素之一，還記得滾雪球的理論吧？巴菲特曾在他唯一的紀錄片中用一粒米的故事來比喻複利的力量，故事內容如下：

「有一個人幫國王完成了一件棘手事，國王為了報答他，便請他提出要求，這個人於是拿了1個64格的棋盤，並請國王在棋盤上的第1格放1粒米，第2格放2粒米，第3格放4粒米，第4格放8粒米，以此類推，把棋盤的每格都放滿米後送給他。國王一聽很高興，心想這個要求實在太容易了，於是便答應了他的請求，直到真的擺上米時，才發現即使他收集了全國家的米，也無法滿足他的要求。」

$$2 \times 2^{63} = 18{,}446{,}744{,}073{,}709{,}551{,}615 \text{ 粒米}$$
（約為 1,845 億兆粒米）！

永遠要記得，創造良好的複利效應必須有3項重要元素：「持續、穩定、安全的獲利方法」、「獲利再投資」、「時間」。其中又以第1項最為關鍵，唯有獲利表現愈是優異，累計財富的目標才會愈快達成。

將以上4項價值投資要素結合在一起，就是價值投資法的真正原理。其中的第1項與第2項要素是需要透過思維上的建立、技能的學習，以及實務上的歷練才能做得盡善盡美，也才能創造持續、穩定、安全的獲利。因此我們必須以這2項要素作為核心，發展出一套完善的投資法則，來作為平時執行價值投資法的主要依循，如此

圖1 永久留在股市中，才有機會累積可觀財富

價值投資4大要素良性循環

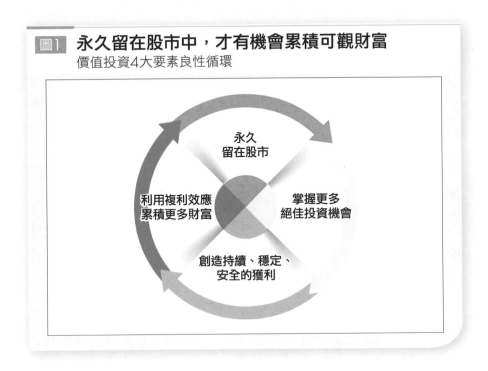

才能順利發揮價值投資的力量。

藉助WIN價值投資系統，學習正確的投資思維與技能

多數人學習價值投資法時，若不是過於重視財報面的解讀技巧，要不就是只學習理論，到頭來只是一知半解，或總是抓不到獲利的要領。想成功利用價值投資法賺取長期穩定的報酬，以下3項要件缺一不可：

1. 具備正確的投資思維。

2. 精湛的投資技能。

3. 健全的心理素質。

本書旨在幫助讀者練就前 2 項要件，以此奠定基礎，並習得完整的投資技能，至於「健全的心理素質」得靠自己的實務經驗累積方能成形。

為求能讓讀者學習到正確的價值投資觀念，並輕鬆應用於投資實務，我將 10 多年來所習得的知識與經驗，並整合了所有價值投資法中最重要的關鍵要素，以此建構出一套完整的「WIN 價值投資系統」；這是歷經了無數次反覆嚴謹的思考，並在去蕪存菁與化繁從簡之下建立而成的。本書也將搭配豐富的台灣上市櫃公司財務數據與競爭優勢分析做完整的案例說明。

「WIN 價值投資系統」主要分為以下 3 套子系統：

1. 致富原則（Wealth Principles）：

① 建立正確投資思維。

② 價值投資法 7 大致富法則。

2. 應用系統（Implement System）：

① 財務紀錄檢視模組。

② 競爭優勢檢視模組。

③ 週期位置檢視模組。

3. 運算系統（Numeration System）：

① 估價模組。

這套系統能幫助你達成以下 6 項重要目標：

1. 你不需學會任何初階會計的知識，便能看懂好公司的財務樣貌。

2. 你不需要成為專業分析師，也能看懂一家公司是否具備長期競爭優勢。

3. 你不需要去用複雜的估價公式計算，也能做好股票的估價。

4. 你不需耗費過多的時間，也能領悟價值投資法的核心思維。

5. 你不需要經歷複雜或昂貴的學習過程，也能完整學會巴菲特所使用的價值投資法。

6. 你不需擁有巴菲特的智商，也能懂得利用價值投資法來為自己累積可觀的財富。

期待能藉由本書，幫助更多人習得價值投資法的正確思維，嫻熟實務操作技巧，更希望能幫助更多人，早日獲得財富自由的人生。

第1章

價值投資思維確立

掌握14項正確投資思維
躋身股市少數勝利者

股市並非只是單一勝利者的遊戲，市場上可以有很多勝利者，但通常只有少數人能成為最終的勝利者，原因是只有少數人能真正掌握正確的投資思維。

可惜的是，大部分投資人的處境是艱難的，每天有各式各樣的資訊車載斗量地由媒體或網路傾倒而出；聳動的標題、各式投資方法、各種提倡短期獲利的投機模式等，持續轟炸投資人的腦袋，迫使投資人無形之中被植入了許多錯誤的投資觀念，或不扎實的投資技巧。

在長期被錯誤資訊的影響下，我看著許多人付出昂貴的代價，不只虧損，還錯失許多累積財富的機會與時間。倘若他們能優先建立正確的投資思維，再行發展整體投資技能，結果肯定會大不相同。

正確的股市投資思維＝成功獲利的起跑點

投資股市，我們得具備正確的投資思維，才能發展出正確的投資觀

念、投資方法、投資行為，如此才能最終得到勝利的結果。有正確的 INPUT，才會有正確的 OUTPUT，千萬不要期待一堆爛蘋果打出來的汁，會變成有機蘋果汁；會算數的猴子，終究還是猴子。

　　許多知名的價值投資大師，都是掌握了重要的投資思維後，才能長期縱橫於市場之中。他們其中有些人在年輕時期，曾經歷過大起大落，直到真正掌握到正確的投資思維之後，就鮮少再犯下嚴重的錯誤，一直到他們退休為止。我將投資股市該有的正確思維細分為以下 14 項：

　　1. 重視一家公司的長期發展，把持股視為擁有公司某一部分的權益，而非隨時可買賣的交易商品。

　　2. 長期投資，不投機。藉由公司的長期發展來謀取長期的利益。

　　3. 唯有便宜或合理的好價格，最能直接幫助我們降低風險，並創造更高的獲利空間。

　　4. 耐心等待不容易，但卻是投資股市最好的朋友。

　　5. 不猜測市場趨勢，不猜測個股漲跌，也不要相信任何人可以準確預測未來。

　　6. 重視風險管理，比追求獲利來得重要。

　　7. 專注在自己能力範圍內的事，不要去投資自己無法理解的公司，或無法估算內在價值的公司。

　　8. 務必要謹守投資紀律。

| 表1 | 建立正確思維，投資股票也能睡得安穩 |

投資思維比較

問題	錯誤思維	正確思維
投資股市就一定可以賺錢嗎？	聽説大部分投資股票的人最後都是虧錢的，所以千萬不可以投資股票，因為那是一種賭博。要不然你得懂得各種技巧，例如技術分析，或有內幕消息，才能賺到錢	這世上沒有任何一種方法可以保證一定賺錢。然而當投資人不投機，懂得執行正確的投資方法，並嚴守投資紀律，自然能降低虧損的機率，大大提升獲利機率
投資股市應該賺取多少的報酬，才算是合乎標準之上？	股市風險高，獲利要非常高才值得冒險。聽説厲害的人可以在短短幾年內賺取好幾倍的獲利	長期績效超越大盤是最低標準
投資股市可以睡得安穩嗎？	怎麼可能睡得安穩？股市大跌時，搞不好得吃安眠藥才睡得著。每天要看盤或勤做功課研究技術指標，隨時掌握買進與賣出的時機，才可能獲利	用對的方法投資股票一定能睡得安穩。對於投資股票會感到焦慮的人，通常都是投資亂無章法，或是投機與炒短線的人
高獲利＝高風險，萬一虧錢了怎麼辦？	不要投資股市，就不會虧錢。如果要投資股市，懂得停損就不會大虧，懂得停利才能保留獲利，只要賺的比虧的多，最後還是賺的	任何投資都有風險，但我們必須懂得極大化「獲利風險比」，也就是除了追求獲利，更要做好風險控管，才能長存於股市並創造優異的績效

9. 理性思考，不追逐漲勢，也不與任何股票談戀愛，一切回歸基本面。

10. 把時間轉化成對投資有利的元素。

11. 創造複利效應才是真正累積財富的方法，而穩定、安全、持續性的獲利，是複利效應必要的條件。

12. 不需頻繁交易，只需掌握住少數最好的投資機會，就能創造最高的投資績效。

13. 只投資在虧損機率低、獲利機率高的項目上。

14. 想辦法讓自己永遠留在股市之中。

羅馬並非一日建成，先有正確的思維，並學習基礎知識後，再去習得操作技藝；透過實務上的歷練，假以時日便可愈趨精熟，水到渠成。

1-2

買進體質絕佳的公司
提高獲利機率

　　巴菲特（Warren Buffett）曾說過：「與其以便宜的價格買進平庸的公司，不如以合理價買進絕佳的好公司。」

　　股價漲跌涉及的是群眾的心理反應，其中包含恐懼、貪婪和希望等等的心理；然而就長期的角度而言，一家公司的股價能長期持續高漲，只有一種原因：投資大眾對它未來的獲利能力持續看好，以及它的內在價值能持續成長。

　　投資一家平庸的公司，若要期待它的股價上漲，通常只能期待它未來的發展能有所轉機；或因為某種題材被市場一時青睞，在買盤湧入後，讓股價被追捧上漲。不過以長期的角度而言，這其實是一種獲勝機率相當低的投資選擇。因為即使用很便宜的價格買進一家平庸的公司，長期而言，股價很可能因為節節敗退的盈餘，而持續向下探底，即使買得再便宜也是無濟於事。

　　反之，若是能以合理或便宜的價格買進一家優秀的好公司，它的股價將隨著公司每年盈餘的成長而上漲，讓投資人坐收豐厚獲利。

投資並非只求如何進攻,更重要的是懂得如何讓自己長期立於不敗之地,進而創造優異報酬。而投資體質絕佳的好公司,絕對是降低虧損風險、提升獲勝機率的最好方法。

知名美股投資資訊網站 Gurufocus.com 創辦人田測產(Charlie Tian)的著作《像投資大師一樣思考:避開價值陷阱,只買好公司》之中,他利用自己所開發的系統,匯集了所有美股上市公司長期所累積下來的數據,藉此比對公司的股價與獲利表現之間,是否存在一種正向關係,並以實質的數據來佐證「投資好公司的獲勝機率是否更高」,以下節錄自書中提到的重要比對結果:

在採樣標普 500 指數中的 454 家公司裡,從其股價績效表現來看(採樣數據介於 2006 年 7 月~ 2016 年 7 月):

1. 從獲利年數來看:

① 過去 10 年裡,10 年都獲利的公司,平均股價漲幅 11.1%,其中只有 2% 的公司股價會是虧損的。

② 過去 10 年裡,只有 9 年能獲利的公司之中,平均股價漲幅 7.1%;股價會虧損的公司,比重提高到 17%。

③ 10 年中只有 8 年能獲利的公司之中,平均漲幅 6.6%;股價會虧損的公司,比重又提高到 28%。

2. 在過去 10 年裡,每年都獲利的公司之中,平均股東權益報酬率(ROE)愈高的公司,則股價漲幅也就愈高。

3. 在過去 10 年裡，每年都獲利的公司之中，平均每股盈餘（EPS）成長率愈高的公司，則股價的漲幅也就愈高。

透過田測產的舉證，我們可以做出如圖 1 的結論──長期持有好公司的股票（每年獲利、ROE 高、獲利持續成長），能讓虧損機率大幅降低，並讓獲利機率大幅提升。

優質台股公司，9 成以上投資績效為正數

台股中的好公司也有同樣的特性，股價與公司獲利的表現幾乎也存在正向的關係。透過我們的智股網（www.iqvalue.com）系統所累積下來的長期數據，也發現那些能年年獲利、ROE 高，以及實質盈餘長期成長的公司，有高達 96% 以上的股價長期績效表現為正數。

這同樣也意味著，即便是投資台股，若同樣能買進一家年年表現優異的好公司，並且長期持有它，也能將虧損的機率大大降低，獲勝的機率大大提高。

表 1 中的 40 家公司，是由我們智股網的口袋觀察名單中，所取樣出來的好公司，這些都是具有經濟護城河的好公司；除此之外，它們的歷史財務紀錄也都完全符合 7 大財務指標標準（詳見 2-1）。

透過表 1 所示，我們可以觀察到以下幾項重點：

1. 表 1 中的每一家公司，在 2012 年以當年度的平均股價買進，

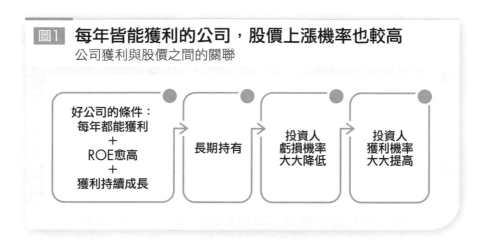

圖1 **每年皆能獲利的公司，股價上漲機率也較高**
公司獲利與股價之間的關聯

好公司的條件：
每年都能獲利
＋
ROE愈高
＋
獲利持續成長
→ 長期持有 → 投資人
虧損機率
大大降低 → 投資人
獲利機率
大大提高

並且長期持有 7 年以上的話，最終都是獲利的（除了晶華以外）。
這代表只要一家公司具有長期競爭優勢、高 ROE，以及年年都能獲
利的條件，投資人只要長期持有它們的股票，虧損的機率相當低（這
點也驗證了巴菲特為什麼會經常說，在長期持有之下，風險會降得
很低）。

2. 假設我們持有表格中的所有公司長達 7 年之久，整體績效仍然
相當可觀。經計算，平均年報酬率高達 29.38% 之多。也就是說，
如果投資 100 萬元在這 40 家公司，每年可賺取 29 萬 3,800 元的
獲利。

3. ROE 愈高，平均年報酬率就有愈高的傾向；但 ROE 低於 20%
之後，平均年報酬率才會開始略低一些。

表1 40家連續獲利7年好公司，39家的投資績效為正報酬

股名	代號	產業	過去5年 平均ROE（%）	持有7年 平均年報酬率（%）
為 升	2231	汽車組件	39.72	147
大立光	3008	光電業	38.73	82
寶 雅	5904	貿易百貨	36.63	84
精 華	1565	生技醫療	36.45	14
儒 鴻	1476	紡織業	31.74	76
葡萄王	1707	生技醫療業	31.00	45
新 麥	1580	電機機械	30.73	12
晶 華	2707	餐飲酒店	30.61	-3
瑞 穎	8083	電機機械	29.88	32
統一超	2912	貿易百貨	28.48	20
全 家	5903	貿易百貨	28.10	12
台灣大	3045	通訊設備	27.15	7
寶 威	8416	軟體服務	26.03	30
可寧衛	8422	環保產業	26.00	2
台積電	2330	半導體	25.09	30
和泰車	2207	汽車工業	25.01	12
大統益	1232	食品工業	24.74	22
和 大	1536	汽車組件	24.57	114
大 億	1521	汽車組件	24.25	9
廣 隆	1537	電機機械	24.17	40
耕 興	6146	其他電子	24.16	32

智股網篩出的40家台股好公司名單

股名	代號	產業	過去5年 平均ROE（％）	持有7年 平均年報酬率（％）
桂　盟	5306	自行車工業	24.06	24
群　聯	8299	半導體	22.52	6
中　碳	1723	其他化學	22.19	5
研　華	2395	電腦及周邊設備	22.08	31
中租-KY	5871	租賃業	20.27	35
三　星	5007	鋼鐵工業	19.97	15
朋　程	8255	汽車組件	19.30	13
中聯資源	9930	其他水泥	19.21	10
裕　融	9941	租賃業	19.04	14
茂　順	9942	汽車組件	18.79	13
佳　格	1227	食品工業	18.32	4
世　界	5347	半導體	18.17	61
巨　大	9921	自行車工業	17.95	4
台達電	2308	電子零組件	17.42	14
崑　鼎	6803	環保產業	16.47	10
中　保	9917	保全業	17.08	12
宇　隆	2233	汽車組件	16.78	12
卜　蜂	1215	食品工業	16.44	60
中　砂	1560	電機機械	16.33	13

註：表中公司皆連續獲利7年；表中的持有7年平均年報酬率，是以2012年的年度平均股價買進（當年度的總交易平均價格），並長期持有至2019年2月16日為止的總報酬率7年平均值，期間歷經2015年與2018年的修正，持有時間長達7年之久
資料來源：智股網

在這裡，我們可以歸納出以下幾項重要的結論：

1.這些財務表現優異，以及具備長期競爭優勢的好公司，在長期持有之下，投資績效幾乎都是正數的，很少會以虧損收場。

2.ROE 愈高，股價的績效表現也就愈優異。

3.只要長期持有一籃子具有競爭優勢的好公司，除了虧損的機率將大大降低之外，獲利的機率也將跟著大大提高。

4.幾乎每檔優質的公司股票，報酬都大幅超越大盤的績效。

台股之中，約有 100 多家公司是具有長期競爭優勢的好公司，只是它們的競爭優勢仍有強弱之分。這裡我只列出其中 ROE 表現最突出的前 40 家公司來作為範例，以此來佐證投資一籃子好公司的強大好處。當然，在評估一家公司的財務紀錄時，並不會只取 ROE，還得參考其他 6 項重要的財務條件；在之後的篇幅中，我將會提出如何利用 7 項財務條件來分辨出可能具備長期競爭優勢的好公司。

一家公司唯有具備高度的競爭優勢，盈餘表現才能長期維持在好的狀態，甚至還會逐年成長，整體財務數據自然也會有高水準的表現。這些都是必然的正向關係，也難怪巴菲特時常提及他會買進的公司，都是具備長期競爭優勢的好公司。

如果我們所投資的公司是具有長期競爭優勢的好公司，只要買進的價格合理或是便宜，並且做到長期持有，就可以創造低風險與高報酬的效應，讓自己優先立於不敗之地之餘，還能創造優異的報酬。

換個較簡單的比喻來講，就是：

遇到逆勢，我虧很少；遇到順勢，我賺很多。

這才是真正的投資聖杯，也是成為最終勝利者的真正祕訣。

1-3

效法巴菲特只投資好公司
倍速累積財富

　　具有長期競爭優勢的好公司，我們簡稱為「好公司」，更是「股神」巴菲特（Warren Buffett）長期追求的投資標的。

　　巴菲特能成為世界的首富之一，靠的是「只」投資在好公司。攤開他所職掌的波克夏公司（Berkshire Hathaway）過去幾十年以來的投資史，不難發現在它的投資組合裡，每一家公司都是擁有長期競爭優勢的好公司，無一例外。或許巴菲特對好公司的見解會隨著知識的累積之下，而變得更為豐富與多元，但是「只投資好公司」的宗旨卻是始終如一。

巴菲特40歲後身價暴漲，關鍵為投資哲學轉變

　　巴菲特 99% 的財富是在 44 歲後賺得，我不禁好奇，他在 44 歲之後到底做了什麼事？帶著這份好奇，我試圖研究巴菲特從他年輕時期到 2020 年的期間，到底買了哪些公司，表 1 是我整理出來的

資訊。

我們可以觀察到以下幾項重點：

1. 將巴菲特的身價與報酬率簡單整理如表 2，可以發現他在 69 歲前資產的年化成長率最高，69 歲之後便開始往下掉。根據巴菲特的說法，這與波克夏在 2000 年之後激增的龐大資本與改變收購方式有關（改以購併整家企業的股份為主）。不過自 32 歲到 89 歲之間（57 年），他的身價以平均 23.71% 的年化成長率增長，這是相當可觀的複利率。

2. 巴菲特在 69 歲以前所做的投資決策，可發現他買的公司並不多，每年只買數家公司。而主要幫助他創造最多獲利的幾項重要投資，包含美國運通、蓋可保險公司、通用保險公司、可口可樂、吉列刮鬍刀、麥當勞、富國銀行、內布拉斯加家具賣場、時思糖果等，這些公司在過去那段期間的成長都相當驚人，這也是為什麼巴菲特會說，真正幫助他賺到最多錢的投資決策也不過 10 來個。

3. 巴菲特過去所投資的公司在當時就已經是首屈一指的企業，只是它們的業務性質都很平凡。這些公司的財務表現在當時就已相當亮眼，而且都具有高度的競爭優勢。更重要的是，這些企業本來就有相當優異的專業經理人在經營，所以巴菲特在買下這些公司之後，也都繼續沿用他們，而這些公司在優異的管理之下也呈現高度的成長。簡言之，巴菲特所買的公司，清一色都是買之前就已表現良好，

表1 **巴菲特43歲時，身價已達千萬美元**

年份（年齡）	身價（美元）	主要事蹟&買進公司
1930 ～ 1950 （0～20歲）	—	1930年，出生
		1941年（11歲），買City Service股票（第1次買股）
		1945年（15歲），用1,200美元投資農場的股份
1951 ～ 1960 （21～30歲）	1951年（21歲）2萬	—
		1954年，葛拉漢（Benjamin Graham）以1萬2,000美元年薪聘請巴菲特
	1956年（26歲）17萬	1956年，巴菲特回到奧馬哈，成立自己的公司，總資金為 20.5萬元
1961 ～ 1970 （31～40歲）	1962年（32歲）45萬	1962年（32歲），波克夏
		1964年（34歲），美國運通
		1965年（35歲），迪士尼
		1966年（36歲），Hochschild Kohn's購物中心
		1967年（37歲），國家保障公司
		1969年（39歲），伊利諾州國家銀行
1971 ～ 1980 （41～50歲）	—	1972年（42歲），時思糖果
	1973年（43歲）3,400萬	1973年（43歲），華盛頓郵報
	—	1976年（46歲），蓋可保險公司
		1977年（47歲），水牛城晚報
	1978年（48歲）1億	—
	—	1979年（49歲），ABC新聞網
1981 ～ 1990 （51～60歲）	1982年（52歲）2億5,000萬	—

巴菲特歷年身價及主要事蹟

年份（年齡）	身價（美元）	主要事蹟&買進公司
1981 〈 1990 （51~60歲）	—	1983年（53歲），內布拉斯加家具賣場
	1985年（55歲）10億	1985年（55歲），大都會廣播公司
	—	1986年（56歲），費切海默兄弟
		1987年（57歲），索羅門公司
		1988年（58歲），可口可樂
	1989年（59歲）36億	1989年（59歲），吉列刮鬍刀、波爾仙珠寶店
	—	1990年（60歲），富國銀行
1991 〈 2000 （61~70歲）	—	1991年（61歲）：H.H. Brown鞋業、M&T銀行、健力士飲料公司
		1992年（62歲）：Central States Indemnity 保險公司、通用動力
		1993年（63歲）：Dexter鞋
		1994年（64歲）：麥當勞、甘尼特傳播、PNC銀行
	1995年（65歲）107億	1995年（65歲）：Helzberg Diamonds珠寶、RC Willey家具
	—	1996年（66歲）：國際飛安公司（Flight Safety International）、堪薩斯金融擔保公司（Kansas Bankers Surety）
		1997年（67歲）：星辰家具、冰雪皇后國際連鎖、Travelers保險公司
		1998年（68歲）：通用再保、Private Aviation私人飛機
	1999年（69歲）360億	1999年（69歲）：喬丹家具、中美能源公司
	—	2000年（70歲）：Ben Bridge珠寶公司、CORT家具公司、Justin Industries材料公司、Shaw Industries地毯公司、Benjamin Moore油漆公司、好市多

年份（年齡）	身價（美元）	主要事蹟&買進公司
2001 ～ 2010 （71～80歲）	2001年（71歲）323億	2001年（71歲）：約翰曼菲爾建材公司、MiTek建築工程公司、XTRA Corporation貨櫃租賃公司、H&R Block投資公司、穆迪信用評級公司
	—	2002年（72歲）：Larson-Juhl相框公司、Fruit of the Loom服裝、Albecca Inc相框公司、Garan服裝公司、CTB農具公司、Pampered Chef廚具公司
		2003年（73歲）：McLane批發商、克萊頓公寓建材商、Burlington Industries紡織布料商
		2005年（75歲）：MedPro Group醫生保險公司、Forest River休閒車、Honeywell International電子消費品、寶鹼日用品公司、Anheuser-Busch啤酒公司
		2006年（76歲）：Business Wire新聞服務商、Russell Corporation品牌服飾、ISCAR Metalworking Companies金屬切削、Applied Underwriters保險公司、TTI Inc電子零件公司、Southern Energy Homes能源公司、Brooks Sports品牌服飾
		2007年（77歲）：Boat America Corp保險公司、Richline Group珠寶製造商、Marmon Holdings工業電子設備商、SE Homes營建商
	2008年（78歲）620億	—
	—	2009年（79歲）：Sportexe人工草皮公司、Cavalier Homes營建商
		2010年（80歲）：Burlington Northern鐵路公司、Kahn Ventures酒精飲品批發商、Munich Re保險公司
2011（81歲）～ 2020（90歲）	2014年（84歲）670億	NV Energy電力公司、Van Tuyl Automotive汽車經銷商公司、Precision Castparts精密鑄件公司……等
	2019年（89歲）834億	

表2　**巴菲特69歲前的身價年化成長率皆為雙位數**

巴菲特身價變化簡表

年齡	期初金額（美元）	期末金額（美元）	年化成長率（％）
32歲～43歲（11年）	45萬	3,400萬	48.17
43歲～48歲（5年）	3,400萬	1億	24.08
48歲～52歲（4年）	1億	2億5,000萬	25.74
52歲～55歲（3年）	2億5,000萬	10億	58.74
55歲～59歲（4年）	10億	36億	37.74
59歲～65歲（6年）	36億	107億	19.91
65歲～69歲（4年）	107億	360億	35.43
69歲～78歲（9年）	360億	620億	6.23
78歲～84歲（6年）	620億	670億	1.30
84歲～89歲（5年）	670億	834億	4.48
32歲～89歲（57年）			23.71

而買了之後還會長期表現更好的公司。

4. 巴菲特的投資哲學由原本來自恩師葛拉漢的菸屁股理論，轉為接近費雪（Philip Fisher）的價值成長型投資法，這發生在約 40 歲初的那段期間。這段期間巴菲特所投資的公司，很明顯地不再只著重於公司的淨值與價格之間的差異，而是公司未來獲利的穩定性與成長性，尤其是成長性更為重要。換言之，我們可說他在當時，已逐漸開始重視一家公司的長期競爭優勢。

5. 在巴菲特 1976 年（46 歲）時，所購併的蓋可保險公司是關

鍵轉捩點。自購併這家保險公司之後，他的財富每年都以平均高達 30% 以上的速度成長（43 歲身價 3,400 萬美元到 69 歲身價 360 億美元，26 年的身價成長的年化成長幅度約 30.72%）。

6. 根據資料顯示，巴菲特在購併這些公司時，很多都是以相當便宜的價格買進。例如，買進華盛頓郵報時約為本益比 12 倍；蓋可保險公司當時約價值 7.5 美元，巴菲特只以 3.18 美元買進；時思糖果約以 11.9 倍本益比買進；可口可樂約以 13.7 倍的本益比買進。當然，巴菲特絕非是使用本益比的方式來進行估價，而是以公司的內在價值來評估股價是否落在便宜的區間。只是單以本益比來看，幾乎每家公司都買在相對便宜的價格。

7. 巴菲特所買進的都是具備長期競爭優勢的好公司，無一例外。而且買進後都是長期持有，除非公司的體質發生變化。換個角度來講，自他 40 歲以來，都是堅持同樣的買進原則，並做到長期投資而不投機（鮮少有短暫套利的投機行為）。

只看財務數字易犯錯，須懂得辨識長期競爭優勢

可見，巴菲特至今仍能屹立不搖，靠的就是「只投資好公司」的投資哲學。投資人只要同樣做到以合理價（或甚至更低的便宜價），建立一組「具有長期競爭優勢」的好公司投資組合，長期持有之後，

也能效法巴菲特獲取長期利益。

因此，我們必須建立一套有效的檢視方法，來辨識一家公司是否能夠長期投資。可分成兩種檢視層面：

1. 財務強度的檢視。

2. 長期競爭優勢的檢視。

相信不少人在接觸價值投資時，都會特別認真研究財務數據，並且設定特定條件來選股，我也不例外。我曾經只以財務數據作為判斷公司基本面的唯一考量，有時候確實能賺到錢，後來卻常常發生虧損，導致整體績效停滯不前。

深度反省原因後，我才體悟到，好的財務表現，只是好公司應該具備的基本門檻；更重要的是去深度思考「一家公司的競爭優勢是否能長期維持下去」。

投資一家公司是投資它的未來，而非過去。一家公司過去能創造優異的財務紀錄，定是具備某種競爭優勢，才能在競爭激烈的市場中獨占鰲頭；但它的競爭優勢是否可長期維繫下去，才是攸關一家公司未來的「錢」景，也是股價未來是否能持續上漲的主要因素。

因此，即便是過去財報紀錄表現相當優秀的公司，也可能因為它的競爭優勢相對薄弱，未來的獲利表現很可能隨時轉為不穩，最後也會影響股價的表現，導致投資人虧損。

同時，一家公司擁有好的財務紀錄，是一種「結果」；對投資人而

言，我們必須知道造成這好結果的原因是什麼，也就是去了解：

1. 公司是具備何種競爭優勢，才讓它過去有如此優異的表現？

2. 該項優勢，是否也可讓它未來的獲利仍能好上很久？

以上才是評估公司基本面的關鍵。

巴菲特與他的合夥人查理‧蒙格（Charlie Munger）也絕非是只用財務數字來衡量一切。在查理‧蒙格的著作《窮查理的普通常識》，其第二講之「〈增錄篇〉：蒙格答問錄」曾提到：

問：你和巴菲特如何評估待收購的企業？

答：我們不太用財務數字衡量；我們使用許多主觀的標準：領導者值得信賴嗎？會損害我們的聲譽嗎？會出現什麼問題？我們理解這個產業嗎？這家企業需要增資才能繼續運轉嗎？預期的現金流量是多少？我們並不期待它會直線成長，只要價格適中、週期性成長，我們也能接受。

不難理解到，財務報表上的數字可以幫我們在短時間內，過濾掉前景堪慮的公司，並選出值得投資的公司。而要正確評斷一家企業的長期競爭優勢，須仰賴投資人深度思考的能力。

善加利用「已知」的條件，判斷公司未來性

投資本就不是一件簡單的事，我總是看到許多人，試圖學習一些強

調簡單、速成、高獲利的投資方法，這往往是相當危險的；因為這些方法試圖把本需經過深思的投資過程，以過於簡單的方式來執行，會產生相當大的誤判風險。

再者，這些強調速成的投資法，並沒有具體地告訴投資人該如何分辨一家公司是否具備長期競爭優勢。很多都是交代不清，或是方法過於粗糙，有些甚至只訴求透過財務數據來分辨即可，這些都是行不通的，容易使投資人陷入以下險境：

1. 投資人誤以為有了簡化後的檢視方法，就不需要更深度的思考與評估。

2. 那些簡單的方法本身具有很大的缺陷，或忽略了許多關鍵性的考量因素，導致投資人經常誤判。

3. 用了錯誤的方法，通常只會造成錯誤的結果。

4. 投資人以為學習投資這樣就足夠了，不需再提升投資的能力。

正確的做法是，把複雜的思考過程與關鍵要素整合好之後，建構一個有效的檢視模組，有系統地將複雜的事簡單化；如此才能幫助我們有效率地檢視公司，並輔助我們做出正確的投資決策。

投資是以當下的決策來處理未來的事。提高決策準確率的最佳方法，就是有效降低災難發生時可能產生的損失，也就是所謂的風險意識。為此，我們得善加利用所有「已知」的條件與數據，來幫助自己做到更全面性的思考，如此也才能客觀地做出最正確的判斷與

評估。

　前文已說明過，要判斷一家公司是否值得長期投資，需檢視其「財務強度」，以及是否具備「長期競爭優勢」。同時，買進的價格也是很重要的關鍵決策，因此我們還需要一套理想的估價方法。除此之外，辨識股市所處的週期位置也很重要，如此我們才能做好資金配置。而我在本書所提出的「WIN 價值投資系統」，正是以這些需求為基礎所建構而成的。

　建構這套系統的目的並非是用來預測未來股價漲跌，而是用來幫助我們判斷一家公司的競爭優勢，確認公司未來不易發生問題，且未來獲利具備持續性、穩定性與成長性。只有真正的好公司，才能為它的股東長期創造好的收益。當我們挑對好公司的股票，並且以好的價格買入，便能透過長期持有，參與每年隨著公司內在價值成長而持續高漲的股價漲幅，如此我們便能隨之獲利。

1-4
依循7大致富法則
走在正確投資道路上

「使唐僧成為唐僧的,不是經書,而是那條取經的路。」

──哈佛大學法學博士詹青雲

這句話的本意是唐僧能成為一位名垂青史的人物,並非是他取得的那部經書,而是他願意承受千辛萬難,走完近 5 萬公里的路程,至西方取經。

要成為一位成功的價值型投資人,我們並不需如唐僧般,得歷經千辛萬苦行走取經之路;但我們仍得走在正確的取經之道,才能抵達目標,累積可觀的財富。

我將價值投資法的基本法則歸類為 7 大項,整合了所有我反覆閱讀投資大師著作所淬煉的投資智慧,也融合了我於哥倫比亞大學商學院價值投資課程中習得的知識,當然也包含我個人的實務操作經驗。投資人只要依循 7 大致富法則進行價值投資法,便能在風險有效被降低的條件之下,創造持續、安全、穩定的報酬,為自己累積

更多的財富。

　　這套法則的核心是「極大化獲利風險比」（詳見圖 1），不管你使用的是什麼投資方法，只要一偏離這項核心，承擔不必要的風險來換取獲利，就容易一失足成千古恨。我們可以觀察到股神巴菲特（Warren Buffett）甚少出手，關鍵就在於，只有符合「極大化獲利風險比」的標的，他才會積極出手；也因為機會相當少，因此他每次出手就是下重注。接下來我將依序介紹這 7 大致富法則：

法則1》只買進具長期競爭優勢的好公司股票

　　「我們的確從許多優質企業上賺了錢。有時候，我們收購整個企業；有時候我們只是收購一大批股票。但仔細分析起來，就會發現大錢都是從那些優質企業賺來的。」

——查理‧蒙格（Charlie Munger）《窮查理的普通常識》

　　我們把投資好公司的做法，想像成把錢拿去聘請一位能為你長期工作賺錢的人，這個人會每天 24 小時，每年 365 天，天天為你工作賺錢；你只要發現苗頭不對，就可以立刻撤回資金，脫離險境；你唯一需要做的，就是學習慧眼識英雄的能力。

　　綜觀好公司的短期股價表現，也經常會因投資人心理變化而漲漲跌

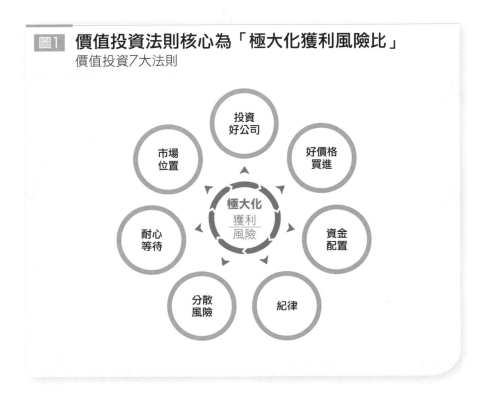

圖1 價值投資法則核心為「極大化獲利風險比」
價值投資7大法則

跌。有時股價高於公司的內在價值，有時又會低於內在價值；但長期而言，股價仍會隨著公司的內在價值成長而呈現上漲趨勢。所以，我們手中持股的股價走勢，將由「公司能否長期持續維持它的基本面」所決定。

　　例如台積電（2330）毫無疑問是台股數一數二的好公司，也是我個人長期持股之一，它的強大競爭優勢眾所皆知，每年的獲利都能

表1 台積電每年股價高低點有大幅落差

	2009	2010	2011	2012	2013
最高股價（元）	65.2	75.0	78.3	99.4	116.5
最低股價（元）	38.7	57.0	62.2	73.8	92.9
高低落差（％）	68	32	26	35	25

資料來源：台灣證券交易所

持續成長，股價也是逐年上漲，長期持有至今可賺取極高的獲利。

若在 2013 年以年平均價 104.09 元買進持有至 2020 年 8 月 21 日的 424.50 元，長達 7 年的持有時間共可創造高達 24.16% 的年化報酬率。即便是如此強大的好公司，它的股價同樣起伏不定，年度股價差距低則 25%，高則達到 60% 以上（詳見表 1）。

觀察台積電的長期股價走勢，2009 ～ 2012 年的年度最高價都不超過 100 元，2011 年後年年走高，在 2019 年創下最高價 345 元，2020 年 7 月甚至最高漲到 466.5 元，能夠長期抱住這檔股票的投資人，相信都有令人稱羨的獲利。

所以，價值投資並不是刻意去追求轉機股，或是題材股，更不會是去預測市場或單一個股的未來走勢，價值投資靠的是找出具有長期競爭優勢的好公司，並耐心等待它的價格落入你的打擊區時，再用力揮出一棒，而後耐心持有它，讓它努力為我們賺錢。換個角度來講，這也可說成是一種利用時間來換取獲利的投資方式。

台積電（2330）年度股價高低點差距

2014	2015	2016	2017	2018	2019
142.0	155.0	193.0	245.0	268.0	345.0
100.5	112.5	130.5	179.0	210.0	206.5
41	38	48	37	28	67

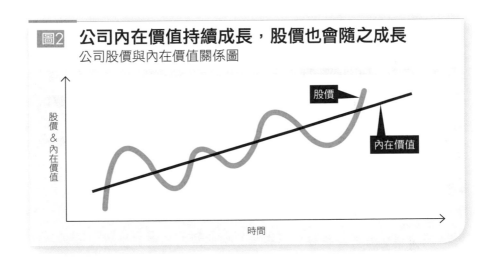

圖2　**公司內在價值持續成長，股價也會隨之成長**
公司股價與內在價值關係圖

　　一家內在價值持續成長的公司，股價自然也會長期成長，如圖 2。

　　唯有具備長期競爭優勢的好公司，才能長期維持高獲利，內在價值也才能逐年上漲，身為它的長期股東自然也能隨之賺取長期的獲利（包括價差與配息）。

　　除此之外，長期投資具有長期競爭優勢的好公司，還有抵禦虧損風

險的效益，因為「股價會隨著內在價值成長而不斷上漲」是一種常態性，甚至可以說是一種定律。長期下來，除了獲利的機率會大大提升之外；更重要的是，虧損的機率也會大大降低。作為有智慧的投資人，自然要選擇長期投資在這種虧損機率低、獲利機率高的標的之上，這點也同樣符合致富法則的核心「極大化獲利風險比」（詳見圖3）。

買進一家公司的股票後，至少要長期持有2～3年，這段時間足夠驗證一家公司的基本面，是否符合你最初的研究結果；更重要的是，也能幫助自己做到長期持有的堅持。只要公司的體質確實如你所研究般地強大，股價的表現很少會讓你失望。

法則2》以合理或便宜的價格買進

「有時候，對於特定股票而言，一個非常高的購買價格將導致一個輝煌的事業成為一個糟糕的投資——即使不是永久性，但會是一個長期的煎熬。」

──巴菲特（2019 年致股東信）

好公司也要用好的價格買進，最終才會成為好投資。一家公司的內在價值不會短期內起伏不定，然而市場的報價卻是跟著大多數人的

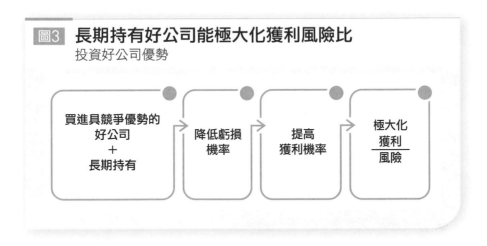

圖3 長期持有好公司能極大化獲利風險比
投資好公司優勢

買進具競爭優勢的
好公司
＋
長期持有 → 降低虧損
機率 → 提高
獲利機率 → 極大化
獲利／風險

心理變動；不過，對於少數理性的投資人而言，這反而是好事，因為這創造了能以好價格買進好股票的良機。

所謂的「好價格」通常是指股價低於公司的內在價值，不過更具體一點來講，若股價低於公司的內在價值，就是便宜；若股價與公司的內在價值處於伯仲之間，則是合理價（詳見圖4）；不管是合理價或便宜價，其實都算是好價格，不過得看公司的競爭優勢強度。競爭優勢強度高，且具有成長性的好公司，合理價就算是好價格；競爭優勢強度偏低一些的公司，則便宜價才算是好價格。倘若價格高出公司的內在價值甚多，則為昂貴價，這就不是好價格。

對價值投資人而言，一項好的交易在成交時，就幾乎已注定最後的結果。只要買進的公司確實是一家具備長期競爭優勢的好公司，並

且用好價格買進，假以時日，投資人都能獲得優異的報酬。這也是為什麼查理‧蒙格曾說，「我們賺錢，靠的是買的時候賺錢。」霍華‧馬克思（Howard Marks）也在著作《投資最重要的事：一本股神巴菲特讀了兩遍的書》中提到，「嘗試以低於價值的價格買進，並非萬無一失，卻是我們最好的機會。」

我們以合理或便宜的好價格買進好公司，有兩項主要原因：

1. 好價格能創造更大的獲利空間。

2. 好價格能創造更高的安全邊際。

其中的安全邊際更是主要因素。不要忘了，我們的核心是「極大化獲利風險比」，唯有買在好價格，才有足夠的安全邊際與未來可能發生的風險抗衡。尤其是當系統性風險來臨時，以昂貴價買進的股票勢必有更高的虧損風險，因為沒有任何的緩衝空間。

除此之外，安全邊際還能緩衝心理壓力；也就是說，當股價下跌時，例如遇到系統性風險時，我們會因為買的價格夠低，虧損比率相對較小的情況下，比較能夠抱得住股票，不會因為心理恐懼的壓力而放棄手中的好股票。千萬不要高估自己在市場恐懼時期的抗壓性，這絕對不是件容易做到的事。

好價格自然能創造更大的獲利空間，這是很簡單的算術問題。一檔內在價值 10 元的股票，你用 5 元買進，當然會比你用 8 元買進，有更高的獲利空間。不要忘了一項定律，一家好公司的股價，市場

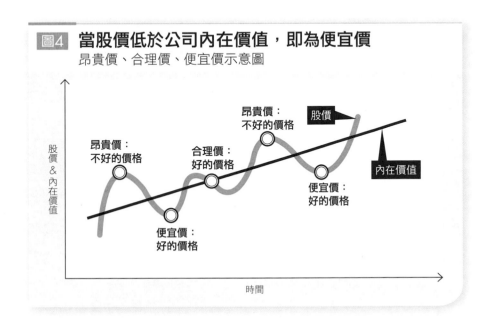

圖4 當股價低於公司內在價值,即為便宜價
昂貴價、合理價、便宜價示意圖

終究會給它一個合理或高於內在價值的溢價。

　巴菲特在 2019 年 2 月接受 CNBC 訪談的過程中,主持人問及他有關卡夫亨氏食品公司的投資,主因是在這之前,卡夫亨氏食品曾 1 天內跌掉 30% 的價格,因為市場預估它未來的營利將會大大低於預期,且品牌資產遭減值超過 150 億美元。巴菲特是這樣回答的:

　「我們的確支付了過高的價格。有一點很重要,無論你對股票支付什麼價格,這檔股票是不會知道你所支付的價格是低的價格,還是

高的價格。你支付的價格不會影響公司的經營。許多人很關注我們
會買什麼，而我們買的股票價格就會因此被推升。事實上，股票是
不會知道誰買的，這個完全不會有任何影響。總之，我們支付了過
高的溢價，判斷錯誤。」

——巴菲特（2019 年，CNBC 訪談）

　　由此可見，在巴菲特的投資觀中，好的公司也要用好的價格買進，
如此才能創造安全邊際。畢竟未來的事沒有人敢說得準，即便我們
買進的都是好公司，偶爾也會遇到亂流的時候。此時若有足夠的安
全邊際，就能幫助我們將虧損的風險降至最低。

　　據我長期的觀察，巴菲特寧可手握鉅額現金，也絕不會用過高的
價格買股票。2019 ～ 2020 年間，他曾多次解釋為什麼波克夏
（Berkshire Hathaway）會手握 1,380 億美元現金，原因就是好公
司股價都普遍遠遠超過合理價格。他強調，若以過高的價格投資這
些公司，可能將造成股東的虧損，或是得經歷長期的等待才能獲利，
由此可見他對買進價格是如此的堅持。

法則3》了解市場目前是處於什麼位置

　　所有事物都會經歷循環週期的演變，有高就有低，有生就有滅，有

起就有落。這個世界未來將會發生什麼事，我永遠不敢預測，唯獨對於景氣循環這件事，我敢肯定它必會一再發生。

有趣的是，即便全球股市在過去已經歷過多次週期循環，但在股市高漲之時，人們總會忘記過去的災難、認為「這次不一樣」。事實上，如果今天股市處在循環週期的頂端位置時，我們應該採取守勢以保護獲利，並且抵禦未來可能發生的系統性風險；如果今天股市處在循環週期的衰退期時，則應該積極投入資金，以獲取高額獲利機會。

這就如同一位稱職的航海員，必須懂得在暴風雨來臨前做好防範措施，包括訓練、知識、器具等，因為暴風雨來得又急又快，只有事先做好準備，才有辦法因應。換句話說，只有在訓練有素的分工合作，以及防範措施能快速就定位之下，一旦暴風雨真的來襲，才可以將損害降至最低。

而現代的航海員還有一項過去所沒有的強大優勢，那就是精準的氣象預報系統。以前的航海員只能靠自己對海象與氣象的觀察，才能預先判斷暴風雨是否即將來襲。而現代的氣象預報比過去精準太多了，只要氣象預報系統一發出警報，航海員就能立即做好防護措施。

在股市，我們同樣也須懂得如何事先做好準備，以此防範未來可能發生的系統性風險。當然，我們也需要有一套預報系統，來作為提高防範的重要依據。幸運的是，確實有系統可幫助我們了解當下股市所處的位置，是否已接近循環週期的高點。

觀察股市循環週期位置的6項重要指標：

1. 巴菲特指標（台股＆美股）。

2. 台灣百大優質企業累計營收年增率趨勢。

3. 美國聯準會的貨幣政策（利率）。

4. 市場投資氛圍。

5. 美國長短期公債殖利率倒掛。

6. 投資大師的所言所行。

這6項指標是我長期研究股市循環週期所得到的結果，因為每當股市處在擴張期的極端位置時，這些指標都會忠實提前反映。但我必須強調，這並非是用來摸頭或摸底的觀察辦法，這世上也沒有任何方法可以告訴我們真正的頭部或是底部，這些指標的主要目的是告訴投資人，目前股市所處的位置是否已在循環週期的「相對高點」，並以此做好防範措施。這點務必謹記在心（6項指標的觀察方式，會在5-2做更詳細的解釋）。

法則4》做好資金與股票配比

即使奉行價值投資法，透過長期持有好公司的投資組合來追求資產成長，但整個過程並不容易，我們得時刻面臨市場無情的考驗，以及各種心理壓力。我們畢竟不是巴菲特，有源源不盡的浮存金（編按：

波克夏旗下控有保險公司，浮存金為保險公司收取的保費，在尚未理賠之前，可由保險公司斟酌運用）可以供我們盡情揮灑。作為一般的投資人，我們唯有有效運用有限的資金，時時做好風險控管，以及處理好心理壓力，投資才能長長久久。

要有效運用資金，務必做好資金配置，也就是得了解目前市場位置，判斷當下最合適的現金與持股配置，如此才能在市場處於循環週期頂端時，適時降低持股、提高現金比重；反之，當市場處於循環週期衰退期時，提高持股、降低現金比重，掌握最佳買進機會。

「歷年來，我們在下跌的市場中做得非常好。我們通常傾向把錢當作是自己的錢來管理，而這確實也是我們的錢，因為在這裡工作的每個人都把自己的錢拿出來投資。因此，我們只有在我們認為是令人信服的機會下，才會進行投資。而我們往往會持有 1/3 或一半的現金，甚至更多的現金，用來等待這樣的機會。在此情況下，雖然我們不會根據我們對總體經濟的看法，或由上而下的市場觀點進行任何資金分配，但在由下而上尋找機會卻又找不到機會下，資金分配往往會自我調整。」

──賽思·卡拉曼（Seth Klarman，1991 年訪談內容）

賽思·卡拉曼也是著名的價值投資大師，透過他的這段話，我們可

以理解到他同樣也會在某段時期保留更多的現金，其目的自然也是為了能夠在機會到來時，有足夠的現金可以買進價格更便宜的好投資項目。同時，當市場處於循環週期的頂端時，由於價格便宜的好投資機會變少，他買進的機會自然也會變少，導致他的現金比重提高；反之，當市場處於循環週期的底端時，好價格的投資項目變多了，自然買進的機會也就變多了，他的現金比重也自然會因此而降低，所以這是一種由下而上的被動做法。

我所提倡的做法是，若我們有工具可辨識市場循環週期的位置，則由上而下的主動做法會更有效益。不過兩者目標都相同，都是為了能「極大化獲利風險比」。

「波克夏在年底持有逾 1,120 億美元的美國債券和其他現金等值的資產，另有 200 億美元的固定收益資產。我們認為該部分的資產是不可動用的，我們承諾始終至少持有 200 億美元的現金等值資產，以防範可能發生的外部災難。我們還承諾避免任何可能的行為造成這項緩衝機制的減損。」

——巴菲特（2019 年致股東信）

透過這段內容，我們可以理解到兩件事：

1. 巴菲特自 2017 年底以來，他的公司波克夏至少持有 1,120 億

以上與美元現金等值的資產（2020年8月已增至1,480億美元）。原因他解釋過很多次，就是好價格的投資標的非常難找，導致他無法將現金投資出去（2017～2019年，美股處於歷史高峰期）。

2. 不管什麼時期，巴菲特堅持至少持有200億與美元現金等值的資產。保留現金的用意自然是為了與未來可能發生的風險做緩衝。

由此可見，厲害的投資大師都會保留現金以與未來的風險做緩衝，所以我們若沒有同樣做好資金配置，可能會遇到市場因投資人過度悲觀，導致大盤下殺到相當低的水位時，除了沒能保護到原本的獲利外，也無法在這最佳時機點，有更多銀彈可用於買進更多價格便宜的好公司股票，錯失財富重新分配的良機。

法則5》適度分散風險，建立優質投資組合

選股是價值投資法很重要的技能之一，然而連股神巴菲特也會有誤觸地雷的時候，更何況是我們一般投資人。所以，我們應避免只單壓一檔或少數幾檔股票，並以持有「投資組合」的方式來適度分散風險。

建立投資組合的概念是，即使組合中的單一或少數個股可能會以虧損收場，而這可能是無可避免的意外，但若投資組合中的其他個股仍是賺錢的，而且是大幅超越虧損的部位，則我們的投資結果最終

仍是賺錢的。

我們得知道，除了系統性風險外，單一個股有時會遇到以下情況而造成下跌危機：

1. 產業黑天鵝來到（短期不利因素）。
2. 產業的景氣循環（短期不利因素）。
3. 一時不被市場所喜歡（短期不利因素）。
4. 一時的營收狀況不理想（短期不利因素）。
5. 公司競爭優勢轉弱（長期不利因素）。
6. 自己誤判的結果（長期不利因素）。

第 1～4 點的情況屬於短期不利因素，遇到這些短期不利因素時，若公司本身的競爭優勢仍是固若金湯，只要耐心等待，並堅持持有下去，市場遲早會再度還給它一個公道的價格。第 5 點與第 6 點則屬於長期不利因素，若公司競爭優勢確實變弱，而你沒有把握它將會好轉，或是因為自己誤判公司的競爭優勢，則我們必須思考停損。

過去會造成我投資虧損的股票，原因幾乎都是競爭優勢轉弱的公司，或是我自己誤判的原因（這部分因經驗的累積，已甚少發生）。畢竟我們都不是萬能的人（沒有人是萬能的），能夠完全確保所有選擇的公司都能好上很久的時間。連股神巴菲特也會有看走眼的時候（只是機率很低），更何況是我們這群凡人。但萬一這樣的情況發生時，適度分散風險的好處就會發揮作用。

建立投資組合需掌握以下 3 個重點：

1.只持有10～15檔股票

持股不應該過度分散，而我認為 10～15 檔股票是最適合一般投資人的數量。資金較少的投資人，我建議至少要能分散到 5 檔股票。

而為什麼不能分散到 15 檔以上，讓風險盡量分散呢？原因是雖然容錯空間更大，卻也導致我們無法專注看好每家公司，使獲利效益明顯降低，如果分散投資無法創造比大盤更高的投資效益，還不如直接買 ETF 更有效率。另外，從機會成本的角度來看，我們必須學會判斷哪些是最佳的投資機會，然後將資金押注在這些少數機會上，才能放大整體的投資效益。

2.核心持股至少占投資組合的80%

建構我們的投資組合時，應該至少配置 80% 以上的持股為我們的核心持股。所謂的「核心持股」是指那些擁有長期競爭優勢的好公司，尤其是同時具備成長性的好公司，藉此極大化整體投資效益。例如台股當中的全球晶圓代工龍頭台積電、台灣超商龍頭統一超（2912）、以玉山銀行為事業核心的民營金控玉山金（2884）等，都是競爭優勢相當堅固，近年獲利逐年增長的優秀公司。

核心持股是那些你幾乎不會去賣掉的股票，如同巴菲特持有可口可

樂、好市多、UPS 等股票，不管景氣如何變動，股價如何變化，他都不會輕易賣出這些公司的股票。除非這些公司的體質轉弱了，或是競爭優勢被對手給侵蝕了，或是有比這些公司更好的選擇時，他才會選擇賣出股票。

3.單一檔股票不宜超過投資組合的15%

建構投資組合要留意，持股中的單一個股，不宜超過總投資組合的 15%。適度分散持股，有助於極大化獲利風險比；但若單一持股占比過高，儘管股價上漲會帶來優異的報酬，在下跌時同樣也會拖累整體投資組合的績效。如我之前一再強調，我們無法預知未來，也可能會誤判，所以對股市要時時保持謙卑之心，並且不要太過於鍾情於任一檔股票。

單一持股占比的計算，要用原始投資成本或當時市值呢？以我個人而言，我在初期投資時是以原始投資成本作為計算，但持有時間一長，有些股票已高漲，有些則較為溫吞，若仍以原始投資成本計算，會有偏差的現象出現，因此到後期我會建議用當時市值來計算。

法則6》耐心等待買賣時機到來

「耐得住時間考驗才最真實的，能讓你賺到大錢的不是你的判斷，

而是耐心等待的功夫。」

──巴菲特

　　價值投資本身就是一種違反人性的投資方法，因為所做出的投資決策通常都是違反人性的，其中一點就是要耐得住時間的考驗。不要小看這樣的考驗，因為絕對沒有想像中的容易。這些考驗包含：

1.耐心等待的煎熬

　　等待的過程是痛苦的，你願意承受多少等待的痛苦，來換取更好的投資機會。

　　① 等待絕佳投資機會的到來，需要持之以恆的耐心。

　　② 等待市場願意給手中持股公道的價格，也要有持之以恆的耐心。

　　③ 持有一家能持續為你賺錢的好公司，更需要持之以恆的耐心。

　　④ 在股市接近循環週期頂端時減少持股，而後在等待股市觸頂的期間，得忍受股市可能續漲的煎熬；反之，在循環週期的衰退期增加持股，直到股市真的觸底前，得忍受股市可能續跌的煎熬。

2.外界的壓力

　　等待的過程中，你願意忍受多少來自外界各種不同的壓力，並堅定自己的立場。

① 你的親朋好友，甚至是你的家人，可能把你反其道而行的投資做法視為是笨蛋的行為，各種冷諷熱嘲接踵而至，這將對你造成無比的壓力，你得承擔得起。

② 你得抗拒自己內心從眾的心理特性，才能做到當大家都在爭先恐後賣股時，你卻伸手去接掉下來的刀子；當大家都在爭先恐後買股時，你卻賣出漲聲響起的金雞母。

③ 你得抵擋得了來自媒體或小道消息的眾多誘惑，或是對唯恐天下不亂的聳動標題嗤之以鼻。

3.貪念、恐懼、妒忌

貪念、恐懼與妒忌，都是人類與生俱來的心理特性，因為它們早已寫進我們基因之中，而且影響力無比強大，對於投資股市是相當不利的影響因素。

① 貪念：看著股市節節上漲，而自己卻一次又一次地錯失獲利的機會，是無比痛苦的煎熬。

② 恐懼：看著股市節節敗退，自己的獲利報酬不斷減少，甚至轉為虧損，這種恐懼會讓人感到無比害怕與沮喪。

③ 妒忌：看著別人持續賺錢而自己卻沒有，人類善於妒忌的心理特質便會開始發酵，要抵禦這種心理特質並不容易。

相信我，以上這 3 種忍耐，是截至目前為止我個人認為最難做到

的事，但若能克服，必能成為股市中的常勝軍。

投資人需耐心等待的 2 項重要買賣時機點：

1.股市循環週期的好買點得耐心等待

我們現在應該都知道資金配置的重要性，在市場處於循環週期的相對高點時，降低持股，提高現金部位；反之，在市場處於循環週期的衰退期，提高持股，降低現金部位。在投資市場上，你唯有敢與市場趨勢背道而馳，才可能在有效控制風險之餘，還能創造高於市場的平均報酬，但難就難在：

① 當市場處於恐慌的時期，你如何戰勝自己心理上的恐懼，堅持與市場一致認同的趨勢背道而馳呢？

② 即便你真的出手去接墜下的刀子，很可能還得再忍受股價繼續下墜的恐懼，以及過早出手的懊惱。

③ 當市場處於循環週期的頂端位置時，你又如何能克服貪念，勇於急流勇退呢？

④ 即使急流勇退後，還可能得長期忍耐市場持續高漲的誘惑，以及太早退出的懊惱。

相信我，以上這些心理的挑戰並不容易克服。即使你的投資組合都是具有長期競爭優勢的好公司，突遇系統性風險造成股價持續急墜達 10%、20%、30%，甚至是 50%，例如原本 100 萬元的淨值只

剩 50 萬元，你會不會開始產生疑慮呢？通常是會的，因為我們都是人，我們都有人類與生俱來易於恐慌的心理特性，面對手中持股的價格節節敗退的走勢，相信我，內心的恐懼絕對是大的，即便你懂得愈跌應該買愈多的道理。

不過我們得知道，市場並非如同我們想像般聰明，市場只不過是一個混雜了各種人在其中的一個交易平台，什麼樣的人都有，但重點是大部分在裡頭的人都是非理性的投資人，所以股市才會有循環週期的現象。有智慧的投資人應該懂得好好利用非理性市場所提供的絕佳投資時機，才能擴大自己的報酬。然而，關鍵在於你必須率先做好準備，懂得急流勇退，並有耐心地等待絕佳時機的到來。

2.絕佳投資機會得耐心等待

我們現在應該都知道，所謂絕佳投資機會就是「好公司」加上「好價格的股票」。當我們要買進一檔股票前，心態上就如同選擇婚姻對象一般，要把對方看清楚，想明白，並試圖了解對方是否真的合適自己，如此婚姻能美滿的成功率便會提高。

買股票也是要持同樣的態度。心態上我們要成為這家公司的長期股東，所以我們得研究清楚這家公司的競爭優勢與未來獲利能力，只要這家公司未來的獲利能長期維持優異的表現，且我們又能以合理或便宜的價格買進它的股票，加上長期持有的耐心，股價自然會隨

著公司的價值增長而上漲，而作為它的股東自然也能隨之獲利。我
把這個道理寫成一條簡明的獲利方程式：

長期競爭優勢＋合理或便宜的價格買進＋長期持有＝長期獲利

話說回來，買股有婚姻所沒有的好處。那就是買了股票之後，萬一
遇公司體質轉壞，或是自己誤判時，我們可以隨時賣出手中的持股，
不需跟著公司向下沉淪，但婚姻不行。

「買股前要落花有意，買股後要流水無情。」

如前所述，價格與公司買對了，時間自然會幫助我們處理好後續的
問題；反之，價格與公司買錯了，即使努力去修正，還不見得能彌
補錯誤，一個不小心還可能以虧損收場。可重點來了，股價的漲跌
是我們無法控制的因素，它的起伏完全是由其他眾多投資人持續交
易所產生的結果。我們想要買到好的價格或是賣在好的價格，就必
須耐心等待好時機的到來，只是：

1. 等待好公司股票的股價被市場低估，需要極大的耐心。

2. 長期持有好公司的股票，不受紛紛擾擾的市場漲跌影響，也需
要極大的耐心。

等待過程並不容易，尤其是在市場多頭時期，看著許多好公司的股

票持續飆漲，連那些體質差的公司股價也一樣跟著雞犬升天，心裡更是難熬。因為即便你想投資，卻苦無絕佳的投資機會，除了手中的現金花不出去外，那些來自外部與自己內心的壓力更會讓你感到煎熬。

但無論如何，唯有耐心等待絕佳投資機會，才能提供你虧損機率低與獲利機率高的絕佳條件，這也是為什麼巴菲特總是時常提及耐心是很重要的成功條件之一。

法則7》謹守投資紀律

不管使用什麼樣的投資模式，若沒有謹守原先設定好的投資紀律，總是任意改變投資原則，最終定將導致整體投資效益減弱，甚至虧損。所以我們得要求自己謹守投資紀律，才能極大化價值投資法的效益。

前面所提及的每一樣法則，環環相扣，缺一不可。所以每項都必須當成投資紀律謹守，才能幫助我們做出困難且違反人性的投資決策。要知道，投資要創造卓越的績效，通常是愈有能力做出違反人性的決策，愈有機會創造更高的報酬。我所建構的每項法則，除了綜合所有價值投資的精髓外，更包含抵禦人性心理弱點的思維於其中；因為我清楚知道，通常導致最後投資失利的原因，並不是價值投資

圖5 謹守投資紀律，將能形成良性循環
投資紀律循環

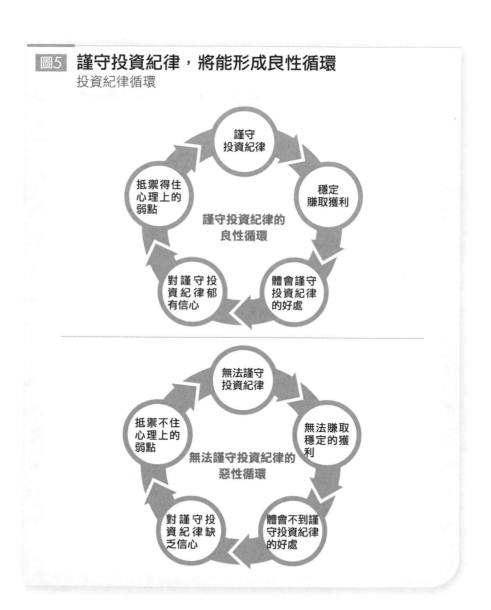

法本身有問題，而是大部分人無法抵抗自己的人性弱點所造成的。

除此之外，若初期就能堅持謹守投資紀律，則後期也將愈能體會謹守投資紀律的好處，對自己的堅持也能愈有信心，如此便能逐漸形成一種良性循環的態勢，並且長久堅持下去；反之，若初期經常違反紀律，則時間一久，愈不能體會謹守投資紀律的好處，並在失去信心之下，逐漸形成一種惡性循環的態勢。

圖 5 是「謹守投資紀律的良性循環圖」與「不謹守投資紀律的惡性循環圖」，這不僅僅是紙上談兵的理論而已，更是我自己親身的經歷，再加上看過許多成功與失敗的投資案例後，所得到的體悟。心理上的弱點永遠是造成我們無法做到謹守投資紀律的最主要原因之一，導致我們無法充分發揮價值投資法該有的真正力量，投資人得清楚了解這項障礙，並加以克服，才能真正做好價值投資法。

當然，投資的決策過程本就參雜許多兩難的問題，謹守投資紀律也是一樣。你可能因為謹守投資紀律而錯過許多投資機會，但相對地，也可能因此避開許多可能造成永久性虧損的風險，只是在這利弊取捨之間，自然要以避開風險為首要目標。不要忘了，價值投資是在懂得避免虧損之下，以長存於股市為首要目標，如此你才能掌握到愈多的絕佳投資機會，賺取穩定、安全、持續的報酬。

第 2 章

財務紀錄檢視模組

2-1
用7大財務指標
有效檢視公司過去表現

　　巴菲特（Warren Buffett）絕對不碰所謂的轉機股、景氣循環股、新創、獨角獸、資產股等股票，他所投資的公司，絕對都是過去表現優異的好公司，包括美國運通、時思糖果、迪士尼、蓋可保險公司、內布拉斯加家具賣場等。而在巴菲特買入之後，這些好公司仍能繼續維持優異的表現，因為它們具備長期競爭優勢、事業穩固，獲利繼續創新高。

　　若想學習巴菲特選出未來能長期表現優秀的好公司，我們就得設法預先區分好公司與平庸公司。方法很簡單，當我們要評估一家公司未來的前景，就要先了解它過去「已知」的表現如何。

　　例如，當我們要從一群運動員中，挑出最具有奪冠潛力的選手，一定會觀察他們以往的賽事表現。那些平時表現出色的選手，勝出的機會自然高出許多。

　　挑選好公司的道理也一樣，每家上市櫃公司都有過去的財務資料可查看；一家過去表現優異的公司，通常代表它們具備某種競爭優勢，

我們便有機會挑選出真正具備長期競爭優勢的標的。

反之，一家過去財務表現普通甚至差勁的公司，若不是競爭優勢薄弱，就是根本缺乏競爭優勢，除非公司遇到特殊的轉機。但轉機並非我們能夠輕易掌握，所以還是少碰為妙。

巴菲特收購公司前，先檢視6項基本條件

巴菲特曾在 2014 年的波克夏（Berkshire Hathaway）年報中，強調他有興趣購買的公司必須符合以下條件：

1. 大型股（稅前實質盈餘至少 7,500 萬美元）。

2. 過去展現相當穩定的賺錢能力（我們對於預估未來可能的成長性或是轉機一點興趣也沒有）。

3. 有相當好的股東權益報酬率（ROE）表現，但不需要過多借貸來維持。

4. 管理團隊已就定位（我們無法提供管理團隊）。

5. 簡單的事業（假如這個事業需要許多高科技，我們無法理解）。

6.（想要被收購的公司）主動提供售價（我們不需要浪費彼此的時間討論賣方沒有提出售價的案子上）。

巴菲特還說，公司愈大，他愈有興趣，只需 5 分鐘就可以回覆賣方有沒有興趣繼續洽談下去。而他提出的這 6 項條件是一項基本門

檻的檢視，一家有意將自己賣給波克夏的公司，不管是財務面、管理面、產業面等，都必須符合巴菲特的檢視標準。

接下來所要介紹的財務檢視模組，一共有７項重要指標（詳見表１），主要建構在巴菲特認為好公司應該有的基本門檻之上，再結合其他重要的財務指標。通過這７大指標，就能有效檢視一家公司過去的表現是否優良；也只有通過檢驗的公司，才有資格投入下一階段競爭優勢的評估。

財務數據首重長期趨勢變化，須看近8年數據

除了看財報數據的大小，長期的趨勢變化更為重要。我們得檢視橫跨過去８年的歷史財務紀錄，才能完整看出一家公司過去財務表現的真正強度。

有的數據我們會希望它過去的長期表現是呈平穩或成長趨勢，例如實質盈餘、實質ROE、毛利率與實質盈餘利益率等。有的數據我們只需觀察過去是否在安全範圍內，例如資盈率、獲利含金量等。

任何我們會考慮買進的公司，都得通過這７項指標構成的基本門檻；任何無法通過的公司，我們都應該敬而遠之。我們可能會因為這樣的堅持，而錯過一些獲利機會；但相對地，我們也會因此避開許多可能產生永久性虧損的風險。

表1 好公司的7大財務指標須符合合格條件
財務紀錄檢視模組

財務指標及計算公式	合格條件
實質盈餘 ＝歸屬母公司淨利－非經常性 　利益	◎近8年趨勢為平穩或成長 ◎年度實質盈餘最好＞新台幣5億元（大型 　股）
實質ROE ＝實質盈餘÷母公司股東權益 　×100%	◎近5年平均值至少＞10%，愈高愈好 ◎近8年長期呈現平穩或持續成長的趨勢更 　好
資盈率 ＝資本支出÷（稅後淨利－非 　經常性利益＋折舊攤銷） 　×100%	◎長期維持在70%以下最好 ◎超過4年以上＞100%，需小心 ◎超過3年以上＞150%，需更加小心 ◎超過3年以上＞200%，最好少碰
獲利含金量 ＝營運活動現金流量÷（稅後 　淨利－非經常性收益＋折舊 　攤銷）×100%	◎長期維持70%以上最好 ◎超過3年以上＜70%，請特別注意 ◎超過4年以上＜70%，請小心 ◎超過3年以上為負值，最好不要碰，除非 　是產業特性所致
配息率 ＝現金股利÷歸屬母公司淨利 　×100%	◎長期維持40%以上
利潤率 **1.毛利率**＝毛利÷營業收入 　×100% **2.實質盈餘利益率**＝（稅後淨 　利－非經常性利益）÷營業 　收入×100%	◎近8年趨勢穩定或向上 ◎毛利率≥20%；實質盈餘利益率≥6%
董監持股比率	◎董監持股比率至少10%（資本相當大的公 　司除外）

　　從長遠的視角來看，投資是站在現今的位置，處理未來會發生的事；因此，準確判斷一家公司未來的長期發展是否具有持續性、穩定性與成長性，是所有長期投資人都要格外重視的。

　　拜現今網路技術的發達，我們要取得上市公司的財務數據已是相當方便與簡單，不像過去，得靠自己逐一計算每家公司的財務數據。如今只要藉由適當的工具，例如我所創立的智股網（www.iqvalue.com）平台，便可查詢到所有上市櫃公司的重要財務數據；只需 1 分鐘，便能決定該公司是否有價值繼續研究下去。不必再一聽到財務報表就感到害怕，我將一步一步傳授找尋好公司的正確方法，並且教你如何運用智股網的資訊，快速做好公司的財務檢視。

━━━━ ◆ 2-2 ◆ ━━━━

指標1》實質盈餘
過去8年趨勢宜向上

稍微了解基本面的投資人都會知道，一家公司的「淨利」，指的是公司所能得到的最後利潤。不過，淨利當中，有些是一次性的收益，不是每年都有的經常利益，因此將淨利扣掉那些「非經常利益」，就是所謂的「實質盈餘」。

實質盈餘＝歸屬母公司淨利－非經常性利益
↑
處分資產、投資損益及其他與營業無關之一次性損益

實質盈餘代表一家公司真正的獲利能力，也是評估一家公司獲利表現的最重要數據；公司的財務表現是好是壞，都是源自於此。

實質盈餘表現好，代表有持續不斷的獲利流入，所以公司能有充分資金進行更多的擴張活動，或強化自己的競爭優勢。例如提高研發預算、擴大市場占有率、增加產能、進行產線垂直整合等；持續且滿盈的獲利，有助於不斷提高公司的內在價值。

當一家公司的實質盈餘表現不好，亂象便開始出現，例如公司得利

用借款來維持公司的營運,導致利息支出提升,自然也難有多餘資金可用於提升競爭力。

當公司營運陷入困境,管理階層也可能為了維持股東信心與穩定股價,以做假帳的方式美化公司帳面;或因為個人私利而採取五鬼搬運等方式,將借貸而來的現金挪到海外私人帳戶,或以借屍還魂手法盜賣公司資產,藉此中飽私囊,都將使公司陷入難以翻身的惡性循環。

2重點觀察實質盈餘,確保獲利不斷流入

觀察實質盈餘有 2 項重點:

1.是否為大型股:年度實質盈餘至少5億元

實質盈餘的檢視目的之一,是為了區分大型公司與小型公司。我們偏向投資實質盈餘達新台幣 5 億元以上的大型公司,這類公司獲利規模大,擁有較多資源可以解決業務上可能面臨的挑戰,且面對競爭環境及景氣變化也較有抗壓性,而成為這類公司的長期股東也相對更有保障。

不過也會有少數特例,台股有一些小而美的公司,在小眾利基型市場中占有一定的規模優勢,例如靜電防電防護 IC 設計公司晶焱

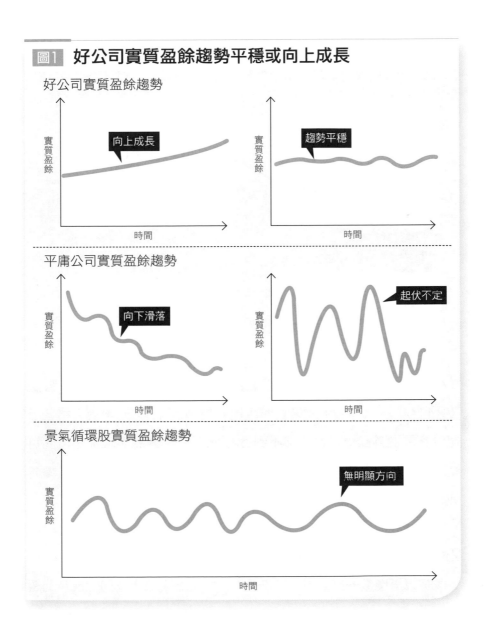

圖1 **好公司實質盈餘趨勢平穩或向上成長**

好公司實質盈餘趨勢

平庸公司實質盈餘趨勢

景氣循環股實質盈餘趨勢

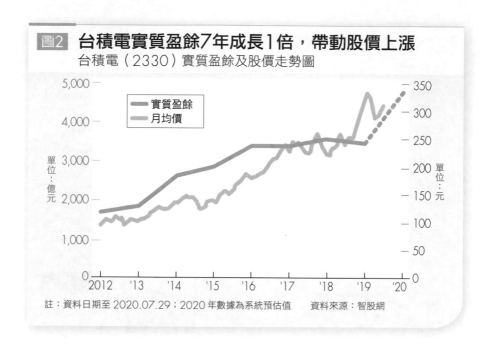

圖**2** 台積電實質盈餘7年成長1倍，帶動股價上漲

台積電（2330）實質盈餘及股價走勢圖

註：資料日期至 2020.07.29；2020 年數據為系統預估值　　資料來源：智股網

（6411）、軸承製造商瑞穎（8083）、3D軟硬體代理商實威
（8416）、台灣最大盒裝豆腐製造商中華食（4205）等。這些公
司的實質盈餘雖然不高，都不到5億元，長期獲利表現卻是可圈可
點，股價也都呈長期上漲趨勢。只是整體而言，大型公司仍是優先
的選擇。

2.過去8年的趨勢是否平穩或向上

擁有競爭優勢的好公司，實質盈餘絕對是呈現穩定或向上成長的趨

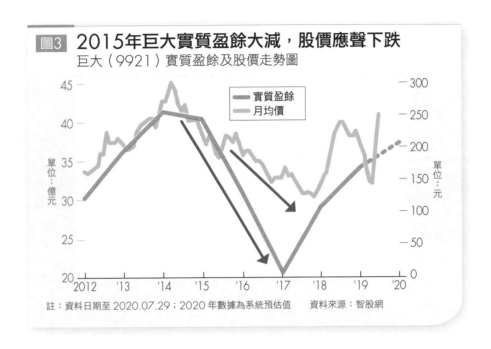

圖3 **2015年巨大實質盈餘大減，股價應聲下跌**

巨大（9921）實質盈餘及股價走勢圖

註：資料日期至 2020.07.29；2020 年數據為系統預估值　　資料來源：智股網

勢（詳見圖 1），且至少要觀察近 8 年的表現。特別是實質盈餘逐年成長的公司，更是長期投資人的首選。

實質盈餘趨勢與股價走勢長期一致

根據我多年的觀察，實質盈餘趨勢與股價走勢是最有正向關係的指標。以台股最有代表性的台積電（2330）為例，2012 ～ 2019 年，實質盈餘從新台幣 1,700 億元左右成長至 3,500 億元上下，成長

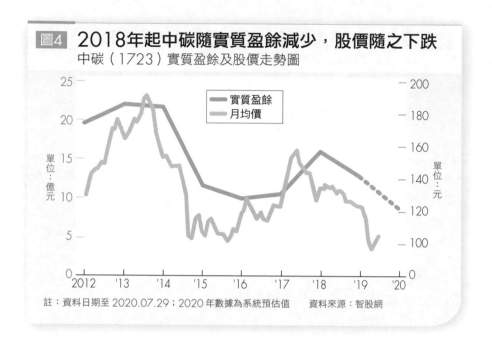

圖4 **2018年起中碳隨實質盈餘減少，股價隨之下跌**

中碳（1723）實質盈餘及股價走勢圖

註：資料日期至 2020.07.29；2020 年數據為系統預估值　　資料來源：智股網

了大約 1 倍；股價也幾乎沿著相同的趨勢上漲，從 100 元左右上漲
至 2019 年的 300 元之上，漲幅高達 2 倍（詳見圖 2）。再觀察其
他個股的表現，也都呈現實質盈餘與股價長期方向一致的表現（詳
見圖 3、圖 4）。

實質盈餘的趨勢，攸關公司整體價值的成長與衰退；而一家公司只
要有良好的實質盈餘表現作為基礎，通常其他的財務指標也不會表
現得太離譜。這樣的公司，往往是股價能夠長期上漲的保證。

當然，也會有少數例外的時候，例如市場行情大好時，即使大部分

公司的獲利表現不佳,但股價還是會上漲;或者像是 2020 年新冠
肺炎疫情事件,台股經歷低點反轉後,於 4 ～ 7 月有不同題材的類
股出現異常的股價表現,例如仍在虧損的生技股、無明顯獲利表現
的資產股等,股價都與基本面明顯脫鉤。不過這通常都屬短期現象,
長期而言,股價都會回歸基本面。

延伸學習　實質盈餘不等於稅後淨利

一般投資人看公司的淨獲利時，都是直接採用「淨利」（或稱稅後淨利）。不過，為了看清楚公司的獲利面貌，建議使用實質盈餘，只要將「歸屬於母公司淨利」減去「非經常性利益」就能得知，分別說明如下：

1. 歸屬母公司淨利計算方式

在綜合損益表的最下方，可以看到「本期淨利」或「淨利」這個項目，這是將公司一段時間內做生意所得到的營業收入，減去所有營業成本、營業費用、業外損失（或加上業外收益），以及稅金等支出後，所留下的最終利潤（詳見下圖）。

損益表結構圖

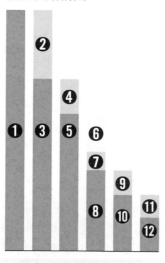

❶ **營業收入**：簡稱營收，公司銷售產品或提供服務所取得的金額。
❷ **營業成本**：公司用於生產商品或提供服務的成本支出。
❸ **營業毛利**：營業收入扣除營業成本。
❹ **營業費用**：公司在銷售產品或提供服務的過程中，所發生的費用。
❺ **營業利益**：營業毛利扣除營業費用。
❻ **業外損益**：與公司本業無直接關係的損失和收益。
❼ **稅**：政府向公司強制徵收的稅金。
❽ **稅後淨利**：稅前淨利扣除所得稅後的淨利。
❾ **非控制權益**：對於有控制權的子公司，其淨利按比率扣除不屬於母公司持股的部分。
❿ **歸屬母公司淨利**：母子公司合併的稅後淨利 ── 非控制權益。
⓫ **非經常性利益**：非經常性的收益。
⓬ **實質盈餘**：歸屬母公司淨利──非經常性利益。

如果綜合損益表只顯示「本期淨利」，代表這家公司沒有轉投資子公司，或是對於合編財報的子公司都是 100% 持有，此時直接用本期淨利計算實質盈餘即可（現行財報制度為 IFRS 會計準則，只要母公司對子公司具有控制權就需要合併編製財報，通常是母公司對子公司持股 > 50%，淨利會同時合計母子公司的淨利金額）。

不過，許多公司事業版圖龐大，對於所有合編財報的子公司並非 100% 持有，所以淨利的部分，就會按比率列出歸屬於母公司業主（母公司實際擁有股權部分）以及歸屬於非控制權益（不屬於母公司擁有股權部分）的淨利金額，此時就要採用歸屬母公司淨利來計算實質盈餘。

例如，母公司擁有子公司 60% 的股權，母公司淨利 300 億元，子公司淨利 100 億元（詳見下表）。在合併報表當中，會先將母子公司的淨利全部加總計算，共為 400 億元（母公司 300 億元＋子公司 100 億元），最後再按比率列出淨利的歸屬：

範例》歸屬母公司淨利與非控制權益

項目	母公司	子公司	合併損益表
本期稅後淨利（億元）	300	100	400
歸屬母公司（億元）			360（＝300+（100×60%））
非控制權益（億元）			40（＝100×40%）

註：母公司持有子公司 60% 股權

① 淨利歸屬於母公司業主：母公司只擁有子公司 60% 股權，歸屬母公司淨利的部分是 360 億元（＝母公司淨利 300 億元＋子公司淨利 100 億元 ×60%）。

接續下頁

② 淨利歸屬於非控制權益：子公司另外 40% 股權不屬於母公司，因此非控制權益的淨利為 40 億元（＝子公司淨利 100 億元 ×40%）。

2. 歸屬母公司淨利排除「非經常性利益」才是實質盈餘

我們關心的獲利來源是公司經營本業的經常性利益，所以只看歸屬母公司淨利還不夠，必須將那些非經常性利益的部分排除，才能看到公司經營本業的真實獲利面貌。

非經常性利益主要包括以下項目：

◎**處分資產**：主要為處分不動產、廠房及設備之損益等。
◎**投資損益**：主要是所持債券、股票及存款之股利與利息收入等。
◎**其他與營業無關之一次性損益**：停業部門損益、非常項目、投資跌價損失回轉＋資產減損迴轉利益＋金融負債評價利益＋其他評價利益等。

再強調一次，公司實質盈餘的趨勢，是檢視財報項目最優先的指標，股價表現終究會回歸基本面，所有長期投資者都不應忽略這個關鍵。

指標2》實質ROE
高於10%且趨勢平穩或向上

透過財務數字檢視公司的獲利能力,首重實質盈餘趨勢;而重要性僅次於實質盈餘的是股東權益報酬率(ROE),這也是巴菲特(Warren Buffett)最重視的數字。ROE 傳統計算方式為「稅後淨利÷ 股東權益」,代表公司能替股東創造的報酬率。不過,為了更聚焦於核心獲利能力,本書提到的 ROE 會排除非控制權益,只用實質盈餘及母公司股東權益,可稱之為「實質 ROE」:

> 實質 ROE =實質盈餘 ÷ 母公司股東權益 ×100%
> 母公司股東權益=股東權益總額-非控制權益

實質 ROE 得觀察過去 5 年平均值及過去 8 年趨勢,觀察重點如下:

觀察重點1》近5年平均實質ROE＞10%,愈大愈好

近 5 年平均實質 ROE 大於 10% 是必要條件,數值愈大愈好;實

質 ROE 愈高，代表公司創造報酬率的能力愈強。我們用以下例子簡單說明：

> A 公司實質盈餘＝ 50 元
> B 公司實質盈餘＝ 30 元

若單純看實質盈餘，一般會認為 A 公司比較會賺錢，但事實可能並非如此；我們得用實質盈餘相對於它們的股東權益來比較，才能知道哪家是真正比較會賺錢的公司：

> A 公司的母公司股東權益＝ 500 元
> B 公司的母公司股東權益＝ 200 元
>
> A 公司的實質 ROE ＝實質盈餘 50 元 ÷ 母公司股東權益 500 元 ×100% ＝ 10%
> B 公司的實質 ROE ＝實質盈餘 30 元 ÷ 母公司股東權益 200 元 ×100% ＝ 15%

若以實質 ROE 來看，B 公司其實比 A 公司的獲利能力更高，因為 B 公司股東每拿出 100 元，就能有 15 元的報酬；而 A 公司股東每拿出 100 元，卻只能得到 10 元的報酬。B 公司股東所能獲得的報酬率，明顯更勝一籌。

觀察實質盈餘主要是了解公司規模及其獲利的趨勢；**觀察實質 ROE 的主要目的，則是要了解公司的實質獲利能力。**實質 ROE 愈高，

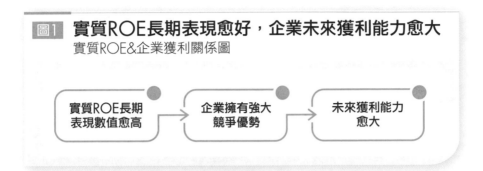

圖1 **實質ROE長期表現愈好，企業未來獲利能力愈大**
實質ROE&企業獲利關係圖

```
實質ROE長期        企業擁有強大        未來獲利能力
表現數值愈高   →    競爭優勢      →    愈大
```

代表一家公司賺錢的能力愈優秀，通常也意味著這家公司擁有愈強大的競爭優勢（詳見圖1）；這樣的公司愈有可能為股東賺進持續性的豐厚報酬、發生永久性虧損的機率也愈低。

觀察重點2》近8年的趨勢向上或平穩

實質 ROE 的長期趨勢也相當重要，因此可觀察近 8 年的數據。趨勢最好能夠保持平穩，或有愈來愈高的趨勢，因為這代表公司競爭力有高度持續性。許多耳熟能詳的好公司，如台積電（2330）、大立光（3008）、中菲（5403）、全家（5903）等，近 8 年實質 ROE 平均不僅高於 10%，也都呈現平穩或成長走勢（詳見表1）。

若是過往的實質 ROE 曾經很高，近年的趨勢卻愈來愈低，就該留意公司競爭力是否有減弱的可能。

實質 ROE 的趨勢，可能是下降、持平、上升，我們可以再從中探查可能的原因：

實質ROE趨勢下降

1. **因實質盈餘持續減少**：實質盈餘持續減少，導致實質 ROE 趨勢向下，這是最差勁的情況。實質盈餘持續減少代表公司競爭優勢減弱，或是已不具任何競爭優勢。

實質盈餘↓ ÷ 股東權益持平＝實質 ROE ↓

2. **因股東權益持續增加**：實質盈餘穩定，公司卻無法利用保留盈餘創造更高的獲利，但也不將獲利配發給股東，使股東權益持續膨脹，導致實質 ROE 趨勢向下。

此時，我們得觀察公司增加保留盈餘的主要目的為何。若是為了追求成長，例如計畫擴張市場或增加產能，因此需要用保留盈餘添購更多的固定資產（廠房、生財器具等），我們就能正面看待；但若公司沒有這樣的企圖，又不將盈餘配給股東，則股價上漲的空間勢必會減弱。

實質盈餘持平 ÷ 股東權益↑＝實質 ROE ↓

3. **因實質盈餘增加的幅度，小於股東權益膨脹的幅度**：實質盈餘

表1　台積電近8年平均實質ROE為24%

4家好公司的實質ROE

股名 （股號）	實質ROE（%）								
	2012	2013	2014	2015	2016	2017	2018	2019	平均
台積電 （2330）	25.22	23.88	27.89	25.08	25.60	23.40	22.16	21.05	24.29
大立光 （3008）	5.90	36.04	50.52	44.05	32.39	30.67	24.38	24.15	31.01
中　菲 （5403）	6.67	18.48	14.10	13.26	16.79	18.45	15.23	18.84	15.23
全　家 （5903）	22.00	27.43	29.70	29.56	29.09	28.29	32.11	32.70	28.86

資料來源：智股網

持續增加，但股東權益比實質盈餘的上漲幅度更高，也會導致實質ROE趨勢向下。遇到這種情況，同樣得觀察公司增加保留盈餘的主要目的為何；若公司沒有追求成長的意圖，那麼隨著實質盈餘上漲，股價基本上還是會上漲，只是力道不會太強。

實質盈餘↑ ÷ 股東權益↑較多＝實質 ROE ↓

實質ROE趨勢上升

1. **因實質盈餘持續增加**：實質盈餘持續增加，但股東權益持平，所以實質 ROE 呈持續上漲的趨勢。這是最理想的狀況，代表這家公

司的獲利能力相當強大。

> **實質盈餘↑ ÷ 股東權益持平＝實質 ROE ↑**

2. 因股東權益減少：實質盈餘穩定，但股東權益持續減少，導致實質 ROE 呈現上漲的趨勢，這種狀況較少見。發生的原因，有可能是公司將過去累積多年的保留盈餘分配出來所造成的。對於這樣的公司，實質 ROE 的趨勢表現就相對不重要，我們只要重視實質 ROE 數值的高低便可（愈高愈好）。

> **實質盈餘持平 ÷ 股東權益↓＝實質 ROE ↑**

3. 因實質盈餘增加的幅度比股東權益膨脹的速度快：實質盈餘增加，但股東權益增加的幅度較少，實質 ROE 仍呈現持續上漲的趨勢。這也是相當良好的現象，代表公司獲利能力強大。

> **實質盈餘↑較多 ÷ 股東權益↑較少＝實質 ROE ↑**

實質ROE趨勢持平

1. 因實質盈餘增加的幅度，相當於股東權益的增加幅度：實質盈餘上升，股東權益也同時上升，兩者上升幅度一致，會使實質 ROE 呈持平發展。這也是好的趨勢表現，説明公司仍能有效利用保留盈

餘，創造愈來愈高的實質盈餘。

實質盈餘↑ ÷ 股東權益↑＝實質 ROE 持平

2. 因實質盈餘下降的幅度與股東權益下降的幅度一樣：實質盈餘
趨勢向下，股東權益趨勢也下滑，也會使得實質 ROE 走勢持平。這
種現象並不理想，公司的競爭優勢堪慮。

實質盈餘↓ ÷ 股東權益↓＝實質 ROE 持平

3. 因實質盈餘持平，股東權益也持平：實質盈餘持平，股東權益
持平，使得實質 ROE 呈現持平走勢。這種情況尚可接受，多發生在
穩定型的公司身上；此類公司所屬的產業可能處在成熟期階段，發
展穩定但是成長性不足。不過，若有機會以好的價格買進，也是不
錯的選擇。

實質盈餘持平 ÷ 股東權益持平＝實質 ROE 持平

還有一種狀況是，實質 ROE 缺乏明確趨勢、忽高忽低，例如景氣
循環股。景氣好的時候，實質 ROE 與實質盈餘表現優異，景氣不好
時則雙雙走低，甚至虧損。要判斷這類公司的獲利能力，投資人只
要觀察實質盈餘的趨勢即可。

投資人若能掌握產業的景氣循環變化，仍有機會賺進景氣循環股的

表2 實質ROE、實質盈餘皆上升,為最佳趨勢

實質ROE與實質盈餘總體檢視表

	實質盈餘 趨勢↑	實質盈餘 趨勢持平	實質盈餘 趨勢↓
實質ROE 趨勢↑	★★★★★ 最佳趨勢 ①	★★★★☆ 好的趨勢 ③	★☆☆☆☆ 較不理想,公司可能用減資或認列虧損方式,降低股東權益;然而實質盈餘趨勢向下,須小心觀察
實質ROE 趨勢持平	★★★★⯨ 好的趨勢 ②	★★★★☆ 好的趨勢 ③	☆☆☆☆☆ 不理想,實質ROE與實質盈餘雙雙向下,是最壞的狀況
實質ROE 趨勢↓	★★★⯨☆ 尚可接受,公司還是很賺錢,實質ROE只要下降不超過10%都可以接受	★★★☆☆ 尚可接受,公司獲利穩定,但可能保留盈餘過高,卻無法持續為股東創造更高的獲利	☆☆☆☆☆ 極不理想

短中期資本利得;但我個人偏向不投資,因為產業景氣循環並非我個人的強項。巴菲特也不愛景氣循環股,畢竟市場上有很多比景氣循環股更容易掌握的好選擇。

實質 ROE 的趨勢變化原因相當多元,有時只要認真地分析,就能理解箇中原因;有時則是無論研究得多徹底,但若沒有管道取得公

司內部資訊,還是難以知曉真正的理由。不過也別太過擔憂,關於這項指標,我們只需要抓住大方向即可。

要留意,觀察實質 ROE 的趨勢時,必須搭配實質盈餘的趨勢才能做出更好的判斷。表 2 是實質 ROE 與實質盈餘趨勢的總體檢視表,滿分為 5 顆星,建議挑出 4 顆星以上的公司作為主要研究對象。

大部分情況,只要公司的實質盈餘是維持成長或呈現平穩趨勢,同時實質 ROE 也能長期維持在 10% 以上,都在可接受的範圍內。但在選股時,我會希望盡一切可能挑選出最好的公司。當你發現一家公司近 5 年的平均實質 ROE 數值高(愈高愈好),搭配 4 顆星以上的實質 ROE 趨勢,我們幾乎可以說這家公司擁有非常優異的獲利能力,也有很高的機率擁有強大的競爭優勢,這類公司才值得繼續研究下去。

至於無法通過這 2 道關卡的公司,也沒有必要再花時間檢視其他方面的表現了,建議直接剔除,不需要浪費寶貴的時間。

認識「股東權益」與「母公司股東權益」

一家公司的所有資產,資金一定是來自「負債」(舉債而來的借款)以及「股東權益」(股東的自有資金,可簡稱為權益)。因此,打開每家公司的資產負債表,資產總金額也一定等於「負債+股東權益」的總金額(詳見下表)。換個角度來說,公司的資產在清償所有負債之後,所剩餘的價值就是股東權益:

> **股東權益=資產總額−負債**

資產負債表

資產		負債	
流動資產	50億元	流動負債	5億元
非流動資產	150億元	非流動負債	15億元
		負債合計	**20億元**
		歸屬於母公司業主權益	175億元
		非控制權益	15億元
		權益合計	**180億元**
資產總額	**200億元**	**負債及權益總額**	**200億元**

註:歸屬於母公司業主權益在本文亦稱為「母公司股東權益」

現行上市櫃公司採用 IFRS 合併報表,母公司若對轉投資子公司具有控制權(持股超過 50%,或雖未滿 50% 但母公司擁有實質控制權),必須將子公司的資產負債表數據全數併入合併資產負債表中。

因此,若看到合併資產負債表出現「非控制權益」這個項目時,代表有部分股東權益是不屬於母公司的,而本文只會採用歸屬於母公司業主的股東權益來計算實質 ROE。

2-4
指標3》資盈率
用6大原則避開燒錢公司

　　一家公司若總是需要燒更多的錢來維持它的營收，通常不是一家具備競爭優勢的公司。有許多體質偏弱的公司，甚至得依靠大量的借貸，或現金增資的方式來取得更多現金，以此來維持營運。

　　想避免投資到這類公司，一定要觀察盈餘再投資的比率，檢視公司是否得長期依靠更多的資本支出（燒錢）來維持它的營運，這是判斷一家公司體質是否健全的條件之一。類似的概念有好幾種，本書採取的是「資盈率」，計算方式為：

> **資盈率＝資本支出 ÷ 實質營業可收現金**
> **實質營業可收現金＝稅後淨利－非經常性利益＋折舊攤銷**

　　「資本支出」主要包括購買「固定資產」的經費，以及「長期投資」的支出。固定資產包含土地、廠房、機器設備、無形資產等購置費用，通常是公司為了擴大產能的支出。「長期投資」則是長期的股權投資（持有其他公司的股票等）。

「實質營業可收現金」則是一家公司經營本業應該可收到的總現金收益，只要將稅後淨利扣除非經常性利益之後，加上原本被當成費用而扣除的折舊攤銷金額就能得知（詳見延伸學習）。

資盈率愈高，公司須花愈多錢投資以維持營收

資盈率代表公司賺進的現金，會有多少比率用於資本支出，例如：

> 資盈率 50％＝經營本業賺的每 100 元現金，得再投資 50 元
> 資盈率 100％＝經營本業賺的每 100 元現金，得再投資 100 元
> 資盈率 200％＝經營本業賺的每 100 元現金，得再投資 200 元

資盈率愈低，代表公司只需從賺來的現金中撥出一小部分用於投資，而不需要老是一直花大錢來維持營收，通常也代表公司具有某種程度的競爭優勢。

反之，資盈率愈高，代表公司需要從賺來的現金中撥出一大部分用於投資。如果公司長期都要依靠大量資本支出來維持它的生意，甚至長期利用借貸或增資來籌資，這類公司並不是長期投資人的理想選擇。

即便是資本密集的公司，或是高成長性的新興公司，也應該有一定的限度，而不是一直在燒錢。簡而言之，具有長期競爭優勢的好公司，不太需要長期依靠高資本支出，來維持生意的穩定性與成長性。

若獲利條件相同，低資盈率公司優於高資盈率公司

　　至於一家很賺錢同時卻很會燒錢的公司，從股東利益的角度來看，看得到卻吃不到，也非股東之福。這類公司通常較不具競爭優勢，或競爭優勢較薄弱。好公司得真的能為股東留住賺來的現金，才能真正為股東創造實質獲利，而不是總把賺來的錢幾乎再投資出去。

　　以下我做個簡單的比較：假設有兩家公司的條件都相同，股東權益相同，股東權益報酬率（ROE）相同，營收也都相同，哪家公司比較好？

> A 公司：賺 100 元現金，得再投資 80 元才能維持高營收
> B 公司：賺 100 元現金，得再投資 30 元才能維持高營收

　　答案自然是 B 公司好，因為 B 公司不需要更多的資本支出來維持高營收。相對地，A 公司得不斷投入資金來維持高營收，代表 A 公司大部分的股東利益都被公司的資本支出給吃掉了，只是帳面上的資產有增加罷了。由於 A 公司得不斷以高度的資本支出來維持它的營收，代表 A 公司所處的產業很可能是相當競爭的產業，又或者是它自身的競爭力可能相對弱勢。

　　「有這麼兩種企業：第 1 種每年賺12%，到年底可以把賺的錢分光。

第 2 種每年也賺 12%，但所有多餘的現金必須進行再投資，沒有分紅。這讓我想起了一個賣設備的傢伙，他望著那些從添購新設備的客戶手裡吃下的二手機器說：『我所有的利潤都在那裡了，在院子裡生鏽。』我們討厭那種企業。」

——查理‧蒙格（Charlie Munger）《窮查理的普通常識》

　　經我長期觀察，通常資盈率長期低於 70%，再加上實質 ROE 與實質盈餘也有一定水準的表現，這種公司通常都具備一定的競爭優勢；至於是否為長期競爭優勢，就得再進一步探究。

過去8年，資盈率＜70%為佳

　　資盈率同樣要觀察過去 8 年的表現，只要大部分時期都在 70% 以下，就算是符合標準。例如德麥（1264）、台達電（2308）、統一超（2912）、大立光（3008）等公司，它們過去 8 年的資盈率都不曾超過 70%；即使是每年都得投入資本支出的台積電（2330），過去 8 年也僅有 3 年超過 70%（詳見表 1）。

　　資盈率的主要觀察原則如下：

　　1. 過去 8 年資盈率都小於 70%，代表公司不需要花大錢投資來維持營收。

表1 **近8年，股王大立光資盈率多低於30%**
5家公司近8年資盈率

股名 （股號）	資盈率（%）							
	2012	2013	2014	2015	2016	2017	2018	2019
德　麥 (1264)	3.67	49.60	32.77	27.75	19.36	15.81	3.05	21.00
台達電 (2308)	56.81	31.79	20.32	31.96	26.37	43.25	38.29	54.18
台積電 (2330)	81.19	83.54	62.76	53.03	63.71	53.25	49.81	71.82
統一超 (2912)	49.42	35.31	33.29	45.22	32.92	61.31	N/A	23.36
大立光 (3008)	41.16	27.76	24.21	16.29	16.44	27.00	23.72	26.67

註：統一超 2018 年無資本支出　　資料來源：智股網

2. 過去 8 年期間有 3 年內是大於 70%，小於 150%，仍是一個可接受的範圍；公司可能在這幾年之間有較為重大的資本支出，用於擴大產能或提高市占率。

3. 過去 8 年有 3 年以上超出 70%，可搭配表 2「資盈率進階觀察表」進一步檢視。

4. 過去 8 年有 4 年以上，資盈率大於 100%，需小心。

5. 過去 8 年有 3 年以上，資盈率大於 150%，需更加小心。

6. 過去 8 年有 3 年以上，資盈率大於 200%，最好少碰。

資盈率大於 100% 是什麼概念呢？代表公司當年度的資本支出超

表2 若資盈率常態性＞70％，須留意公司經營狀況

資盈率進階觀察表

資盈率	過去8年整體表現	近1～2年表現
資盈率＜70％	◎皆小於70％ ➔公司不需花大錢投資來維持營收	◎皆小於70％，無特殊異常 ➔公司不需花大錢投資來維持營收
70％≦資盈率＜100％	◎1～4年落在此區間 ➔不需過於擔心 ◎常態性（4年以上）落入這個區間 ➔公司比較會燒錢。可與同產業的競爭者比較，了解是否為本身產業特性的原因（例如資本密集的產業）	◎僅近1～2年在此區間 ➔仍不需過於擔心
100％≦資盈率＜150％	◎1～4年落在此區間 ➔可試著了解公司是否曾執行擴廠計畫。若無，就得小心 ◎常態性（4年以上）落入此區間 ➔此公司為燒錢公司，得小心判斷，這種公司我並不愛買	◎先前資盈率正常，近2年度增加到此區間 ➔同時觀察實質盈餘是否衰退而導致資盈率增加。實質盈餘若正常，可試著了解公司是否有在執行擴廠的計畫，若是因擴廠造成則無須過於擔憂
150％≦資盈率＜200％	◎1～2年落在此區間 ➔可試著了解公司當時是否曾執行擴廠計畫。若是，則無須過於擔憂 ◎常態性（3～8年以上）落入此區間 ➔這是家燒錢公司，經營狀況堪慮，通常我不會買它	◎先前資盈率正常，近2年度增加到此區間 ➔同時觀察實質盈餘是否衰退而導致資盈率增加。若實質盈餘突然暴跌，最好少碰；實質盈餘若正常，可試著了解公司是否有在執行擴廠的計畫，若因擴廠造成則無須過於擔憂
資盈率≧200％	◎1～2年落在此區間 ➔可試著了解公司是否曾因執行擴廠計畫。若是，則無須過於擔憂 ◎常態性（3～8年以上）落入此區間 ➔為極度燒錢的公司，經營狀況可能非常不理想，不宜投資	◎先前資盈率正常，近2年度增加到此區間 ➔同時觀察實質盈餘是否衰退而導致資盈率增加。若實質盈餘突然暴跌，最好少碰；實質盈餘若正常，可試著了解公司是否有在執行擴廠的計畫，若因擴廠造成則無須過於擔憂

過當年度經營本業所賺得的現金。長期處於這種狀況，公司會以各種方法向外籌集資金，例如私募、發行股票、銀行借款、商業信用、發行債券、發行融資券和租賃籌資，但基本範疇不會脫離以下 4 種：

1. 向股東要錢。

2. 借錢。

3. 吃老本。

4. 增資（稀釋原始股東股權）。

根據我的經驗，長期得依靠籌資來支應資本支出的公司，大多是屬於體質偏弱的平庸公司。資盈率總是超過 100%，就要慎重了解其**公司的經營狀況、公司發展策略與產業型態**。資盈率長期超過 150%，得更小心觀察，若不了解其原因，請離該公司遠一點。倘若是資盈率長期大於 200%，絕對別投資，因為這通常代表公司經營已出現嚴重的問題了。

搞懂「實質可收現金」

「實質可收現金」須計入折舊攤銷金額

「折舊」是指企業所擁有的固定資產,按使用年限分期認列折舊費用,包含機器、設備、房屋、工具等,土地除外。

「攤銷」是指除固定資產之外,其他可長期使用的經營性資產費用攤銷,同樣按照使用年限每年分攤購置成本。常見的攤銷資產例如土地使用權、商譽、軟體、開辦費等無形資產。

公司一開始購買固定資產時,已經用現金一次支付完成;然而,資產的折舊攤銷費用,還是得按照各資產的使用年限,分攤至每期損益表的費用之中,使得損益表上的利潤減少。不過,這段期間並沒有實際的現金流出,所以必須將每期折舊攤銷的費用加回至稅後淨利,才能看到公司實質營業可收現金的原貌。

為何不直接用營業現金流或實質盈餘代替「實質可收現金」?

用來計算資盈率的實質營業可收現金,是指公司經營本業的生意應可收回的總現金收益金額,這又與營業現金流與實質盈餘不同,分別說明如下:

1. 營業現金流無法呈現公司收益全貌

營業現金流得排除應付帳款(應支付但尚未支付的費用)與應收帳款(應收入但尚未收入的款項),也就是說,該收回或該支付的款項將延後發生。但是,實質營業可收現金無須排除應收款與應付款,因為我們得假設公司未來將會完成應收帳款與應付帳款的現金收支,這才是公司實質獲利的原貌。至於公司是否真的收回賺來的現金,我們可用另一項指標「獲利含金量」來分辨清楚(詳見 2-5)。

2. 實質盈餘僅包含歸屬母公司淨利

資盈率的計算是「資本支出」占「實質可收現金」的比率，實質可收現金即為「稅後淨利－非經常性利益＋折舊攤銷」。其中，「稅後淨利－非經常性利益」的部分，為什麼不直接使用「實質盈餘」呢？這是因為實質盈餘只包括歸屬於母公司淨利的經常性利益；為求數據範圍一致，資本支出這個數據，也應該只採取歸屬於母公司的資本支出。

由於合併財報的數據當中，並沒有將資本支出分離為歸屬於母公司，以及不歸屬於母公司股權的部分；為利於計算，直接採取稅後淨利為基準。

Note

2-5

指標4》獲利含金量 長期宜高於70%

實質盈餘是觀察公司財務最重要的指標,但是我們還得關心公司的「獲利含金量」有多少。這是因為損益表中的淨利,不完全等於公司可實際收到的現金。

怎麼說呢?損益表當中,我們可以看到公司當期的營收結構,只是在實務上,公司之間的交易很少一手交錢一手交貨。公司只要出貨,當期損益表就會認列這筆營收,但是公司可能 1 個月後會收到現金,也可能 3、4 個月後才會實際收到現金,就會出現公司營收與實際收到現金不一致的狀況。

公司直到真正收到現金時,才會登記在現金流量表。而為了確認公司獲利當中有多少是真正入袋的現金,我們就可以分別透過損益表與現金流量表的數字,計算出「獲利含金量」。

> 獲利含金量＝營業活動現金流量 ÷ 實質營業可收現金 ×100%
> 實質營業可收現金＝稅後淨利－非經常性利益＋折舊攤銷

◎獲利含金量愈高：淨利當中可收回的現金愈高。

◎獲利含金量愈低：淨利當中可收回的現金愈低。

◎獲利含金量負值：營業活動現金流量為負值，公司有獲利但沒收回現金。

◎獲利含金量無用：稅後淨利－非經常性收益＋折舊攤銷 ≤0。

獲利含金量高，代表公司的獲利皆有實際入袋

「營業活動現金流量」這個數字可以在現金流量表當中找到。一家公司從生產製造到最後把產品賣給顧客的活動過程中（包含銷售商品、採購原料、生產製造、僱用員工、管理銷售、支付稅金……等），所發生的所有實質現金收入與現金支出，都會計入營業活動現金流量當中。

而損益表的構成，不只包含以上營業活動的會計項目，許多沒有實質現金收支的項目也會被計入，導致損益表中的淨利，不等同於現金流量表中的營業活動現金數。

因此，營業活動現金流量會以稅前淨利為基礎，把損益表中那些沒有實際花掉的現金加回來，把沒有收到的現金扣除，並且排除那些與營業無關的會計科目（投資與籌資活動的現金收支），最後再扣除所得稅，所得到的結果便是營業活動所產生的實質現金流（詳見

延伸學習）。

　　營業現金流量的計算本就不容易理解，我自己有時還得請教專家，或是自專業的財會書籍中尋找答案。如果覺得太過複雜，那麼只需要把握一個重點──營業活動現金流量，是公司做生意「真正有現金收支」的部分。

　　至於「實質營業可收現金」（講解資盈率時已說明過，詳見 2-4），是把稅後淨利減去非經常性利益後，再加回折舊攤銷的費用，如此我們便能得知公司經營本業應該可創造的實質現金收益。

　　「獲利含金量」是計算營業活動現金流量占實質營業可收現金的比率。獲利含金量高，代表這家公司透過經營本業所創造的獲利，都可正常收回現金；獲利含金量低，意味著這家公司的獲利當中，可能只是一堆還沒收回的應收帳款，或根本是靠一堆非本業所賺進的收入來衝高獲利。

　　這個指標也能幫我們判斷這家公司的競爭優勢。道理很簡單，一家具有競爭優勢的公司，怎麼可能老是做無法收回現金的生意呢（負獲利含金量）？又或是做成許多生意後，卻老是只能收回部分的現金呢（非常低的獲利含金量）？一家具有競爭優勢的公司，它除了要很會做生意外，也要有能力把做生意所賺的錢都收回來，也就是說要有足夠的獲利含金量，例如台積電（2330）、統一超（2912）、全家（5903）等公司，獲利含金量長期多在 90% 以上，甚至高於

表1 **統一超的獲利含金量長期在90%以上**
3家高獲利含金量公司表現

股名 （股號）	獲利含金量（%）							
	2012	2013	2014	2015	2016	2017	2018	2019
台積電 （2330）	94.54	101.19	90.80	104.53	96.73	97.41	88.71	97.02
統一超 （2912）	133.11	97.60	98.71	106.18	142.23	183.32	97.47	93.37
全　家 （5903）	62.87	155.03	98.28	112.94	136.05	126.16	135.68	111.36

資料來源：智股網

100%（詳見表1）。

5重點觀察獲利含金量，3年以上出現負值須避開

觀察獲利含金量時，僅需以較為宏觀的角度觀察即可，同樣要看過去8年的表現，共有5項重點：

1. 過去8年表現都有70%以上的水準，代表公司確實有能力賺進現金。

2. 過去8年有1～2年的數值低於70%，或出現負值，尚不需過於擔心。

3. 過去8年有3～4年數值低於70%，得稍微留意。

4. 過去 8 年有 5 年以上低於 70%，得很小心。

5. 過去 8 年有 3 年以上為負值，最好不要碰。

然而，影響營運現金流量的因素畢竟相當多元，少數產業因為本身獨有的生意模式與產業特性，導致產業中的公司獲利含金量長期偏低，例如電子通路商與車商。

例如 IC 通路商的營業活動現金流長期為淨流出（負值，詳見表 2），主要原因為 IC 通路商是媒合上游供應商與下游製造商之間的生意。由於下游製造商通常會要求延長付款的時間，使得 IC 通路商的應收帳款天數會拉長許多；另一方面，上游供應商會要求盡快付款，使得應付帳款的周轉天數就比較短，因此營業活動現金流總會顯示淨流出的狀況。

所以，若發現一家公司的實質盈餘表現穩定或呈現成長態勢，但獲利含金量偏低，甚至是負值，則我們可與同產業中的其他公司相互比較。若發現同產業的公司多數皆為如此，而且經調查確為產業特性使然，則不需過於擔心獲利含金量偏低的表現。但除了這些少數的特例之外，我們仍得回歸這項數據的觀察原則。

獲利含金量長期表現良好，並不代表公司財務狀況完全沒有問題，同樣得搭配模組中的其他財務數據一起觀察；不過，若是長期低於70%（超過 4 年以上），且並非產業特性的因素，請一定要特別小心，因為這很「可能」是公司不具備競爭優勢。

表2	電子通路商獲利含金量負值為常態							

台股3大IC通路商獲利含金量

股名 （股號）	獲利含金量（%）							
	2012	2013	2014	2015	2016	2017	2018	2019
大聯大 （3702）	4.52	-92.74	-218.63	-161.48	132.18	104.90	-16.86	-19.73
文 曄 （3036）	-98.58	15.68	-218.97	-175.97	-290.37	-41.04	-7.87	100.87
至 上 （8112）	745.05	-798.21	-805.84	-42.01	-827.47	303.49	-6.43	167.42

資料來源：智股網

　　實務上的運用，我通常會特別注意低於 70% 的年度是否超過 3 年以上，以及這些偏低的數值是否過低，例如 30% 以下。倘若其他年度都高於 100%，能填補一些落差年度的不足，則不需過於擔憂；但若其他年度也都小於 70%，並沒有填補落差年度的不足，我們就要格外謹慎。

　　若遇到獲利含金量長期出現負值的情況，我的警報系統就會立即響起，因為這代表公司做生意不僅收不回現金，還有流出的現象，最好敬而遠之。

延伸學習　稅後淨利與營業活動現金流金額不同的主因

1. 損益認列時間與實際發生現金時間不同

會計原則採用應計基礎，公司賣出產品或服務後，就得認列為損益表中的營業收入，但實際的款項（現金）可能會延後 1 ～ 3 個月才能收到。公司採購時也會有相同的情況，損益表中已認列為營業支出，但可能 1 ～ 3 個月後才會把貨款（現金）支付給上游的供應商，所以損益表中的歸屬母公司淨利並不等同實際已收到的營業現金。

有些公司可能由於掌握了關鍵技術，除了擁有定價權外，還可要求買家在 1 ～ 2 個月內付清款項（現金）；而面對上游較無競爭優勢的供應商呢？公司還可能會要求延後付款達 6 個月之久。這一來一往，公司就多了近 8 個月的現金可周轉。例如統一超，它們售出產品後所獲取的現金速度相當快，因為不可能讓消費者賒帳買東西，但它可延後 2 ～ 3 個月才付款給上游廠商；所以統一超所賺的淨利也不會與當期的營業現金流相同。

2. 固定資產的折舊攤銷

某些資產（如廠房、設備及無形資產等）的折舊與攤銷，會分攤到各期損益表認列為支出費用，但實際上是不會花到現金的，因為當初在購買這些固定資產時已一次付清。所以，計算營業現金流時，會把這些沒有實際用到現金的費用加回。

3. 與營業無相關的活動

有些與營業無相關的活動，例如投資活動及籌資活動相關之損益項目，同樣也會被計入損益表之中。由於與營業無關，所以計算營業活動現金流量時也會被調整。例如，因處分資產所產生的利益，在損益表當中會使得淨利增加，而在計算營業活動現金流量時，就會把這項目扣除。

指標5》配息率
近5年平均值應大於40%

　　配息是指公司發放現金股利給股東，現金股利是股東投資股票可獲得的一部分收益，也可說是公司給予股東的資本報酬。配息率的計算方式如下：

> **配息率＝現金股利 ÷ 歸屬母公司淨利 ×100%**

　　假設公司1年賺進10元的EPS，然後把其中的6元配給股東，則配息率為60%（＝6元÷10元×100%）。

　　如果我們看到某家公司能長期持續配出一定比率的獲利（現金股利）給股東，同時實質盈餘、實質ROE、資盈率、獲利含金量也都符合我們所設定的標準，我們幾乎可以確定它是一家賺錢的公司，因為能配給股東的錢都是貨真價實的現金。

　　這其中的道理其實很容易理解，若是一家公司沒本事賺進現金，哪來那麼多現金可以配發給股東呢？自己用都嫌不夠了。因此一家卓越的好公司，除了資本支出要能自獲利中自給自足外，還得有能力

把部分的獲利以現金配給股東；競爭優勢愈高的公司，愈能夠滿足這樣的要求。

配息率的檢視並沒有所謂愈高愈好的標準，但我們同樣得觀察一家公司過去 5 年的平均配息率，以得到一個較為客觀的數值；基本的要求至少要有 40% 以上。

成長型公司為開疆闢土，配息率不會太高

不過，為什麼配息率不一定愈高愈好呢？我們可以觀察到，有些高成長的公司現金配得比較少，例如 2014 年之前的台積電（2330），配息率並不高，多在 45% 以下，2015 年之後才提高至 50% 以上（詳見表 1）。雖然台積電的配息率並不如其他許多賺錢的公司，但是它的競爭優勢相當優秀，它能夠善用保留下來的盈餘，為股東創造更高的獲利，股東反而受益更多。

公司要持續成長，就得投資更多的資金，才能為股東開疆闢土，創造更高的營收。這是很現實的問題，不管是新的廠房、新的市場、更高的市占率及新技術的研發等，這些強化競爭優勢的做法，都需要資金的挹注，才能順利推動。反過來說，若配息率愈高，將賺來的獲利都配回給股東，代表公司賺來的盈餘當中，能再投資的金額就愈少，通常這類公司就不會有太強的成長力道。

表1 **成長型公司配息率偏低，穩定型公司則偏高**

成長型公司——以台積電（2330）為例

項目	2012	2013	2014	2015	2016	2017	2018	2019
實質盈餘（億元）	1,703	1,872	2,64,1	2,844	3,342	3,407	3,544	3,471
配息率（%）	45.67	41.54	44.18	54.70	54.31	60.8	58.53	70.97

穩定型公司——以中華電（2412）為例

項目	2012	2013	2014	2015	2016	2017	2018	2019
實質盈餘（億元）	409	397	386	429	406	389	355	328
配息率（%）	101.54	88.44	97.63	99.16	94.32	95.71	97.83	99.97

資料來源：智股網

　　因此，配息率偏低的公司得有個前提，它必須能做到善加利用保留下來的現金（保留盈餘），為公司創造成長性。這也是為什麼巴菲特（Warren Buffett）會説：「公司每保留 1 美元的盈餘，至少要使公司的市場價值增加 1 美元。」以財務的角度來看，一家好公司所保留下的每一分錢，其目的應該都是為了維持高 ROE 與實質盈餘的高成長。

　　實質盈餘愈穩定的公司，我們要期待它有較高的配息率，在台股當中以電信業為代表。因為這類公司通常身處在成熟型的產業中，已很難有高度成長；即便在產業當中具有競爭優勢，但若沒有更大的

發展計畫與野心，理應將大部分的獲利發放給股東，由股東自尋其他更優質的投資機會。對於這類公司，投資人可採取殖利率為主要估價方法。

── 2-7 ──

指標6》毛利率及實質盈餘利益率 應分別大於20%、6%

假設有兩家公司,實質盈餘和股東權益報酬率(ROE)的表現都差不多,要怎麼比較哪家公司的產品更有競爭力、獲利品質更勝一籌?最好用的指標非「利潤率」莫屬,其中最重要的就是「營業毛利率」以及「實質盈餘利益率」。

高毛利率公司,擁有較強的產品競爭力

一家公司做生意所獲得的錢,稱為「營業收入」(以下簡稱營收);公司在產品製作上所花的成本稱為「營業成本」,例如原料和生產線上的人工費用等。將營收減去營業成本,就是公司生產商品所能獲得的「營業毛利」(以下簡稱毛利);而毛利占營業收入的比率即為「毛利率」。計算公式如下:

毛利率=毛利 ÷ 營業收入 ×100%

　　例如，公司每做 100 元的生意，扣掉製造成本 60 元，得到毛利 40 元，毛利率即為 40%。

　　檢視毛利率主要是為觀察以下 3 項重點：

　　1. 觀察公司與其競爭對手之間，是否有能力以更低的成本製造產品或提供服務。

　　2. 公司的產品是否具競爭力。

　　3. 公司的產品競爭力，是否長期維持在高度的水平之上。

　　毛利率除了代表產品的競爭力，也透露出公司是否具備長期競爭優勢；因為一家具有長期競爭優勢的好公司，即便面臨競爭者的威脅，本應有能力維持產品的高毛利。也就是說，市場中即便有眾多的替代品可供選擇，但基於公司獨有的某種優勢，例如高轉換成本的優勢、專利優勢、地利之便的優勢等，使得客戶仍願意向公司購買這些具有高利潤的產品。

　　舉個例子，假設在同一條街賣肉圓的 2 家小吃店，每粒肉圓的製作原料都是 25 元，A 店定價 50 元，享有 50% 的毛利率；B 店定價 35 元，毛利率僅有 29%，且長時間都是如此。可見 A 店一定有優於 B 店的優勢，讓客戶願意用更高的價格埋單。

　　在挑選值得長期投資的好公司時，毛利率最好符合以下兩大條件：

1.近8年趨勢平穩或成長

過去 8 年毛利率的趨勢若相當平穩或呈現成長，代表公司有能力長期維持產品的競爭力；若趨勢向下，代表可能面臨競爭優勢轉弱，或產業已過度競爭。

外在因素的影響，通常是導致毛利率下降的主因；例如其他競爭者的崛起，導致市場過度競爭，造成產品價格下跌、毛利率降低，而公司卻無法脫離此困境，掉進了惡性競爭的漩渦中。內在因素的影響也會導致毛利率降低，例如生產製造的管理出了問題，導致生產成本提高。

總之，遇到毛利率趨勢向下發展的情形，最好得去了解原因，並確認是屬於短期性的產業供需問題，還是公司的競爭力正在減弱之中？在實務上，除非我能確定毛利率降低是屬短期現象，否則若發現這是長期現象，或是我無法確認，不管公司有無具體辦法來扭轉情勢，我都會避免投資。

2.毛利率≥20%

毛利率至少高於 20% 是基本要求，代表公司的產品或服務有一定的市場競爭力。台股中的許多好公司都享有高毛利的優勢，例如台積電（2330）的毛利率幾乎長期都維持在 50% 左右（詳見表 1）。台積電近年的表現是全球有目共睹的，多年來面臨其他競爭者的挑戰，都仍能保持技術領先的優勢，這也反映在高毛利率的表現之上。

通常產業在一個高度競爭的紅海市場之中，所有競爭者毛利率都不會太好看。例如 2011 年時期所流行的「四大慘業」，包含面板、DRAM（動態隨機存取記憶體）、LED（發光二極體）及太陽能，這些產業在當時就是因為過度競爭的因素，導致產品供過於求，造成殺價競爭的惡性循環，使得毛利率長期處於非常低的水平。直到近幾年因整合成功，以及市場需求回升，才逐漸回復正常，但毛利率仍然偏低。

在一個競爭的產業當中，除非公司有其他對手所沒有的優勢，而且是難以被複製的優勢，例如品牌優勢、規模優勢、搜尋成本優勢等，否則因競爭所導致的低毛利是相當難以扭轉的局面。

較高的毛利率除了代表產品的競爭力外，這樣的公司在面對任何可能的市場衝擊時，較有籌碼來緩衝，並得以在最短的時間內即時調整產品線來提高毛利率；反之，毛利率偏低的公司，一旦遇到市場衝擊時，不僅實質盈餘會大受影響，即使公司努力想要扭轉情勢，也會較為辛苦。

當然，也會有一些少數特例，例如鴻海（2317）與大聯大（3702），毛利率長期都是個位數，但它們的產業特性就是如此；鴻海屬電子代工產業，大聯大屬電子通路產業，都得靠規模經濟來創造獲利。如果真的要投資這樣的公司，除了比較同產業其他競爭對手的毛利率之外，更重要的是觀察毛利率的趨勢表現，以此作為

表1　台積電毛利率長期維持在50%左右

3家公司毛利率比較

股名 （股號）	市場 地位	毛利率（%）							
		2012	2013	2014	2015	2016	2017	2018	2019
台積電 （2330）	全球晶圓代工業龍頭	48.18	47.06	49.51	48.65	50.09	50.62	48.28	46.05
鴻　海 （2317）	全球電子組裝代工業龍頭	6.41	6.44	6.93	7.15	7.38	6.44	6.27	5.91
大聯大 （3702）	亞太最大ＩＣ通路商	5.02	4.56	4.53	4.16	4.21	4.16	4.33	4.25

資料來源：智股網

競爭優勢強弱轉變的依據。

實質盈餘利益率愈高，代表獲利品質愈佳

　　實質盈餘是公司排除非經常性利益的最終淨利（詳見 2-2），而實質盈餘占營收的比率即為實質盈餘利益率。數值愈高，代表公司經營本業所獲得的營收，有愈高的比率能成為最終的盈餘。

實質盈餘利益率＝實質盈餘 ÷ 營業收入 ×100%

觀察實質盈餘利益率同樣有 2 大重點：

1. 近8年趨勢平穩或成長

一家具有長期競爭優勢的好公司，過去 8 年的實質盈餘利益率趨勢，應該是持平（獲利品質相對穩定）或向上（獲利品質愈來愈好），因為這表示它的長期競爭優勢是存在的，所以它的獲利可免受其他競爭者的侵略。

若是實質盈餘利益率趨勢愈來愈低，那麼公司的競爭力恐有走弱的現象，我們得提高警覺，去了解箇中原因。

2. 實質盈餘利益率≥6%

過去 8 年的實質盈餘利益率至少要在 6% 之上，這是基本的要求，而且數值愈大愈好。有些因為產業特性的關係，產業中的公司實質盈餘利益率都低於 6%，若要投資這類產業，可在同業之間比較，以評估公司的競爭力是否優於同業。例如一家公司過去 8 年的實質盈餘利益率，與同業相比有較高的表現，代表它在這個產業具有更強的競爭優勢。

不過我們在選股時，盡可能還是選擇實質盈餘利益率較高的公司，因為這類公司的競爭優勢強度較高，也比較可能具備長期競爭優勢。除此之外，它也較有本錢面對市場的衝擊，並能在短時間內即時調

整發展策略，加以改善獲利條件，長抱它的股票相對安全。

反之，低實質盈餘利益率的公司，競爭優勢普遍較弱，而且容錯率較低；一不小心，例如匯率波動，或是成本上升，就會導致實質盈餘嚴重受創，股價的起伏也會較高，尤其是那些規模優勢較小的公司（實質盈餘小於 5 億元）。

同時觀察2項利潤率，若趨勢向下則不予考慮

毛利率也可以與實質盈餘利益率一併觀察（更詳細的觀察表可見表 2），須注意以下 3 大原則：

1.毛利率與實質盈餘利益率的趨勢須向上或持平

這兩項數據的趨勢，一定要向上或穩定持平。只要其中一項趨勢向下，都意味著公司競爭優勢正在減弱。除非在公司的競爭優勢仍然強大的前提之下，我們有辦法確定趨勢向下只是暫時的，且公司將很快能改善問題，否則我會優先避開這樣的公司。

2.高毛利率＋高實質盈餘利益率

公司的毛利率至少得大於 20%，同時也能維持 6% 以上的實質盈餘利益率。

表2　**毛利率與實質盈餘利益率皆上升，代表競爭力提升**

毛利率與實質盈餘利益率綜合分析表

	毛利率趨勢向上	毛利率趨勢持平	毛利率趨勢下降
實質盈餘利益率趨勢向上	◎產品毛利提升，使整體盈餘成長 ➔產品愈來愈有競爭力	◎營業費用降低，使實質盈餘成長 ➔營運效率提高	◎毛利率下降，但營業費用降低，導致實質盈餘利益率還能成長 ➔營運效率提高，但產品競爭力有減弱的態勢
實質盈餘利益率趨勢持平	◎毛利率趨勢向上，產品的競爭力提升，同時營業費用也提升，使整體實質盈餘利益率沒跟著提升 ➔產品競爭力提升，但營運效率降低	◎兩項數據皆持平發展 ➔獲利條件並沒有什麼變化，只能靠更多的營收來成長	◎毛利率趨勢下降，但營業費用也降低，使實質盈餘利益率趨勢持平 ➔產品競爭力減弱，靠營運效能維持實質盈餘利益率
實質盈餘利益率趨勢下降	◎毛利率趨勢向上，但實質盈餘利益率趨勢向下 ➔營業費用提高的幅度超越毛利提升的幅度，公司的營運效率有減弱的現象	◎毛利率無變化，實質盈餘利益率卻下降 ➔營業費用提升，公司的營運效率有減弱現象	◎因產品毛利的下滑，營業費用也可能同時提升，使實質盈餘利益率下滑 ➔產品競爭力有減弱的趨勢，公司的營運效率也可能有減弱現象

3.平穩的低毛利率及低實質盈餘利益率，但具強大的規模優勢

　　雖然毛利率與實質盈餘利益率是愈高愈好，但少數公司因產業特性的關係，導致毛利率與實質盈餘利益率長期偏低，並不代表它不好。對於這種公司，我們得觀察它是否具有強大的規模優勢，以此確認

它未來的獲利能持續平穩的成長。

例如，鴻海（2317）比起其他產業中的競爭者，有能力以更低的成本提供高品質與高良率的組裝服務。諸多人質疑它的毛利率過低，不過它處在一個屬於規模經濟的產業型態中，低毛利率是常態。而且，鴻海所能創造的實質盈餘規模高得嚇人，最高曾經創造 1,500 多億元的實質盈餘。

許多人喜歡比較鴻海與蘋果公司的毛利率，調侃這是台灣代工產業的悲歌。蘋果公司能好多久我不知道（或許它可以好很久，因為連巴菲特（Warren Buffett）都買它的股票），但我比較確定的是，今天即使蘋果垮了，會有其他公司取代它的地位。不過，不管是哪家新崛起的公司，都需要像鴻海這種優質的代工廠來為它們組裝產品。

指標7》董監持股比率
長期應高於10%

在台灣，要看一家公司的管理階層是否有誠信原則，最簡單的方法就是看董監持股的百分比是否高於 10%。這道理很簡單，一家公司連自己的管理階層都不願意持有至少 10% 以上的股份，代表他們與公司共存亡的意願並不夠高；或是連他們自己都不看好自家的公司，所以身為小股東的我們，還能相信他們會好好經營公司嗎？

公司資本龐大，董監持股較低是合理情況

台股中的好公司，有些公司的董監持股比率相當高，高達 30% 以上，有的甚至高達 50% 以上，例如電梯製造商崇友（4506），董監持股比高達 59%（詳見表 1）。這類型的好公司股票普遍流動性較不足，因為大部分的股票都握在經營階層的手中，因此股價相對較為穩定，起伏較小。對於不喜歡股價起伏太大，並且以殖利率為主要報酬的投資人而言，會是不錯的投資標的。而且這類型的股票

表1 **崇友董監持股比近60%**
崇友（4506）籌碼分布比率

	持有張數（張）	占股本比率（％）
董監持股	105,784	59.76
外資持股	13,448	7.59
投信持股	1,277	0.72
自營商持股	711	0.40
融資餘額	5	0.00
融券餘額	—	—

註：資料日期為 2020.08.03　　資料來源：群益金融網

普遍也較為冷門，所以有時反而能以相當不錯的價格買進。

有些資本龐大的公司（通常指權值股，或是實質盈餘大於 10 億元以上的公司），較低的董監持股比是可以被接受的，例如台積電（2330），因為資本龐大，董監持股不到 7%，是可以被接受的條件（詳見表 2）。

在所有財務檢視指標當中，董監持股比是較為次要的條件。客觀來說，即使董監持股比少於 10%，仍可能有很好的營收表現；董監持股比高於 10% 的公司，也不一定代表管理階層有優秀的經營能力。

但無論如何，它還是可以在某種程度上，幫助我們了解公司管理階層的經營態度，因為這是一種人性的基本檢驗。有較高的董監持股比，我們會比較相信管理階層願意把自己的身家與公司營運績效掛

表2 **台積電董監持股比不到7%**
台積電（2330）籌碼分布比率

	持有張數（張）	占股本比率（%）
董監持股	1,709,755	6.59
外資持股	19,820,983	76.43
投信持股	245,128	0.95
自營商持股	152,064	0.59
融資餘額	26,221	0.10
融券餘額	3,448	0.01

註：資料日期為 2020.08.03　　資料來源：群益金融網

鈎，如此也比較會認真經營公司，畢竟有誰會不關心自己口袋裡的錢呢？因此，倘若同時有多家公司通過了前述其他的財務指標，且都並非龐大資本的公司，那麼我會優先選擇董監持股長期高於 10% 的公司到我的選股觀察名單當中。

⧉ 2-9 ⧉
7大財務指標檢視範例》
佳格、大聯大、大統益

　　為了更完整說明前述財務紀錄檢視模組在實務上的運用,我將分別透過以下 3 家公司作為案例,進行 7 項財務指標的簡要分析。以下的財務數據都取自於我所創立的智股網(www.iqvalue.com)系統,網站內有所有上市櫃公司的財務資料,包含過去 8 年的歷史財務數據與最新的財務數據預估,投資人可自行上網查詢。

範例1》佳格(1227),ROE、獲利含金量皆高

7大財務指標

　　1. 實質盈餘:2012 ～ 2018 年實質盈餘多在 21 億～ 27 億元之間,2019 年實質盈餘大幅成長至 34 億元(詳見表 1);是一家獲利規模大、獲利趨勢穩定成長的大型公司。

　　2. 實質 ROE:近 5 年平均 ROE 為 18.79%,且趨勢平穩。

　　3. 資盈率:大多維持在 20% ～ 50% 之間,數值相當低;代表它

表1 佳格2019年實質盈餘高達34億元

佳格（1227）主要財報紀錄

	2012	2013	2014	2015	2016	2017	2018	2019
ROE（%）	22.91	17.39	18.23	21.52	18.86	15.46	16.89	21.24
實質盈餘（億元）	21.43	17.86	20.65	27.18	25.96	22.41	25.84	34.50
資盈率（%）	21.56	49.65	38.49	23.71	18.41	46.30	34.20	26.78
獲利含金量（%）	71.53	76.59	85.53	85.06	74.13	92.69	84.33	122.06
EPS（元）	3.76	2.72	2.89	3.45	2.97	2.47	2.84	3.8
現金股利（元）	2.0	1.6	1.6	1.6	1.6	2.0	2.5	2.65
股票股利（元）	1.5	0.9	1.0	1.1	0.4	0	0	0
配息率（%）	53.26	58.81	55.43	46.33	53.83	81.06	87.90	69.77

資料來源：智股網

是一家不需要靠龐大資本支出來維持營收的公司。

4. **獲利含金量**：近 8 年獲利含金量皆高於 70%，表現優異，可見它是一家能確實收回現金的公司。

5. **配息率**：配息率長期維持在 50% 之上，2017 ～ 2019 年又大幅提升，優於 40% 標準。可見這家公司有能力配得出現金。

6. **利潤率**：近 8 年平均的毛利率約 30%、實質盈餘利益率約 10%，都高於標準。兩項利潤率趨勢平穩（詳見圖 1），可見產品

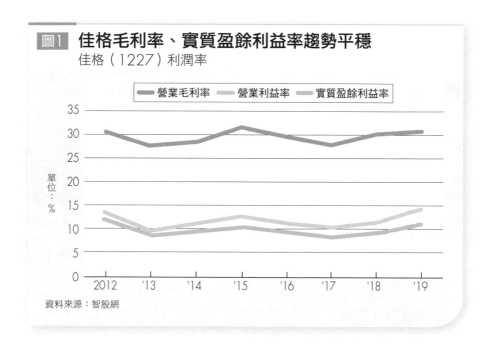

圖1 **佳格毛利率、實質盈餘利益率趨勢平穩**
佳格（1227）利潤率

資料來源：智股網

不僅有一定的競爭力，獲利品質也很不錯。

7. 董監持股比：董監持股比僅 3.2%（截至 2020 年 8 月 3 日），
比率偏低。不過，佳格是一家資本額算高的公司，加上其他財務數
據表現也不錯，勉強可接受。

總結

佳格的各項財務數據大致符合 7 項條件，接下來可再透過「競爭

優勢檢視模組」，進一步確認它是否具備長期競爭優勢。

範例2》大聯大（3702），實質盈餘穩定成長

7大財務指標

1. **實質盈餘**：2012 年實質盈餘 45 億元，2017 ～ 2019 年成長至 60 億～ 70 億元。獲利規模大，且有穩定成長的趨勢（詳見表 2）。

2. **實質 ROE**：近 5 年平均 ROE 為 12.24%，表現高於標準，但不算特別優異。

3. **資盈率**：2012 ～ 2018 年資盈率都遠低於標準，相當優秀；僅有 2019 年超過 100%，可見平時不需龐大資本支出來維持營收。

4. **獲利含金量**：過去 8 年中有 6 年都不符合 70% 以上的標準，其中 5 年甚至為負值。不過，這是大聯大所處的 IC 通路商產業特性，應收帳款長年居高不下（它必須讓客戶延遲付款）。所以這項條件雖不符標準，但屬於特例情況，不須擔心。

5. **配息率**：近 5 年平均配息率為 66.88%，是一家確實有賺進現金且有能力配發現金的公司。

6. **利潤率**：近 5 年平均毛利率約 4.22%，實質盈餘利益率平均約 1.2%，明顯偏低（詳見圖 2）；但這是 IC 通路商的產業特性，無須

| 表2 | 大聯大實質盈餘持續成長 |

大聯大（3702）主要財報紀錄

	2012	2013	2014	2015	2016	2017	2018	2019
ROE（%）	12.15	12.09	13.55	11.62	11.13	14.57	13.06	10.81
實質盈餘（億元）	45.64	47.10	57.53	53.93	54.29	73.81	69.15	63.71
資盈率（%）	47.47	21.69	N/A	3.27	13.74	14.67	12.25	117.03
獲利含金量（%）	4.52	-92.74	-218.63	-161.48	132.18	104.90	-16.86	-19.73
EPS（元）	2.78	2.84	3.47	3.26	3.25	4.14	3.92	3.79
現金股利（元）	2.40	2.30	2.50	2.40	2.29	2.40	2.70	2.40
股票股利（元）	0	0	0	0	0	0	0	0
配息率（%）	86.46	80.85	71.95	73.69	70.53	57.97	68.96	63.25

註：2014 年無資本支出　　資料來源：智股網

過於擔心。

7. 董監持股比：8.08%，雖然不符 10% 這項標準，但由於它的資本偏高，尚可接受。

總結

大聯大的財務條件當中，獲利含金量、毛利率、實質盈餘利益率都偏低，是因為 IC 通路商的產業特性所導致，且其他競爭對手也都有

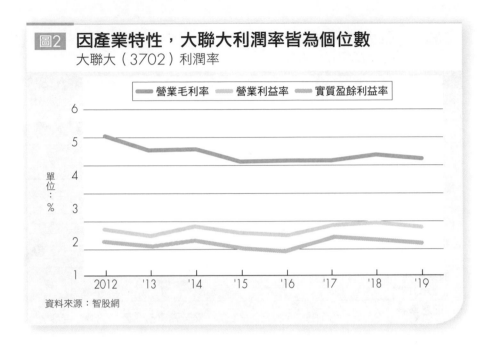

圖2　因產業特性，大聯大利潤率皆為個位數
大聯大（3702）利潤率

——營業毛利率　——營業利益率　——實質盈餘利益率

單位：%

資料來源：智股網

同樣的情形，所以這是可被接受的特例。雖然它的財務表現因產業特性的因素，看起來並不算是非常完美，但它仍是屬於一家具有競爭優勢的公司。

範例3》大統益（1232），獲利穩健成長且配息率高

7大財務指標

1. 實質盈餘：2012～2013年的年度實質盈餘約5億～6億元，

表3 大統益歷年資盈率皆在15%以下

大統益（1232）主要財報紀錄

	2012	2013	2014	2015	2016	2017	2018	2019
ROE（%）	18.37	20.39	25.56	23.41	24.45	22.96	22.87	24.58
實質盈餘（億元）	5.39	6.19	8.55	8.43	9.08	8.65	8.75	9.76
資盈率（%）	8.28	7.20	7.44	12.54	7.15	14.75	14.81	13.68
獲利含金量（%）	3.59	239.65	9.37	146.41	80.02	124.45	140.07	96.46
EPS（元）	3.37	3.87	5.34	5.27	5.67	5.40	5.47	6.10
現金股利（元）	2.8	3.8	5.0	5.0	5.0	5.0	5.0	5.0
股票股利（元）	0	0	0	0	0	0	0	0
配息率（%）	83.05	98.21	93.59	94.90	88.12	92.52	91.43	81.97

資料來源：智股網

2014～2018年成長至8億～9億元，2019年更逼近10億元（詳見表3）。就實質盈餘而言屬於大型股，獲利高且有穩定成長的趨勢。

2.ROE：近5年平均ROE為23.65%，相當優異。

3. 資盈率：歷年的數值都非常低，不超過20%，不需要靠龐大的資本支出來維持營收。

4. 獲利含金量：過去8年有2年低於標準，不需過於擔心，整體而言是一家能確實收回現金的公司。

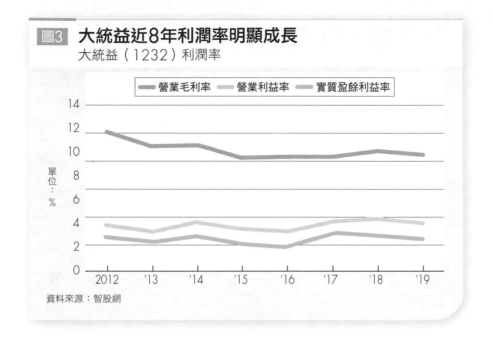

圖3 **大統益近8年利潤率明顯成長**
大統益（1232）利潤率

資料來源：智股網

5. 配息率： 近5年平均配息率將近90%，代表它確實有賺進現金，才有能力配出這麼高比率的現金股利。

6. 利潤率： 近5年平均毛利率約10%、平均實質盈餘利益率約5%，以數值而言明顯偏低，大統益為黃豆產品加工製造廠，原料成本高，產業特性本是如此。若觀察這兩項利潤率，8年來成長趨勢明顯，值得讚賞（詳見圖3）。

7. 董監持股比： 董監持股比67.93%，是非常高的比率；可視為經營高層與股東站在同一陣線，市場籌碼也非常乾淨。

總結

　　除了毛利率與實質盈餘利益率，因油脂產業特性的關係而偏低以外，大統益其他各項數據都符合條件，可以判斷是一家具有競爭優勢的公司。

　　再強調一次，財務的檢視只是一道進入門檻，一家公司的財務表現完全符合檢視標準，只代表它可能具備某種競爭優勢，但此競爭優勢是否為我們想要找尋的類別，則就得再利用下一章所要介紹的「競爭優勢檢視模組」來進一步檢驗。

延伸學習

用智股網查詢公司 7 大財務指標

 STEP 1

登入智股網（www.iqvalue.com），填入欲搜尋個股名稱或代號，此處以大統益為例，輸入股票代號❶「1232」後，按下❷搜尋符號。

接著，即可看到大統益各項歷史財務數據，包括❶「公司體質分析表」（可看到最新的董監持股比率）、❷「主要財報歷史紀錄表」（包含ROE、實質盈餘、資盈率、獲利含金量、配息率等數據）、❸「公司獲利趨勢圖」（包含毛利率、實質盈餘利益率）……等本文提到的7大財務數據資訊。

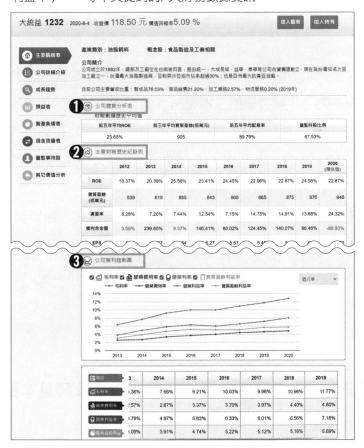

2-10

掌握分析要領 了解公司基本面5大面向

　　財務分析的數據有近百種以上，但不管何種數據，投資人看財報通常都是為了了解公司的基本面的 5 大面向，常用的傳統指標如下：

　　1. 企業價值：淨值、本益比、市價營收比、自由現金流量折現等。

　　2. 獲利能力：毛利率、淨值收益率、ROA（資產報酬率）、淨利率等。

　　3. 經營能力：淨值周轉率、應收款項周轉率、總資產周轉率、存貨周轉率等。

　　4. 安全性：現金流量比、現金流量允當比、現金淨值比、負債比、流動比、速動比率等。

　　5. 成長力：杜邦公式、總資產成長率、銷貨成長率、淨值增長率等。

用7大財務指標取代傳統指標，檢視公司基本面

　　你可能會疑惑，本書都沒有提到常見的傳統指標，如總資產周轉

率、杜邦公式、負債比⋯⋯等，這樣有辦法評估一家公司的經營能力、獲利成長力以及財務安全性嗎？其實，只要用本書紀錄檢視模組的 7 大指標，也能達到相同目的：

企業價值》實質盈餘與實質ROE最具參考性

　　所謂的企業價值取決於企業的獲利能力；也就是說，實質盈餘與實值 ROE 的穩定性與成長性，才真正代表一家公司的企業價值。因為能長期穩定替投資人持續賺進現金的公司，它自然是一家有價值的公司；反觀，若一家公司無法替股東創造獲利，即便它的淨值再高，持有它的股票對股東而言並沒有什麼意義可言，除非想要賣殼或清算公司的資產。

　　據說巴菲特（Warren Buffett）喜歡使用的估價法為事業主盈餘折現估價法（他本人從沒有正式公布他的估價方式為何，都是由旁人自他的言論與書信之中所推敲而出的），同樣也是以自由現金流量作為基礎，並計算出一家公司的實質價值。這種估價法也是以獲利條件作為主要的計算依據，而非公司的淨值或本益比。

獲利能力》以獲利含金量、利潤率等指標檢視

　　觀察實質盈餘趨勢、實質 ROE、資盈率、獲利含金量、利潤率（實質盈餘利益率與毛利率）的趨勢，也能完整衡量公司的獲利能力，

而且也更為直接明瞭。

經營能力》若能通過7大財務指標，營運效率通常相當理想

　　經營能力也可說是營運效率，一般是以營運週期流動性作為主要衡量，例如應收帳款周轉率、存貨周轉率、應付帳款周轉率等。然而，分析這些周轉率數據時，會因產業特性的問題而有不同的評量標準，所以我們得了解一家公司的產業特性，以及那些周轉率是否有超出該有的標準範圍。若有異常，代表公司在經營上可能遇到問題；若沒有，而且表現優於同產業中的其他公司，則代表這家公司的營運效率更為優異。

　　然而，一家公司若能通過 7 大財務指標模組的檢驗，相關的周轉率都不會偏差到哪去，而且營運效率通常都會表現得不錯。例如應付周轉率若出現問題，通常也會反映在獲利含金量；資產周轉率若有異常，實質盈餘的趨勢變化、毛利率、實質盈餘利益率的變化等，也會透露出警訊。

安全性》通過3個指標＋配息率標準，財務通常相對安全

　　所謂的安全性，一般是針對公司的負債與現金流量做判斷，也就是說，我們得了解公司的債務會不會有負擔過重的問題？現金流量是否會不足？因為債務負擔過重或現金流量低的公司，通常抵禦外在

環境衝擊的能力會偏低很多。

　　觀察實質盈餘趨勢、資盈率、獲利含金量以及配息率，也可以達到安全性的檢視效益。簡單來説，一家公司若能符合以上這些條件，基本上不會有債務負擔過重與現金不足的問題，也會是相對安全的公司。

成長力》以實質盈餘趨勢、獲利含金量、利潤率評估未來成長

　　成長力的分析主要是為了判斷一家公司未來的獲利成長力。觀察財務檢視表中的實質盈餘趨勢、獲利含金量、利潤率（毛利率與實質盈餘利益率）的變化，同樣能告訴我們這家公司的成長力表現如何，而且是更為直接有力的數據。

分析財務數據，是為了確認公司獲利能力與安全性

　　許多傳統的財務分析數據，不是不能用，只是有很大的限制：

　　1. 每家公司或每一種產業的特性都不相同。

　　2. 每家公司所採用的會計原則不盡相同。

　　3. 一家公司有的財務數據好，有的財務數據不好，綜合起來很難判斷好壞。

　　由於那些財務分析數據通常並沒有一定的標準可循，有很大的局

限性，並且相當複雜，不易學習，就算學會了也不見得就很會投資。坦白說，許多我早期學過的財務分析數據，由於久未使用的關係，早都已還給教授了，得翻教科書才能記得起來。同時，那些數據也無法實際幫助我們找出可能會被掏空與做假帳的危險公司。

對投資人而言，分析財務數據的唯一目的，就是要確定一家公司未來是否具備以下 2 大條件：

1. 長期與持續為股東賺進現金。

2. 安全性高，可以抵擋得住外在的系統性風險。

其他財務分析數據能做到的，本書的財務紀錄檢視模組一樣能做到，而且不需要耗費過多的時間學習，應用上也既簡單又方便。簡而言之，數據百百種，好用的就這幾種，把這幾種學會了，就足夠應付 98% 以上的情勢。

同時，只要一家公司符合財務紀錄檢視模組的 7 項條件，若再用其他傳統財務指標去驗證，數據上通常也會有好的表現，很少會有例外的；更重要的是，它會是一家具備某種競爭優勢的公司。道理很簡單，現今各行各業都相當競爭，一家公司在如此競爭的環境之中還能有如此亮眼的財務表現，肯定是擁有獨到的競爭優勢，才能生存於市場並且出類拔萃。

所以，我們接下來的任務，是確認公司所擁有的競爭優勢，是否屬於可以讓公司好很久的長期競爭優勢。

愈簡單的投資決定,愈容易賺到錢

會以更有效率的 7 大財務指標來取代繁複的傳統財務指標,是因為我領悟了「投資愈簡單愈容易賺錢」這個關鍵。仔細想想你平常的生活,不管是與人相處、經營事業、處理事情等,那些經你沉思很長一段時間後,仍感到不解的難題,通常代表以下意義:

1. 超出你能理解的範圍。

2. 故意讓你看不懂。

3. 事情的本質太複雜,神仙也難解。

例如政治,我永遠不會懂,這是曾經做過立法委員助理的我,所得到最珍貴的體會。閱讀財報也是同樣的道理,那些無法通過本書財務檢視模組檢驗的公司,通常你得花更多精力去研究它是否真的具備強大的競爭優勢,但根據我過往的經驗,即使我花再多的時間努力研究,不外乎有以下結果:

1. 很多層面超出我能理解的範圍。

2. 財務數據忽高忽低,或有的數據好,有的數據不好,難以理解。

3. 影響的因素太多太廣,很複雜。

4. 看了公司的年報,以及許多關於公司的分析報告後,仍看不出有什麼強大的競爭優勢。

投資應該反璞歸真,不要迷信那些複雜的投資法,更別以為愈是難

懂，勝率就愈高。如果真是如此，世界上最富有的人，應該是那些最懂得評估公司的人，例如銀行內部專門評估企業貸款的人員，或是精算師，可是現實生活中並非如此。別忘了，讓巴菲特賺最多錢的公司，幾乎都是那些能輕易理解的公司，而它們的財報面也是一眼就能辨識清楚，一點都不複雜。

即使我已累積多年的投資經驗，思考層面也更愈來愈深入，但我仍謹守這個道理：「愈簡單的投資決定，愈容易賺到錢。」當你的投資能力愈強大時，愈能體會這句話的真義。

第**3**章

競爭優勢檢視模組

━━◈ 3-1 ◈━━

3關卡檢視競爭力
找出具強大護城河公司

　　財報檢視只是初步的篩選步驟，若只看財報選股，很多時候反而會承擔過高的風險。例如，手機廠宏達電（2498）、手機按鍵廠閎暉（3311）、連鎖餐飲店王品（2727）等，過去的財務數據都是美輪美奐，同時享有高股價。然而，當產業發生變革，或公司本身競爭優勢相對薄弱下，長期持有它們的股票反而容易產生永久性虧損。

　　宏達電曾在 2011 年創下獲利與股價歷史高點。因為不敵競爭，市占率與獲利急轉直下，在 2012 年～ 2019 年這 8 年有 5 年虧損；股價從 1,300 元慘跌至如今不到 30 元。而全球最大手機按鍵廠閎暉，也在傳統手機轉型為智慧型手機的產業變革過程中黯然失色。長期持有這些股票，只會離財富愈來愈遠。

「偉大公司」的競爭優勢可持續25～30年

　　我們要尋找的，是巴菲特（Warren Buffett）所說的偉大公司：「所

謂偉大公司定義，就是其競爭優勢可以持續偉大 25 年到 30 年的公司。」因此要辨識一家公司的股票是否可以長期持有，有 2 個關鍵的思考點：

1. 公司具備何種競爭優勢？

2. 這項優勢是否夠強大且持久，能讓公司的獲利長期維持在高水準之上？

只有擁有長期競爭優勢公司，才有能力創造長期穩定成長的實質盈餘，也才是股價上漲的保證。

巴菲特也以「經濟護城河」來形容長期競爭優勢：「有的企業有高聳的護城河，裡頭還有凶猛的鱷魚、海盜與鯊魚守護著，這才是你應該投資的企業。」查理・蒙格（Charlie Munger）也說，「風險是存在的，沒有什麼順理成章和輕而易舉的事，但如果你能夠找到某檔價格公道的優秀企業的股票，買進，然後坐下來等，這種方法將會非常非常有效，尤其是對散戶而言。」

我們可以理出以下重點：

1. 在巴菲特與查理・蒙格的眼裡，所謂的偉大企業，就是那些具備長期競爭優勢的好公司。

2. 波克夏（Berkshire Hathaway）靠買進少數幾家偉大的企業，並且長期持有，賺進可觀獲利。

3. 只要能以合理的價格買進偉大的企業，並且做到長期持有，即

使是散戶也能賺進優渥的報酬。

4. 這種投資方法並不需要頻繁的交易，一生之中只要逮住幾次機會，就能賺進優渥的報酬。

巴菲特還說，「如果你買的公司具備經濟護城河，即使買貴了，你仍可能會獲利，只是獲利的績效偏低。」在我過去的投資經驗中，我的投資組合裡會有虧損的股票，幾乎都是因為公司的競爭優勢減弱，或是我自己誤判所造成的，所以投資人必須清楚知道如何分析一家公司的競爭優勢，才能降低犯錯的機率。

擁有壓倒性的競爭力，使公司大者恆大

講直接點，競爭優勢就是一種「屏障」，能夠發揮 2 種抵禦的效果：

1. 新競爭難以進入。

2. 現有競爭者難以入侵。

一家具有長期競爭優勢的公司，必然擁有獨特的能力。例如創新能力特別強，新產品開發速度讓對手望塵莫及；或是製造能力特別強，能用更低的成本生產商品；有的公司則是擁有品牌魅力，更容易開發新市場或具備商品定價權。各種競爭優勢都有其獨到之處，但都不是輕而易舉，而是經過長時間淬煉、綜合各方智慧所累積的結果。

假設一家公司不具任何競爭優勢，除了得面對現有競爭對手的挑

戰，還得面對新進入者的入侵。我們得知道，當市場處於高成長期，若進入門檻很低，即使最先進入的企業能享有高額利潤，但也勢必吸引更多對手蜂擁而入，瓜分市場的需求，使市場供過於求，結果通常是陷入惡性的削價競爭。當競爭劇烈導致獲利減少，最終唯有退出市場，或是被規模更大的公司購併。

　　競爭優勢的形成原因相當多元，而且有各種不同學派的論述。哈佛學派學者貝恩（Joe S. Bain）認為，競爭優勢的成因有 4 項：成本優勢、規模經濟、產品差異化，以及資本優勢。經營策略大師麥可‧波特（Michael E. Porter）則將企業的競爭力分為五力：替代品的威脅、新進入者的威脅、客戶的議價能力、既有廠商的競爭程度、供應商的議價能力。

　　各家學派的論述眾多，而且博大精深，但總的來講，通常我們在論述一家公司的競爭優勢時，可分為以下 9 類：

　　1. 成本優勢。

　　2. 差異化優勢。

　　3. 垂直整合優勢。

　　4. 多角化經營優勢。

　　5. 國際化優勢。

　　6. 新產品優勢。

　　7. 管理優勢。

8. 專業經理人優勢。

9. 高知名度。

可能還有更多類別的競爭優勢是我沒有寫到的，不過這不重要，因為我們鎖定的是「長期競爭優勢」，是一種屬於壓倒性的競爭力。這類公司所築起的是相當高的進入屏障，且具有長久性的特質，通常可維持幾十年的時間不會變化。

這其實是一種良性循環的結果，因為當一家公司擁有壓倒性的競爭力，勢必享有高額的利潤，使得它擁有更多的資源來維持自己的優勢，以及不斷擴張市場，形成一種大者恆大的不公平賽局。

綜觀巴菲特所投資的公司，都具備長期競爭優勢。常見的短期競爭優勢包含產品差異化、最新技術、優異產品、明星執行長等，這些雖然也是優勢，但不具長久性；例如產品差異化或最新技術，確實可在短期間內創造優渥的獲利，但無法形成防止競爭對手入侵的保護屏障。一家擁有短期競爭優勢的公司，若要持續保住地位，就要符合查理‧蒙格所述的「衝浪者理論」——一位優秀的衝浪者必須有能力永遠站在浪頭之上，否則就會被大浪給吞沒。

投資人應待在能力圈，並選擇容易理解的公司

大部分人會認為，判斷公司的競爭優勢是相當困難的事，只有經

過專業訓練的專家才能勝任。這件事確實不容易，但也沒有那麼難，
訣竅是先掌握以下重點：

重點1》待在能力圈內

蒙格曾說，「你必須弄清楚自己有什麼本領。如果要玩那些別人玩
得很好、自己卻一竅不通的遊戲，那麼，你注定一敗塗地。要認清
自己的優勢，只在能力圈裡競爭。」

人的能力是有限度的，我們得看清自己的能力範圍，並在當中全力
做好該做的事，勝率才會大大提高；妄想知悉所有產業，或是堅持
研究超出自己理解範圍的公司，無異於緣木求魚。所以評估公司的
競爭優勢時，需遵守 2 個原則：「只在自己能力圈中全力做好該進
行的研究」「只投資自己能理解的公司」。

能力圈雖然有限，但不表示我們不能擴大能力圈，這透過經驗累積
與不斷學習就能做到。巴菲特最厲害的長處，就是把自己當成一台
學習機器，不斷透過與他人交流和閱讀來增加知識，以此擴大能力
圈。我個人看來，巴菲特從過去堅決不投資科技股（因為他過去認
為自己沒有足夠能力理解高科技公司），到後來購買蘋果與電商巨
擘亞馬遜的股票，其實就是能力圈擴大後所做的決定。

重點2》愈容易判斷的投資，愈容易賺到錢

有時候我們在研究公司的競爭優勢時，發現自己無法透徹理解；可能是因為產業的特性、可獲得的資訊不足、公司產品較為複雜，或是影響護城河的變因過多，使得評估過程相當不易。此時不妨捨棄，轉而選擇相對容易判斷的公司。

每個人的能力圈並不相同，有的人因為自己學術背景的關係，對高科技公司有深度的理解；有的人因為曾經在建設公司任職，對於營建產業有很高的掌握度……無論是何種能力圈，投資人都應該盡可能研究並投資自己較容易理解的公司；除了降低自己誤判的機率，也會對它未來的發展較有信心，那麼在持有股票的過程中，也必然較能承受股價起伏所造成的心理壓力。

別忘了，台股中有許多符合條件的好公司，實在不須過於執著特定幾家公司，我們必須相信永遠會有更好的選擇。

用「競爭優勢檢視模組」辨識公司是否有長期競爭優勢

為了有效做好長期競爭優勢的分辨工作，我建立了一套「競爭優勢檢視模組」，分為 3 道關卡：

關卡1》檢視自己對該公司事業與產業的理解度

檢視自己是否了解公司的產品、經營模式，以及公司所屬的產業與

趨勢。

關卡2》檢視公司外部競爭能力

　　檢視公司擁有何種競爭優勢，足以面對市場挑戰。

關卡3》檢視公司內部經營能力

　　檢視公司是否有積極作為，來強化自己的競爭優勢。

　　環境瞬息萬變，即便是擁有長期競爭優勢的公司也得積極回應來自任何競爭對手的新創舉，例如新的產品應用、新的需求、新的營運模式等。此外，還得積極擴大市占、爭取新的客戶、加速產品開發週期、新的生產技術等積極作為，以此持續強化長期競爭優勢。

　　「不進則退」是大家都知道的道理。一家企業如果只會坐享其成，短視近利，忽略持續強化競爭優勢的重要性，遲早會被其他更積極的競爭者給取代。因此，我們也得了解公司的內部條件，判斷公司經營者是否有積極作為來強化自己的競爭優勢，如此我們才更有把握這家公司會好很久。

　　研究完公司的競爭優勢後該怎麼做呢？請務必堅持以下 3 項原則：

　　① **競爭優勢可以判斷》評估買進**：可以完全理解某家公司的競爭優勢，並且具有我們要找的長期競爭優勢，則可進一步進行估價，評估可買進的股價。

② **競爭優勢無法判斷》捨棄**：即使做好詳細的研究工作，仍無法理解該公司的競爭優勢，捨棄會是最好的做法。

③ **競爭優勢存有疑慮》捨棄**：即使做好詳細的研究工作，對於該公司競爭優勢仍然感到存疑，捨棄也會是最好的做法。

⊱ 3-2 ⊰
關卡1》自我檢視
對該公司事業與產業的理解度

　　檢視公司競爭優勢的第 1 道關卡，主要是確認自己是否理解該公司，包括是否了解公司的產品、經營模式、所屬的產業以及趨勢，如此才有能力分析這是不是一個值得長久投資的領域。可分為 2 個檢視層面：

2層面檢視自己是否了解該公司

層面1》公司的事業易於理解，或自己對特定事業有深度了解

　　當你想要認真認識一家公司，第 1 件事當然是了解它提供的產品或服務是什麼？例如，統一超（2912）主要是經營 7-ELEVEN 便利商店，台泥（1101）是水泥供應商，裕融（9941）是提供汽車融資服務。而我們要尋找的，最好是「容易理解的事業」或是「自己對特定事業有深度了解」。

　　① **容易理解的事業**：指的是非常簡單、連小孩子都能懂的事業。

例如統一超、全家（5903）所經營的便利商店事業，或是可口可樂公司生產的飲料，都屬於非常簡單、容易理解的事業。

　　而一家事業簡單的公司，如果還能成為產業當中的偉大企業，必然擁有其他對手所缺乏的競爭優勢。像是巴菲特（Warren Buffett）的重要持股可口可樂，其飲料事業非常容易理解，它不僅是一家百年企業，擁有強大的品牌優勢；更厲害的是，它在全世界滲透已久的配銷通路規模，使得消費者都能隨手可得，創造強大的搜尋成本優勢，每年創造數十億美元的盈餘。即使其他公司也有可能開發出比它更好喝的飲品，也手握幾百億美元的資金，其事業規模也不見得能與可口可樂公司並駕齊驅。

　　②　自己對特定事業有深度了解：如果你是少數能理解某公司事業及所屬產業的人，這將會是你的獨有優勢。畢竟那些眾所皆知的好公司，股價通常會被市場追捧而墊高；相對地，一般人較難理解的事業，因為比較冷門，股價也常常處在一個相對較低的位置，你會較有機會以好價格買進。

層面2》公司所屬產業是否有成長空間、穩定的基礎需求等

　　只要公司的實質盈餘長期維持好的表現，甚至有高度成長性，股價勢必會跟著上漲，或有更多的盈餘可配發給股東。所以懂得判斷公司所屬產業是否具有穩定的基礎需求、是否有高成長性、未來是否

還有相當大的商機，通常能幫助我們更有效率選出值得投資的股票。

　　有些產業屬於夕陽產業，或是產業相當競爭，因此商機已非常狹小，管理人才再怎麼出色，公司的前景仍舊堪慮。反之，若是處於一個蓬勃發展，或擁有相當穩定基礎需求的產業，只要這家公司本身具備長期競爭優勢，它的未來將有更好的穩定性或成長性。

選對產業，往往更有機會挑出高競爭力公司

　　更進一步來看，有時候選對產業，往往更有機會挑出高競爭力的公司。因為處在競爭激烈的產業當中，公司想創造出高度競爭優勢並不容易，例如台股之中有相當高比例的生產製造業，因為面臨中國整體產業的崛起與瓜分市場，而陷入獲利衰退的困境，不管是營收與毛利率，都在持續下降，很難有轉機。

　　相較之下，金融服務業的產業特性，就有較高的機率產出高度競爭優勢的公司。原因很簡單，金融服務業本身有相當高的進入門檻，同時也是一項歷久不衰的產業，它會隨著科技技術的提升而改變服務內容，但基本需求不會改變。重要的是，一般顧客習慣使用某家銀行後，鮮少會換來換去，所以它同時擁有「習慣效應」與「轉換成本」的長期競爭優勢。

　　具有永續發展性的產業，結合事業本身獨有的長期競爭優勢，兩者

結合將產生加乘效應，事業的競爭優勢也將因此被強化，長久性的特質也會更牢靠。這是一種雙重保障的概念，也可説是挑軟柿子吃的概念。

「捕魚的第 1 條規則是在有魚的地方釣魚。捕魚的第 2 條規則是不要忘記第 1 條規則。李路（編按：為查理．蒙格相當信任的價值型投資人，目前為喜馬拉雅資本的創辦人，主要投資中國股市）去很多魚的地方釣魚，我們其他人則像釣鱈魚的漁民一樣，試圖在沒有鱈魚的地方捕撈鱈魚。當競爭如此激烈時，你再怎麼努力工作都變得不重要。」

——查理．蒙格（Charlie Munger，2019 年 Daily Journal 演講）

而台股當中有哪些產業，比較容易讓我們找到有長期競爭優勢的好公司？答案是軟體業、食品產業、通訊業、醫療器材業、保全業、水泥業、公共事業、廢棄物處理業、金融業、油電燃氣業、油脂飼料業等。

當然，在高度競爭化的產業裡也會有具備長期競爭優勢的好公司，只是比例相對較低。因為一家公司最害怕的，就是面臨市場因競爭而產生的價格戰，這會導致公司的毛利降低、獲利減少，最後股價也會隨著獲利的惡化而持續下跌。所以在進入門檻低、高度競爭的

環境之中，能夠穩居產業龍頭的好公司，勢必要有非常顯著與強大、不容易被取代或模仿的長期競爭優勢，如此才可保護公司不會掉入價格競爭的泥沼之中。

例如，擁有品牌優勢的民生必需品或消費服務公司，它們之所以能建立長期競爭優勢，靠的是長期累積可靠的顧客經驗，使顧客產生信任感與忠誠度。例如台股中的佳格（1227），品牌優勢建立不易，但在成功建立之後，便能長久鞏固它的產業地位。

掌握4訣竅，盡量選擇具永續發展性的產業

要怎麼找到有永續發展的產業，並且判斷產業是否已高度競爭化？以下提供 4 個最容易找到答案的訣竅：

訣竅1》觀察公司的毛利率與實質盈餘利益率，以及趨勢變化

倘若這兩項數據皆表現不優（數值低且趨勢向下），得進一步了解是公司自己本身的問題，還是產業過於競爭。

訣竅2》觀察同產業中具代表性的公司，其獲利趨勢變化

如果同產業中，其他公司的實質盈餘、毛利率與實質盈餘利益率表現都不好，很可能這個產業已面臨高度競爭化的問題（景氣循環股

除外）。

訣竅3》從公司年報內容了解產業競爭的趨勢

　　許多較負責任的公司，會在每年發布的年報中清楚交代目前產業的處境。當然，每個產業都會有競爭，但我們要觀察的重點是產業的供需是否已趨近飽和，或已演化成高度競爭化的態勢。倘若所要研究的公司在年報中並無提及足夠的相關資訊，也可透過查看相同產業中其他家公司所撰寫的年報，來找到更多的相關資訊。

訣竅4》利用Google搜尋網路上的產業分析文章

　　在網路上可以搜尋到許多具有參考價值的分析報告，會完整解說產業目前的趨勢，更點出我們可能沒有看到的盲點。當然，自己還是得有定見，不要人云亦云，收集的資訊愈完整，也能做出更精準的判斷。

高科技業的傳統產業，也值得長期投資

　　所有公司都會面臨景氣循環的低潮期，是否能安穩度過，其實跟產業本身有很密切的關聯。許多公司面臨嚴苛的市場環境，產品銷售銳減，很有可能撐不下去而倒閉。而供應必需型消費產品的產業，

顯然較有本錢度過低潮；因為經濟再怎麼惡劣，基礎生活需求可都不會消失，所以這類產業有歷久不衰的穩定性，例如食品產業、通訊業、醫療業、保全業、公共事業、廢棄物處理業、金融業、油電燃氣業、油脂飼料業、零售通路業等。

通常這種歷久不衰的產業已歷經高度競爭時期的洗禮，能留下的事業體通常為產業中的翹楚，並形成寡占市場（只有少數幾家事業體瓜分整個市場）。所以這種產業類型中的事業體，若同時具備我們想要找尋的長期競爭優勢，同時又是產業龍頭，則會是相當好的投資標的。投資這類型的公司除了能享有豐厚的利潤外，當面對嚴苛的市場環境時，它比誰都更有籌碼能度過非常時期，安全性非常高，統一超與全家就是很有代表性的個股。

另外，雖然許多保守的投資人很畏懼投資科技業，不過仔細觀察，科技業的類型其實相當多元，可細分出多種不同的產業類別，其中有許多已演化成基礎需求產業，我管它們叫「高科技業中的傳統產業」，也相當值得長期投資。

怎麼說呢？現代人早已離不開科技帶給我們生活上的方便性，尤其現在 20 歲以下的年輕人，打從一出生就活在被高科技環繞、隨時都能連網的世界。舉凡智慧型手機、雲端應用、電動車……等，有些已是現在的必需品，未來數十年也將會是我們生活的一部分。

此外，跟我們生活息息相關的傳統產業，也都開始運用新的科技

表1　檢視股票的第1步，是確認自己是否了解該公司

競爭優勢檢視模組第1道關卡

股票名稱（股號）	關卡1的檢視項目	
	公司的事業易於理解，或自己對特定事業有深度了解	公司所屬產業是否有成長空間、穩定的基礎需求、非高度競爭化的產業
統一超（2912）	便利商店通路商是很容易理解的產業	便利商店是民生必需產業，產業本身具穩定的基礎需求，即使發生金融風暴，對它的影響不大。統一超是產業龍頭，內部管理一流，產品與服務內容持續創新，本業營收持續成長，顧客對超商的需求有增無減
華立（3010）	國內半導體材料通路商，主要提供給客戶上游的原物料、設備、元件、化學品、氣體及技術支援服務	跨足的產業範圍相當廣泛，包含IT電子通訊業、高階工程塑膠工業、半導體工業、印刷電路板業、顯示器等。這些產業都需要材料通路商來整合與提供上游的材料，具有穩定基礎需求
三星（5007）	主要產品為螺絲、螺帽、華司（墊片）等。主要應用在汽車、機械、航太、電子電機等領域	螺絲、螺帽產品所應用的產業非常廣泛，具有穩定需求
崑鼎（6803）	主要業務是一般廢棄物及事業廢棄物收受管理服務，並處理焚化爐灰渣、工商業及科學工業園區廢棄物的清運服務，也承攬各縣市與機關的廢棄物轉運與清除服務	廢棄物會不斷地被製造出來，因此廢棄物清運與資源回收利用產業是一項具有穩定需求的產業
卜蜂（1215）	產品以油脂、飼料、鮮肉產品及加工品為主。主要是內銷，而肉品主要供應給速食店、生鮮超市、一般經銷商等通路	近10年來國人對肉類消費的習慣逐漸改變，原本是以豬肉為主要消費肉品，現對禽肉的消費量有逐年增加的趨勢。多食用「健康白肉」已成為健康飲食潮流，預估未來雞肉消費量還會繼續增加，因此產業未來仍有成長空間，同時又具有穩定的基礎需求

來幫助它們生產製造，像是自動化設備、機器人等。而高科技業中的傳統產業已具備穩定基礎需求的要件，不管科技如何演化或提升，都離不開這些基礎需求配件與服務。例如螢幕底座製造業的信錦（1582）、工業電腦的研華（2395）、車用整流二極體的朋程（8255）、半導體材料通路商華立（3010）……等，這些公司都算是高科技產業中的傳統產業，也都具有高度的競爭優勢。

　　如巴菲特所言，真正擁有護城河的公司少之又少，一家公司若能夠通過本書的財務紀錄檢視模組，以及競爭優勢檢視模組的第 1 道關卡，就足以排除股市中約 90% 以上的公司。

　　但我們要做的不僅止於此，接下來還要再針對公司本身對外部市場到底具備何等競爭條件，做更細部的檢視，以此來辨析該家公司是否擁有我們所想要找尋的長期競爭優勢。為此，我設計了第 2 道檢視關卡（詳見 3-3 ～ 3-11）。

3-3

關卡2》檢視外部競爭能力 確保公司未來獲利無虞

　　第 1 道關卡是檢視投資人自己是否了解一家公司的業務與產業；接下來我們應該試圖檢視，該公司是否具備我們要找尋的長期競爭優勢，以及是否有在努力維護或持續強化自己本身既有的長期競爭優勢。

　　我將這兩項需要辨識清楚的條件再分為「第 2 道關卡：外部競爭條件檢視」以及「第 3 道關卡：內部競爭條件檢視」，以下先介紹第 2 道檢視關卡。

從規模、供應及需求端檢視外部競爭條件

　　我們必須優先建立一項觀念，競爭優勢的唯一目的，就是要設立又高又寬又廣的屏障，以防止新進入者與現有競爭者的攻占。所有的競爭條件都是相對的，並非是絕對的；意思是說，我們必須了解是什麼原因，讓這家公司長期以來賺取比對手更多的獲利？又或者是

具備何等能耐與條件，使對手無法克服而只能俯首稱臣的？如此我們便能分析出這家公司是否具備長期競爭優勢。這也是一種比較後的結果論。

首先，我們得了解長期競爭優勢有哪些型態，以及為什麼會特別具有長久性的特質。

一個產業的成形，是「供應端」與「需求端」都得到滿足；而兩端若能長期維持平衡，則產業生命便可長長久久。反之，任何一端過於傾斜，終將導致產業結構失衡，甚至導致整個產業瓦解。講得更直接點，作為供應端的廠商所銷售的產品或服務，要能得到該有的利潤；而作為需求端的顧客則是需求要能被滿足，如此產業才能永續發展。

因此，我們在思考有哪種型態的競爭優勢會具有長久性的特質時，同樣得由供應端與需求端的角度進行思考，如此才能探究出我們所要找尋的長期競爭優勢會有哪些型態。

以供應端的角度來講，我們得探究，為什麼某些公司能長期擁有得天獨厚的條件（相較於其他競爭者而言），提供難以模仿的商品或服務，使得大量顧客不得不向它購買商品，形成一種長期供應優勢。

以需求端的角度來講，我們要探究的是，即便市場中充斥著許多可替代的商品，為什麼仍會有大量的忠誠顧客，會長期購買特定公司所提供的商品，使得這家公司的商品或服務，能長期享有比其他競

爭者更高的利潤與銷售量，形成一種長期需求優勢的型態。

　　以此而論，一家公司若要長期享有供應端或需求端的好處，必得具備獨特且強大的競爭優勢。因此我們可把長期競爭優勢區分為「長期供應優勢」與「長期需求優勢」2 種型態。而一家公司只要具備這其中一種，就會是我們想要找尋的好公司。

　　除了上述兩種型態之外，「規模優勢」也是對手難以輕易挑戰的獨特競爭優勢。形成規模優勢的原因相當多元，而一家公司能夠建立規模優勢，必然是因其獨特的競爭能力能長期防堵其他對手，再經時間淬煉後方能成形。

　　成形之後的規模優勢，將繼續為事業體帶來多種層面的好處，所豎立的屏障相當強大，更能有效防堵其他新競爭者的入侵，所以規模優勢也是我們想要找尋的長期競爭優勢之一。

　　有了以上的概念作為基礎，我們便可將上述 3 種長期競爭優勢型態清楚條列出來：

　　1. 規模優勢。

　　2. 長期供應優勢。

　　3. 長期需求優勢。

　　基本上，在眾多競爭優勢的型態之中，我們所要尋找的就只有這 3 種，每種型態又包含不同類別。接下來，我將一一介紹各類別的競爭優勢，並將它們整合在競爭優勢檢視模組的第 2 道關卡中──外

表1　外部競爭優勢可分為3種型態

競爭優勢檢視模組第2道關卡

競爭優勢型態	競爭優勢類別	說明
規模優勢	獨占	產業內僅有1家公司獨大
	寡占	產業內僅有少數幾家公司瓜分市場
	小眾利基型	在特定的小眾利基市場中，只限少數或1家公司可存活
長期供應優勢	專利	擁有多項流程與技術專利的保護，使產品利潤也受到保護
	政府授權	獲得政府法規授權，等同限制新競爭者的入侵，只需與現有競爭者共同瓜分市場，形成寡占市場
	地利優勢	比起其他競爭者，公司的顧客因地緣位置更接近，因此可節省可觀的運輸或關稅成本。在地供應鏈的整合也是屬於地利優勢
	特定資源開發權	獲得特定資源開發權，並有能力以低成本開採
長期需求優勢	品牌效應	消費者願意花費更高的金額購買公司的產品，或是對公司的品牌有強大的忠誠度
	習慣效應	當顧客已養成習慣使用公司的產品時，不會想輕易更換他家商品
	轉換成本	當顧客轉換他家商品或服務後，可能產生相當高的轉換成本，包含資金成本、時間成本、人力成本、學習成本、折損、心理壓力、未知的恐懼等風險
	搜尋成本	當顧客找尋替代產品的代價太高，或是公司能有效降低顧客搜尋自家產品的成本時，顧客寧可繼續使用現有公司的產品

部競爭條件的檢視（詳見表1）。

　　一家公司若能通過財務紀錄檢視模組的檢驗，並且符合競爭優勢檢視模組第2道關卡中任何一種競爭優勢型態當中的類別，就可視為

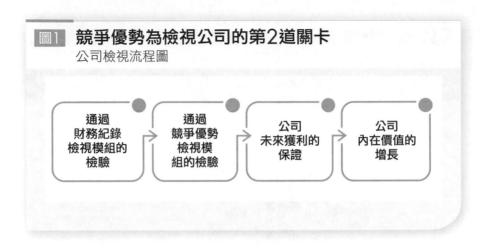

圖1 **競爭優勢為檢視公司的第2道關卡**
公司檢視流程圖

通過財務紀錄檢視模組的檢驗 → 通過競爭優勢檢視模組的檢驗 → 公司未來獲利的保證 → 公司內在價值的增長

具備長期競爭優勢的公司。這樣的公司能有效防堵對手的挑戰,保
護公司未來的獲利,並達到公司內在價值的長期增長(詳見圖1)。
接下來我將分別解說各種長期競爭優勢的細部類別。

3-4
規模優勢享11好處
使公司大者恆大

　　規模優勢的檢視，是查看公司相較其他對手而言，是否有規模上的差異；這是競爭者之間市占率的比較，並非公司本身規模的大小。假設營業規模並不大，但相較其他同業有更大的市占率，則這家公司就有規模優勢。反之，即使營業規模非常大，但相較同業卻只有很低的市占率，就不能說這家公司擁有規模優勢。

　　公司能建立規模優勢並非一朝一夕，而是綜合許多成功的因素，例如成功的產品、完善的管理、專業的技術、管理者的經營能力與野心等，並經過長久時間淬煉而成。當規模優勢建立之後，所能形成的競爭屏障，絕對是又高又寬又廣，且可帶來多種好處，分別詳列如下：

1. 成本優勢。
2. 配銷優勢。
3. 速度優勢。
4. 聲譽優勢。

5. 研發優勢。

6. 學習曲線。

7. 行銷優勢。

8. 議價優勢。

9. 搜尋成本優勢。

10. 網絡效應。

11. 開發新市場優勢。

成本優勢》獨占或寡占市場中最顯著

　　擁有規模優勢的公司能以更低的固定成本，提供服務或製造產品。所謂的固定成本，是指那些不會因業務量改變而變動的支出費用；變動成本則是指那些會因業務量而改變的支出費用。

　　以加盟便利商店為例，經營店面的固定成本包含租金、水電、機器設備租賃、折舊攤銷等費用，這些支出費用並不會因為業務的增減而大幅變動。變動成本則包含人員薪資、行銷販促、退貨折讓、壞品損失等費用，這些費用會因業務量的增減而大幅變動。

　　當一家公司的規模愈大時，固定成本會因銷售量的提高而分攤成更小比例的費用。反之，當一家公司的規模愈小時，固定成本只能被較小的銷售量攤分。舉例來講：

規模較大的 A 公司，每月固定成本為 100 元，可獲利 1,000 元。
A 公司每賺 1 元得負擔固定成本為 0.1 元

規模較小的 B 公司，每月固定成本為 100 元，可獲利 500 元。
B 公司每賺 1 元得負擔固定成本為 0.2 元

　　A 公司因規模較大，每做 1 元的生意，只需負擔更小的固定成本，所以相較於 B 公司，A 公司能以更低的成本製造商品，獲利空間也就相對提高，這是規模優勢所創造出來的成本優勢。

　　實務上，這項優勢通常在獨占或寡占市場中，才會有最顯著的效果。因為當產業中的現有競爭者都因具備規模優勢而享有成本優勢時，這對新進入者而言是絕大的障礙，想在這樣的市場中瓜分市占率，得冒相當大的風險，而且成功率相當低。

配銷優勢》新進者難以複製及建立

　　公司規模愈大時，廣大的配送系統、服務系統、經銷網絡等，統稱為配銷優勢。建立廣大的配銷網絡並非易事，包含人員訓練、設備、管理、技術等，都得同時到位；配銷網絡所構築的屏障，也能有效阻礙新競爭者的侵略。

　　配銷優勢可加快運送的速度、降低運送成本、降低消費者的搜尋成

本等。想像一下，如果你突然想要喝可口可樂，你幾乎可以在全台灣甚至是全世界的各大賣場與超商，輕易買到一瓶冰涼的可樂；這看似微不足道的事，背後卻是靠效率極高且龐大的配銷網絡才可做到的事。

事實上，對於顧客而言，同性質的碳酸飲料有太多選擇可替代，但可口可樂的配銷網絡，可說是全世界碳酸飲料產業中最為龐大的廠商之一（其次為百事可樂）。這項全球性的配銷優勢，絕對不是任何一家公司只要花大錢就能建立，其中的 know-how 是歷經數十年的時間演化而成，學習曲線相當陡峭，是不可多得的強大優勢之一。

台股中的便利超商也有同性質的配銷優勢。以統一超（2912）與全家（5903）為例，兩者都已在全台灣建立起完整且龐大的配銷系統，這項配銷優勢建立起一道極為強大的護城河，使得新進入者幾乎沒有機會侵入，因此台灣的超商產業會成為寡占市場，市場僅由數家超商公司瓜分，這是最主要的因素之一。

總之，龐大的配銷網絡是既難複製，又難以建立的長期競爭優勢，一家公司若能建立起這類的規模優勢，形同得到了長期利潤的保障。

速度優勢》有本事以更快速度生產

相較於其他競爭對手，一家公司能以更快的速度提供服務或產品，

即為速度優勢。道理其實很簡單，有兩條生產線的公司，生產速度自然會比只有一條生產線的公司更快。

全球最大電子組裝代工廠鴻海（2317）就具備這樣的優勢。鴻海的規模之大眾所皆知，它能在短時間內為重要顧客快速大量生產組裝電子商品，例如蘋果（Apple）公司的 iPhone 手機就是由鴻海代工組裝的產品之一。這種大規模的組裝與生產 know-how 亦為相當難以學習與複製的優勢。而精明的蘋果公司也知道代工廠一旦建立起規模優勢，將握有更多的談判籌碼；所以為了不被代工廠箝制，蘋果公司一直致力培養其他替代廠商，以長期壓低組裝廠端的成本費用。

聲譽優勢》消費者高度認同而養成忠誠度

一家有規模的公司，自然會在顧客心裡形成更良好的聲譽，這項附加而來的聲譽優勢（又稱品牌優勢），基本上與人類與生俱來的心理傾向有關，心理學家把這稱之為「社會認同」。

「社會認同」是指人類傾向於受到群眾的共同行為或認同所影響，總是參照他人的行為或思想而行動。可以發現，如果大部分人都買同樣的產品，我們多會認為購買相同產品會是最正確的決定，就像是你第一次到某條街道用餐，看到兩家餐廳，多會傾向於光顧生意

較興隆的店家消費。

　擁有規模優勢的公司，因為銷售區域廣，產品能見度相對更高，而使大部分的消費者相信，該公司提供的商品或服務，會是市面上品質最優良的選擇。這種因規模優勢所伴隨而來的聲譽優勢，同樣排擠了新進入者的生存空間。

　例如中華食（4205）本身的規模並不大，但在台灣的盒裝豆腐市場中，它是最大的供應商，旗下的中華豆腐品牌約有 5 成的市占率。即便市場上有許多其他品牌的豆腐可供選擇，消費大眾仍偏愛中華豆腐居多，主因之一就是聲譽優勢所帶來的長久商機。

研發優勢》有更多資金研發新技術，形成良性循環

　規模愈大、愈會賺錢的公司，愈有資金可開發更優良的產品或技術；反之，規模愈小的公司，能提撥出來的研發資金則愈有限。

　這同樣也是一種良性循環，一家公司若有更多的資金進行研發，自然能提供比競爭對手更進步與優質的商品，或是更有效率的生產技術。尤其在未來的世界，科技將更深度融入我們的生活，就連種植青菜，都可能得依靠 AI 技術來提升生產效率。在這樣的趨勢之下，那些具有規模優勢的公司，絕對是最有本錢持續研發新產品與新技術的事業體。

台股中的大立光（3008）與玉晶光（3406）就是經典的例子。大立光在高階塑膠鏡頭及鏡片擁有全球最大的市占率，具有獨占的規模優勢。它的 2019 年營業額約 607 億元，研發費用 37 億 6,000 萬元；最大競爭對手玉晶光，2019 年營業額約 120 億元，研發費用 14 億元。兩者一比較，大立光的研發費用占當年營收僅約 6.2%，玉晶光的研發費用則占營收 11.7%，研發費用占營收比重高出大立光一大截，總金額卻不及大立光的一半，何者未來的發展更具有競爭力，高下立判。

學習曲線》製造經驗愈豐富，愈能累積專業度

學習曲線的效應，是指當執行單一項目的時間愈久，每次所需要的時間或其他代價就愈少。當一家公司所生產的產品愈多，規模愈做愈大，所形成的學習曲線就愈陡峭。學習曲線有 2 項重要的效應：

1.累積豐厚獨到的專業度

當一家公司形成規模優勢，代表它對自己提供的產品或服務保有持續創新的企圖與能力，所累積而成的專業度是難以被複製與取代的。

學習曲線的好處不僅適用於生產製造業，包含通路業、服務業、食品業、高科技業等多項產業，都會因規模優勢而產生這樣的好處。

這種由大量重複生產製造同類型商品，加上產品改善與製程技術的提升，或是長期提供同類型服務所累積的學習經驗，可說是做愈久就愈專業。

2.當規模愈大，經營管理能力愈純熟

生產 1 萬件商品，與生產 1,000 萬件商品，除了運用的生產技術大不同，其中的良率控管或生產效率，對整體毛利的影響必起關鍵性的作用。當一家公司擁有規模優勢時，不管是製程、管理、行銷、業務等經營能力，都得相對提升，才能把公司經營好。

例如飯店業，管理 30 間客房的小型旅館，與管理 500 間客房，或更大型的連鎖體系，所需要的管理能力絕對是不同等級，其中的學習曲線必然相當陡峭。

行銷優勢》使商品能見度增加，可觸及愈多顧客

小規模公司的行銷預算少，能觸及的顧客群自然少得多；大規模公司則能負擔龐大與昂貴的行銷廣告費用，這也是一種因規模優勢而產生的良性循環。

台股中的和泰車（2207）與桂格（1227），每年都會編列許多預算做行銷廣告，因此它們能時常向廣大的顧客群曝光其產品與品

牌,藉此創造聲譽,並建立起顧客忠誠度。

以佳格生產的桂格燕麥產品為例,其市占率高達69%。該項產品具有強大的規模優勢,加上它時常在各種媒體平台積極投放廣告,讓消費者一想到燕麥片,就立刻與桂格品牌畫上等號。規模優勢與聲譽優勢若能同時存在,會是相當強大的組合,所建立起的屏障幾乎是難以跨越。

議價優勢》採購量大可壓低成本,擴大獲利空間

我們在採買生活用品時,購買數量愈大,能享有的折扣愈多,公司之間的交易更是如此。當公司規模愈大,因為大量採購,議價能力就愈高,容易爭取到更低的進貨成本,產生成本上的優勢。

反觀規模較小的公司,採購量小,因此無法爭取到同樣的進貨成本。若不提高售價,獲利空間就會變小;若提高售價,又會失去價格上的競爭力,因此除非是產品特別有競爭力,否則很難與大規模公司匹敵。

搜尋成本優勢》使顧客容易取得商品

以B2C（Business To Customer,企業對個人銷售）的角度來講,

規模愈大的公司，愈能讓末端消費者易於取得它的商品，如此可大大減少消費者的搜尋成本，這是小規模公司無法輕易做到的事。

台股中的特力（2908），為「家庭用品市場」的專業貿易商與零售商，旗下零售品牌包括台灣特力屋、HOLA、HOLA Petite 及 HOLA CASA 和樂名品家具等，其中的特力屋為台灣最大 DIY 材料量販店，市占高達 30%，擁有規模優勢。

此外，特力屋的商品數千種，顧客能輕易在賣場中找到合宜的商品，而經常前往特力屋採購的消費者，對於商品擺設位置與動線已相當熟悉，所以很快就能搜尋到商品，這些都大大降低了顧客的搜尋成本。只要家中有任何需要購買的 DIY 材料或工具時，首選就是前往特力屋購買。

即便現代電商的崛起已明顯改變零售業的生態，但許多商品與服務是無法完全被取代的。以飲料來說，我們不會上網訂 1 瓶可樂，因為運費與商品費用不成比例。若要購買急需拿到的商品，多數人仍會以取得便利為首要考量，此時搜尋成本低的商家就會是首選。

網絡效應》極大化服務價值，降低顧客搜尋成本

網絡效應指因龐大顧客群所串聯的廣大服務網，所形成的網絡經濟效應。例如：淘寶網、臉書、VISA 卡、Google Map 等，因為商家

與使用者人數的累積，創造出高價值的服務網絡。能形成網絡經濟的公司很少，但只要能達到一定的規模，市場地位鮮少會被撼動。

要注意的是，網絡效應與一般零售通路商不同。以7-ELEVEN為例，它是因為擁有大規模的服務據點，讓消費者可在台灣各個角落找到它，而創造出搜尋成本優勢，但據點多與來客數多並不會產生網絡經濟效應。

當然，通路商的規模優勢與網絡經濟效應，在某些層面上有一些微幅的間接關係，但網絡效應的明確定義是指，使用者與使用者之間，或是供應商與使用者之間，因某種平台的連結，串聯起來一個廣大的服務網。而在愈來愈多人或廠商的加入之下，使得搜尋成本大大降低，整個網絡的應用價值也因此大幅提高。

以VISA為例，當使用人數愈多（購物時會使用VISA卡消費），以及愈來愈多商家的加入（可接受消費者使用VISA卡消費），形成網絡優勢，讓整體刷卡購物體驗變得更為方便。

開發新市場優勢》擴大企業觸角，推升整體營業規模

開發新市場是相當燒錢且具高風險的發展策略，要開發成功，必須累積許多不同的經驗與歷經長久的磨合期，方能有效調整出符合當地市場的產品或服務，以及適合當地的營銷模式。

即便是手握大量資金的大規模公司，想在不同地區或國家開發新市場，成功率都不一定高；但只要能成功，勢必將大幅提升公司未來的整體獲利，而這是小規模公司較難做到的事。

有些公司通常會以購併同類型產業中的事業體，以此快速開發新市場，並擴大自己的規模，這也是小規模公司較難達成的。

上述是規模優勢的 11 項好處，也清楚展現了這個世界的經濟面貌，為什麼會大者恆大、富者愈富。許多中小企業的生存空間被大型企業擠壓，加上近十年來的低利環境，讓大規模公司可取得更多低成本資金，更是激化這種趨勢。想想這些擁有規模優勢的公司，只要稍微增加行銷預算、增加自動化製程、邀聘更多一流人才、加速新產品的開發……等手段，都會讓缺乏規模優勢的公司陷入更困難的局面。

雖然這是相當不公平的賽局，但對長期投資的人而言，卻是最友善的買進條件。我們必須盡可能投資在具有規模優勢的公司，未來享有豐厚獲利的機率勢必更高。

3-5

規模優勢依特性
可分為獨占、寡占、小眾利基3類

　　如何判斷一家公司是否具備規模優勢？訣竅是「觀察公司的市占率」。可分別從區域型規模優勢、產業型規模優勢這兩個角度觀察：

從區域型或產業型，觀察公司是否具備規模優勢

1.區域型規模優勢

　　公司業務範圍在特定地理區域內，為所屬產業中擁有最高市占率的公司。例如台股中的統一超（2912）、中保科（9917）、崑鼎（6803）、新海（9926）、大台北（9908）、和泰車（2207）、中華電（2412）等，這些公司都是在台灣，或是台灣特定的區域範圍內，擁有高市占率的公司，以致形成規模優勢。

2.產業型規模優勢

　　公司的產品在所屬產業類別中，擁有非常高的市占率。例如全球最

大自行車鏈條廠桂盟（5306）、汽車售後服務市場（AM）零組件供應商東陽（1319）、全球最大鋼鐵螺帽製造商三星（5007）、全球市占率超過 50% 的車用二極體廠朋程（8255）等；這些公司的產品行銷全世界，並不限於特定區域，但在各自所屬的產業中，擁有相當高的市占率，形成規模優勢。

　　許多在台灣擁有區域型規模優勢的公司，也同時擁有產業型規模優勢，有時難以分辨。實務上，我們會以產業特性作為主要判別依據；以統一超為例，它是台灣連鎖超商產業中規模最大的公司，但這僅限於台灣，在台灣之外就無任何規模優勢可言。而且統一超的主要營收仍來自台灣的便利超商，所以我們自然會以區域範圍來思考它的市占率。

　　產業型規模優勢則較不受地理範圍的限制，例如一家公司的業務橫跨多個國家，營收也均勻分布在不同國家；面對這樣的公司，我們應該較注重該公司產品在所屬產業的市占率高低。例如桂盟是全球自行車鏈條龍頭製造商，全球市占率達 80%；在全球各地設有 10 座生產工廠與 11 個服務據點，分布在台灣、中國、荷蘭、美國、印尼、越南等地。這樣的公司自然要以產業範圍的市占率來探究它的規模優勢。

　　除了以市占率來作為主要判斷依據外，我們還得了解規模優勢主要分成 3 種類別，包含獨占、寡占、小眾利基型市場。這 3 種類別分

別列於「競爭優勢檢視模組」之中，我們得理解這些類別的具體特質，方能做好檢視。

獨占市場》單一公司幾乎壟斷市場

　　一個市場若存在具備規模優勢的事業體，會分為兩種類別：獨占市場與寡占市場。首先，獨占市場是指市場幾乎被單一家公司壟斷，市占率高達 60% 以上，或是市占率已遠遠超出其他競爭者，例如某家公司的市占率約 60%，但市占率第 2 高的競爭者卻只有 10% 或更少，則這家市占率60%的公司就可說是擁有獨占市場的規模優勢。

範例1》桂盟為全球自行車鏈條獨占大廠
　　獨占市場之中，市占率愈高，競爭優勢愈強大。例如前文提過的桂盟，它所生產的自行車鏈條全球市占率約 80%，許多知名品牌的自行車廠商或腳踏車配件廠商都指定由它代工生產鏈條，如此高的市占率帶給它許多規模優勢的好處，更幫助它賺進相當豐厚與穩定的實質盈餘。

範例2》台灣各區域天然氣供應商
　　天然瓦斯供應商新海也是獨占事業的代表。新海是新光集團旗下的

子公司，為「公用事業」民營業者，供應新北市三重區、板橋區及新莊區共約 31 萬戶天然氣，並提供用戶天然氣管線設備的裝置與維護作業；另在天然氣輸氣管線內鋪設光纜，經營長途陸纜電路出租業務，兼營第一類電信事業。

　　天然氣事業投入設備金額較大，屬資本相當密集的產業，且在營業區域範圍內所埋設的各類管線並非短時間內可完成的工程。而公用天然氣事業需經政府機關許可，使得國內供氣區域互不重疊，公司服務區域內無競爭對手，是屬於區域型的獨占事業。

寡占市場》市場由少數公司瓜分

　　寡占市場是指市場僅被少數幾家公司瓜分，通常約只有 2 ～ 5 家競爭者瓜分同一個市場。在這樣的市場裡，沒有一家公司有絕對的市占率；也就是說，即便會有少數幾家公司的市占率略高一些，但它們之間的市占率落差並不大。

　　當我們遇到寡占市場時，必須特別注意市場內的競爭狀況，因為有的市場會因為競爭者較為理性，不會有惡性競爭的問題，所以大家會維持良性競爭、雨露均霑；有的市場則因為同業侵略性高，使用具有破壞性的競爭方式搶奪市占率（例如價格戰），就會產生惡性競爭，進而衝擊所有競爭者的獲利。

範例1》台灣連鎖超商業

以台灣的連鎖超商產業為例,市場僅只被少數 4 家公司瓜分,屬於寡占市場,2019 年市占率為:統一超 50%,全家(5903)31%、萊爾富 12%、OK 7%。

這些公司雖然彼此競爭,但它們並不會使用具破壞性的競爭方式彼此傷害;反之,它們會利用廣告、新空間的改造、推出創新的產品與服務等方式,企圖提高來客數與獲利。這是屬於良性競爭的寡占市場;任何一家公司在這樣的市場中若具有相當高的市占率,都可享有規模優勢的好處。

範例2》台灣行動通訊市場

台灣的行動通訊市場也是屬於寡占市場,根據 2019 年度的統計,中華電(2412)市占率 37.9%、台灣大(3045)25.1%、遠傳(4904)25.6%、其他競爭者(台灣之星及亞太電信)合計約 11.4%。不過主要仍是市占率前 3 大的電信公司長期享有非常好的獲利,其餘則因規模較小而飽嘗虧損。可以觀察到兩項重點:

① 在寡占市場中,只有具規模優勢的公司才能長期享有高的獲利。

② 前 3 大電信商彼此競爭,但長期而言不會以破壞性的方式搶占市場,所以大家都能長期享有不錯的獲利表現(2018 年雖然一度發生行動網路促銷方案 499 之亂,但為期很短)。

範例3》台灣事業廢棄物處理市場

在全球環保意識抬頭之下，台灣對廢棄物處理的需求與法規也愈趨嚴謹，許多專業的廢棄物處理廠商也因而受惠，獲利節節高升。日友（8341）是台灣醫療廢棄物處理的龍頭廠商，經營一般、有害及醫療廢棄物的清運、焚化和掩埋等業務，也是台灣第 1 家專業生物醫療廢棄物焚化處理廠。

就我的觀點而言，日友具備 2 項主要長期競爭優勢：

① **政府授權優勢**：事業廢棄物處理得向政府申請執照；其中，有害事業廢棄物的執照發放數量並不多，而且相關法規愈趨嚴謹，檢驗標準愈來愈高，這對長久經營這塊市場的日友而言，形成了一道強大的進入障礙。

② **規模優勢**：日友在全台灣醫療廢棄物處理市場明顯具有寡占的規模優勢，根據日友 2019 年年報顯示，全台灣已取得許可的醫療廢棄物處理廠共有 20 座，日友市占率約 34%；若以全台感染性事業廢棄物委託共同處理量來看，日友每日處理約 36 噸，市占率約 50%，顯見日友在此領域具有強大的規模優勢。

實務上我們會發現，台股中有些公司在台灣區域範圍內具有規模優勢，但為了尋求發展，會積極向外開發新市場或是轉投資；然而發展到後來，結果不一定盡如人意。例如台灣第一大玻璃製造商台玻（1802），主力產品平板玻璃獨占台灣市場（根據 2019 年年報資

料，國內市占率約 70%），但它約有 60% 獲利來自中國市場，而非台灣市場；中國玻璃產業因惡性競爭，加上產能過剩，導致台玻在 2012 ～ 2019 年的期間，8 年有 6 年虧損。

台股中的磁磚業者冠軍（1806）也有相同的處境，它在台灣的磁磚市場市占率最高，達 40% 以上，然而它也為了拓展市場，早期就進入中國；只是中國磁磚市場也同樣陷入惡性競爭，導致冠軍磁磚在台灣市場雖有不錯的獲利，但受到中國市場拖累，在過去 2012 ～ 2019 年，8 年有 5 年虧損。

這樣的公司，雖在台灣擁有規模優勢，但因為主要獲利非由台灣市場所創造，所以並不能將之列為擁有區域型規模優勢的公司。我們必須考量公司的整體獲利表現是否優異、市場是否已成為惡性競爭市場，以及它的主要營收獲利來源是否已分散至多個區域範圍，才能正確評估。

觀察規模優勢時，重點在於了解公司的現況而非成因。例如，台積電（2330）能夠形成規模優勢的主因是技術領先，大聯大（3702）則是長期歷經嚴苛市場的洗滌，在購併或淘汰規模較小的對手之後，才形成規模優勢；無論原因為何，重點在於，現今公司已築起了規模優勢，建立了難以跨越的屏障（3-6 ～ 3-11 所介紹的長期供應優勢與長期需求優勢，則要了解形成的成因，與規模優勢的思考路徑不同）。

小眾利基型市場》在小眾市場建立市占率

在小眾利基型市場中，如果公司夠專業，能提供相當優異的服務或產品，或擁有一群忠誠的顧客，能在這個小眾市場中建立市占率，也會形成另類的規模優勢。

這種小眾市場對規模大的公司而言，未必是有利的市場。有時是規模很小，小到沒有大廠或其他新進入者想進來分一杯羹；有時是因為市場已容不下其他新競爭者的加入，因為多一家廠商進入會使大家難以創造利潤。這種小眾利基型市場有幾項特質，包含：

1. 整體市場規模很小。
2. 專業性質高。
3. 客製化與高附加價值為主。
4. 顧客忠誠度高。
5. 生產的產品只占客戶成品中很小一部分的成本。
6. 優先進入者通常會成為規模最大的廠商。

範例1》瑞穎製作的自動倉儲軸承，在北美有一定市占

台股也有一些公司在小眾利基型市場擁有高市占率。例如瑞穎（8083），它本身的規模不大，2017 ～ 2019 年平均實質盈餘大約新台幣 3 億元，主力產品為軸承（又稱培林），包括車庫門使用

的軸承、手推車使用的軸承、自動倉儲使用的軸承等。自動倉儲的軸承輪腳，在北美市占率占有相當的份額，而這項產品只占整體自動倉儲設備的總成本中一小部分。所以只要公司產品的品質長期維持良好，很少會有大廠或其他競爭者想要跨入此市場。因此，瑞穎明顯具有小眾利基型市場的規模優勢。

範例2》邦特生產洗腎專用的血液迴路管

另一家公司邦特（4107），主要生產洗腎專用的血液迴路管，該產業也屬於小眾利基型市場。即使公司規模小，實質盈餘僅約 4 億5,000 萬元，產品只占洗腎設備或洗腎費用中很小一部分的成本，但由於產品品質好、價格合理，且經多年努力的經營，在台灣市占率達 4 成以上，排名第 1，因此也具有小眾利基型市場的規模優勢。

我必須特別強調，若一家公司的規模偏小（小於 5 億元），卻具有我們想要找的長期競爭優勢，有時也會為我們帶來不錯的報酬。只是，這類型公司的風險承受度相對偏低，我會建議只撥出小部分資金投資即可；可優先選董監持股比率高的公司。也由於這類型股票資本額小，有時會被市場主力刻意炒作，達到相當不合理的高股價，此時就需要居高思危，優先減碼這類型的股票。

擁長期供應優勢
生產成本較低且難被模仿

　　「供應優勢」是指公司可用比其他對手更低的成本，提供產品或服務；或是公司因某種獨特因素，可在特定區域或產業內獨享供應市場，使得顧客不得不向它購買產品。

　　有的供應優勢可能只是短暫的競爭優勢，例如只是利用更新穎的技術、設備或流程，或是將廠房設置於人工成本較低的地區（例如中國、越南、印尼等），這些方式雖然也能降低生產成本，卻無法形成強大的屏障，因為這容易被其他競爭者模仿或超越。

　　而我們要找的是持久型的長期供應優勢，讓既有競爭者或新進入者都難以侵入。

　　長期供應優勢分為以下 4 種：

　　1. 專利。

　　2. 政府法規授權。

　　3. 地利優勢。

　　4. 特定資源開發權。

專利》使對手擔心侵權而不敢模仿

　　生產技術上的優勢，是相對不耐久的優勢，若公司沒有特別高超的研發能力，其他競爭者通常都能追上，除非受到專利的保護。當公司擁有專利，能防堵競爭者模仿產品或製造流程，公司可免於價格競爭，使獲利受到保障；因為侵權的罰款與法律訴訟，都將增加不可知的成本與風險，這樣的代價將使得其他競爭者不敢跨越雷池一步，所以這是屬於供應端的優勢之一。

　　知名的好神拖就是有趣的例子，它是由約 6 項專利組合而成的拖把，誰能想像拖把竟然會有 6 項不同的專利？而這些專利至今仍保護它免受於競爭者的模仿，也得以在台灣拖把市場穩居市占率第 1 的寶座。順帶一提，好神拖目前為花仙子（1730）所擁有的商品。

　　然而，專利有其限制與弱點：

1.時間限制

　　專利權並非永久存在，以美國和台灣為例，發明專利權的時間為 20 年；有時可以靠法律的手段加以延長，但這並不容易。所以，當有價值的專利權消失之後，大量競爭者就會湧入市場，開始模仿或推出類似的商品，企圖瓜分市場的利益，到時公司的獲利就會大受影響。

2.容易被競爭對手利用法律手段攻擊

　　愈有價值的專利，愈容易吸引競爭對手窺伺攻擊，企圖瓜分市場的利益。所以大廠與大廠之間的專利訴訟時有所聞，有的是擁有專利權的一方控告另一方侵權，但也有許多案件是為了要推翻原有的專利權，藉此介入獲利豐厚的市場。

　　因此，以長期競爭優勢的角度而言，那些以專利權作為保護的公司，最好得同時擁有多項產品與製造流程的專利，且愈多愈好；同時也應具備強大的研發能力，持續推出新生產技術或新產品，並且幫這些新技術或產品申請更多專利，以新專利取代舊專利，作為保護未來獲利的機制，如此才能形成持續性的長期競爭優勢。

　　當公司擁有比其他競爭者更為優異的生產技術，且持續研發新技術，使得它可用更低的成本來製造同類型的產品，同時又受專利保護，公司的獲利就能有所保障。這類型公司通常得具備規模優勢，才有能力負擔高昂的研發費用，並長期維持創新的能力，只是台股之中這類型的公司較為少見（也許是我個人能力範圍限制的關係，以致沒有發現更多這類型的公司），最具代表性的就是台積電（2330）。

　　台積電的研發能力無庸置疑，能有今天的產業地位，絕對是因為它擁有許多過人之處，其中一項就是它所擁有的專利數量。截至 2019 年底為止，台積電在全球累積的專利數量超過 3 萬 9,000 項（詳見圖 1），包括 2018 年在內，已連續 3 年成為全美前十大發明專利

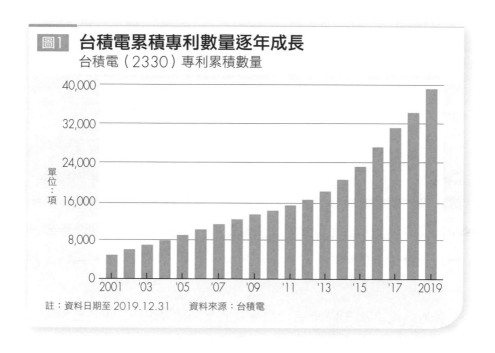

圖1 **台積電累積專利數量逐年成長**
台積電（2330）專利累積數量

單位：項

註：資料日期至 2019.12.31　資料來源：台積電

權人。這些龐大數量的專利權，未來必能有效保護台積電的競爭優
勢，為企業成長奠定堅實的基礎。

政府法規授權》受政府保護而享有經營優勢

　　政府授權的優勢包含許多種類，例如關稅、配額、補貼、特許行業、
政策導向與國家認證等；而我們所要找的，主要是政府特許、政策
導向與國家認證，因為這 3 種才屬於長期性的競爭優勢。

政府特許與政策導向是指某家公司因獲得政府法令或政策的允許，可在特定區域經營特定事業。這種需要政府法令或政策限制才能經營的事業，可阻礙其他競爭者的侵入，並保障事業的長期營利，是非常強大的進入屏障，同屬於供應優勢型態的一種。

在台灣，特許行業包含：行動通訊業、資源回收業、天然氣事業、金融業、燃料零售業、大眾運輸業等（詳見表1）。這些事業雖然有政府幫忙阻擋其他競爭者的公司，先天享有強大的競爭優勢，不過也同時容易受到政策影響；尤其是攸關民生的事業，可能會受到選舉或政策改變的壓力，較缺乏定價權，因而難以出現獲利高成長的表現。

台灣高鐵（2633）是台灣最重要的交通建設之一，也是台灣唯一的高速鐵路系統，是屬於特許經營事業。高鐵的建置工程歷時6年之久，耗資約6,000億元，它大大改變了台灣人民的生活。高鐵具有低碳排放量、快速廉價、高經濟效益等好處，營運績效也算是蒸蒸日上，又以交通部為最大股東，持股占43%（截至2019年底）。

以競爭優勢的角度來看，台灣不太可能出現第2條高鐵與其競爭，它的對手只有台鐵、公路客運，以及航空業者。高鐵的許多優勢是這些競爭對手所無法超越的，例如速度、準點、速度價格比，光是這3項優勢就明顯勝過其他競爭對手；同時它的服務品質與安全性，已受大眾的認同，載客量逐年成長。這樣一個政府特許經營的獨門

表1 **特許事業往往形成獨占或寡占市場**

台灣特許事業類別

事業類別	說明
行動通訊業	在特定的政策之下，政府只允許少數幾家公司可經營行動通訊的業務，導致台灣行動通訊市場形成寡占。代表業者為前3大電信商：中華電（2412）、台灣大（3045）、遠傳（4904）
資源回收業	只有獲得地方政府的特許，方可在特定區域內經營的行業，形成寡占市場。例如：崑鼎（6803）、可寧衛（8422）、日友（8341）等
天然氣事業	只有獲得地方政府的特許，方可在特定區域內經營的行業，形成區域型的獨占市場。例如大台北（9908）、新海（9926）
金融業	在特定的政策之下，政府只允許少數幾家金控或銀行可經營，形成寡占市場。例如：國泰金（2882）、富邦金（2881）、玉山金（2884）、兆豐金（2886）、上海商銀（5876）……等
燃料零售業	石油是特許經營的行業，在特定的政策之下，政府只允許少數幾家石油供應商，形成寡占市場。例如台塑化（6505）
大眾運輸業	大眾運輸業只有獲得中央或地方政府的特許，方可在特定區域內經營的行業，形成區域型的獨占市場。例如高鐵（2633）

事業，只要服務品質、準點、安全性都能維持高品質，勢必歷久不衰，明顯具備政府授權的長期競爭優勢。

地利優勢》因地理位置為客戶帶來獨特好處

地利優勢指公司因地理位置的關係，可為其客戶帶來許多得天獨厚

的好處，包含：降低運輸成本、節省關稅、提高服務效率、深耕在地客戶、提高客製化的靈活度、降低時效風險、供應鏈的整合等。

這些好處可形成比其他競爭對手更強大的供應優勢，也相當難以模仿；尤其是那些重量重、體積大的商品，加上產地是在當地需求市場的範圍內，這項優勢更為明顯。例如台灣的水泥業、鋼鐵業、垃圾資源回收業，都具有地利優勢。

台灣最大鋼鐵廠中鋼（2002），可以直接供應給當地許多下游廠商，使得這些廠商不需靠國外進口，就能以相對低的成本購買中鋼的上游產品，省去那些高額的運輸費與關稅等費用，這是難以複製的地利優勢。

台積電除了技術領先及擁有規模優勢，它也擁有地利優勢。台積電與台灣當地許多優秀的技術廠商，共同建立起完整的供應鏈，能有效降低研發與製造成本、提升良率，以及加快研發速度；這項由完整供應鏈所形成的強大供應優勢，讓其他競爭者望塵莫及。

台泥（1101）與亞泥（1102）在台灣市場也同樣有地利優勢。長途運輸水泥有一定的風險，因為水泥在長途運輸過程中容易受潮而硬化變質，故無法久存。且水泥笨重、密度高，長期以來都是以內銷為主，外銷僅供平衡產銷用。因此台灣的水泥需求市場，長期得依靠在地廠商，無法仰賴進口，形成台泥與亞泥的地利優勢。不過，這兩家公司的獲利來源，有一大部分來自於中國；若中國市場

過於競爭，可能會影響它們的獲利，是投資人需要特別關注的。

　　台灣最大塗料製造商永記（1726），以銷售品牌「虹牌油漆」享譽國內塗料業界，擁有台灣、中國、越南、馬來西亞及美國 5 個海外生產基地，台灣市占率約 15.74%（截至 2019 年底資料）。公司與國際大廠的規模相比算小，但在國內的產業規模中穩居翹楚，加上一貫化生產流程可明顯降低生產成本，具備經濟規模優勢。除此之外，油漆塗料在運輸上被視為危險性產品，有時效及氣候上的諸多限制，屬地域性強的產業，故公司在國內與國際大廠競爭下，又多了一層地利優勢。

　　總之，地利優勢天生便是難以被取代的競爭優勢，只要一家公司能優先占地為王，便能主宰特定區域的市場。因此，我們總會看到這些擁有地利優勢的公司，通常也會形成規模優勢，而市場最終也會形成寡占或獨占市場。

特定資源開發權》由政府允許開發天然資源

　　特定資源開發權是指公司擁有某種天然資源的特許開發權，若公司同時擁有比對手更低成本的開採技術，以及該天然資源的開採資格有其限制（需要政府的核可），則這家公司便等同擁有難以模仿的屏障，使得新進入者難以跨越，長期享有穩定的獲利。

　　同時，這類別的競爭市場，通常最後會演變成獨占或寡占市場；所以享有特定資源開發權的競爭優勢，通常也會同時享有規模優勢的好處。不過，這類的公司較需關心政府政策的影響問題，因為若政策上有鬆動，改變了整個產業結構或競爭生態，則我們必須立即了解新政策可能的影響，並採取適當的因應措施。

　　雖然這種享有特許開發權的公司，可能會被政府限制價格（因國家政策考量因素），但長期下來，只要市場需求穩定或持續成長，公司獲利也能長期穩定發展或持續成長，因此長期投資在這類型的公司之上，投資報酬率仍能維持在一定水準之上。例如台股中的台泥就是具備這種優勢的好公司。

　　台泥是台灣目前最大的水泥及預拌混凝土製造商，亦是中國前 10 大水泥廠商。台泥的水泥發貨據點及預拌混凝土廠遍及全台灣各地，在各大都會區擁有完整據點及銷售網，市占率約 37%。

　　水泥業由於需要投入龐大的資本及機器設備，且須擁有政府核可的採礦權，進入門檻相當高，因此台泥的獲利長期表現不俗。只是，台泥受產業景氣循環的影響相當明顯，當產業景氣不好時，它的獲利會下滑，使得股價也會受牽連而下跌。即使如此，它的競爭優勢並不會因此而折損，只要產業景氣開始復甦，獲利即會回復正常，甚至更高，股價也跟著上漲。這類型的景氣循環股，投資人若能洞悉產業的變動，也會是不錯的投資標的。

3-7
具長期需求優勢
有利建立顧客忠誠度

「長期供應優勢」是指公司因某種獨特因素，使其可在特定區域或產業範圍內獨享供應市場，讓顧客不得不購買它的產品。而「長期需求優勢」指公司所提供的產品因可滿足顧客心理層面的需求，並長期在顧客的心裡種下根深蒂固的印象，或某種難以被取代的價值，使得顧客能保有長期忠誠度；或是顧客若轉為使用其他家公司的產品，得需付出更高的附加成本，因此不願輕易轉換，這些因素都會使顧客願意長期購買公司的商品。

長期需求優勢型態是以顧客需求端為主要考量點的競爭型態，也可說是一種由下而上發展出的競爭型態；反之，長期供應優勢型態則是一種由上而下發展出的競爭型態。

因此我們得思考的重點是，為什麼某些公司的產品或服務，相較於其他競爭者，總能長期得到大量顧客的支持與購買，且利潤還能長期維持在一定水準之上？要注意的是，這絕對不會是靠價格上的競爭，或是靠長期供應優勢型態所豎立的屏障，來吸引顧客維持忠誠度。

　　說明白一點，具有長期需求優勢的公司，其商品和服務通常會比競爭者更為昂貴，因此我們得思考是什麼原因，能讓大量顧客願意以更高的價格埋單？這個答案也不僅是「高品質」這麼簡單，因為現今的市場競爭激烈，有許多公司都有能力提供高品質的產品或服務。

　　要能真正形成長期需求優勢，不僅是公司內部能力相當優異（包含生產技術、行銷能力、管理能力等），更關鍵的勝出原因，是在於「獨特的產品特性」、「高附加價值」，或是能「滿足人們心理需求」，藉此產生不易被取代的優勢。而當這些因素能達到群眾效應，便形成一股許多公司夢寐以求的銷售力量——「顧客忠誠度」。

顧客形成忠誠度，主因是滿足心理層面或自我成本考量

　　形成顧客忠誠度的長期需求競爭優勢，包含了「品牌效應」、「習慣效應」、「轉換成本」以及「搜尋成本」（詳見表1）。

　　某些產品特性會因為顧客轉換至不同供應商或商品時，得耗費更高的轉換成本才能適應；有的則是因為顧客在尋覓其他可替代的供應商或產品時，得耗費相當高的搜尋成本才能成功覓得可替代的方案。這種因顧客自我成本考量所形成的「顧客忠誠度」，是一種比較主動的購買動機，也就是所謂的「高轉換成本」與「高搜尋成本」。

　　人類心理需求也是構成「顧客忠誠度」的主要因素之一，主因是

表1　長期需求競爭優勢可分為4種

長期需求競爭優勢型態

形成顧客 忠誠度原因	長期需求 競爭優勢型態	特點
滿足心理層面	品牌效應	具備高認同感、擁有定價能力，滿足顧客追求更高層次的心理需求
	習慣效應	顧客養成使用習慣，排斥輕易改變
自我成本考量	轉換成本	顧客轉換至不同供應商或商品時，得耗費更高的轉換成本才能適應
	搜尋成本	顧客尋覓其他可替代的供應商或產品時，得耗費相當高的搜尋成本才能成功覓得可替代方案

人們在購買某些公司所提供的產品時，除了功能上的需求，還有更高層次的心理需求需要被滿足。這是一種人類心理自然的演進途徑，人類傾向於當較低層的生理需求被滿足後，便會開始尋求更高層的心理需求，而一家公司若能創造「品牌效應」的優勢，便形同它能滿足顧客更高層的心理需求。

除此之外，還有一種優勢是因為顧客已長期習慣某家公司所提供的商品後，不願輕易更換其他替代品。主因是人類傾向於當習慣養成後，便會主動排斥自我改變。因此，一家公司若能創造「習慣效應」優勢，同樣也可建立屬於它自己的長期競爭優勢。接下來的文章我將一一解說這 4 種長期需求優勢。

━━ ◆ 3-8 ◆ ━━

長期需求優勢1》品牌效應 使顧客願意花更多錢埋單

有關品牌價值的論述相當多元，各式各樣的學派與理論基礎都有，而且相當複雜，光是品牌的消費心理學就可單獨寫成一本厚厚的書。但對一般投資者而言，我們僅需知道消費者心理對於品牌需求的基礎概念即可。

首先，品牌價值是沿著「功能性→象徵性→體驗性」的途徑演進的。「功能性」是指產品能解決顧客的問題而構成主要消費目的，這是所有產品該有的首要任務。「象徵性」是指能滿足顧客的自我識別、角色地位、尊重、群體資格等自我欲望。「體驗性」是指能滿足顧客感知上的需求，例如使用後會感到愉悅、刺激、溫馨等。

所以從心理學的角度來講，當大量顧客去購買某公司的產品，除了功能性的基本考量，若還能滿足象徵性與體驗性的心理需求時，我們就可以認定這家公司的產品擁有品牌效應優勢。例如當我們走進大賣場，想要購買某項食品時，總會優先選擇自己熟悉且認同的大品牌，因為我們會認為比較安全、有保障（人類天生就會想要避免

麻煩）。

同時具備品牌忠誠度與定價能力，才有品牌效應優勢

　　必須特別提醒，如果僅僅是「知名品牌」，並不能直接與品牌效應畫上等號。真正的品牌效應，必須同時做到 2 件事：

1. 成功創造品牌忠誠度。

2. 具有定價能力。

　　意思是説，即便市場中充斥許多同質商品，但是顧客有強烈的品牌忠誠度，就算要用更高的價格購買，仍然心甘情願。能享有這種「特權」的公司，通常需要花費許多金錢與時間，來營造屬於它自己獨特的價值。

　　例如大家都知道，許多鑽石可能都是來自同一產區，還有國際鑽石公定價格可做參考比較，但是 Tiffany & Co. 所販售的鑽戒，硬是比許多品牌的鑽戒都貴；因為它成功樹立了象徵性，讓許多少女的結婚夢想，就是能戴上那獨特小藍盒內的結婚鑽戒。

　　而有些品牌雖具有高知名度與辨識度，卻沒有高度的品牌忠誠度。例如飲料產業，在同等級品牌之中，並沒有因為其知名度而享有品牌忠誠度的優勢。以可口可樂為例，它雖然有享有規模優勢與品牌知名度，但是若與百事可樂相比，兩者的價格卻非常相近，很難賣

得比對手貴出許多。

品牌忠誠度可細分為3類，使產品價值優先於價格考量

若公司的品牌價值是來自於高度的品牌忠誠度，讓顧客認為價值優先於價格考量，這家公司自然能享有比競爭者更高的銷售量與獲利，並且能維持很久的時間，則這家公司便具有品牌效應的競爭優勢。這種高度的品牌忠誠度，還可以分為 3 種類型：

象徵性》擁有商品後能凸顯社會地位

象徵性意味著某家公司的產品，能彰顯消費者的社會地位、獨特品味、群體資格等意義，例如開名車、戴名錶與拿精品包包等，這些都含有象徵性的意義。

我們可能會認為象徵性是一種虛假的表象，因為它華而不實；然而身為投資人，我們必須了解這種象徵性意義，可為公司帶來極大利益，而且時常超乎我們的想像範圍。

舉例來說，在我寫這段文章時，剛好 LVMH 集團以 162 億美元購併美國珠寶商 Tiffany & Co.（編按：截至 2020 年 9 月 10 日，此購併案尚未完成交割手續）。LVMH 集團能成為精品界最有價值的品牌，靠的是總裁阿爾諾（Bernard Arnault）持續購併更多奢侈品牌。

　　阿爾諾為歐洲首富，根據《富比世》雜誌（Forbes）公布的 2020 年全球富豪榜，他的財富排行全球第 3，僅次於亞馬遜創辦人貝佐斯（Jeff Bezos）與微軟創辦人比爾‧蓋茲（Bill Gates）。他並非是商業管理背景出身，但在其帶領之下，LVMH 集團至今已擁有超過 50 個奢侈品牌，包含路易威登（Louis Vuitton）、芬迪（Fendi）、迪奧（Dior）、泰格豪雅（Tag Heuer）、寶格麗（Bvlgari）……等，商品從手提包、手錶、珠寶、香檳到遊艇，各種你能想到的奢華商品應有盡有，這些品牌幾乎都是由阿爾諾買來的。

　　蘋果公司創辦人賈伯斯（Steve Jobs）曾對阿爾諾說：「我不知道人們 50 年後是否還會使用 iPhone，但我敢確定他們 50 年後仍會喝你的香檳（Dom Pérignon）。」這種象徵性品牌的力量就是如此的強大，只要能成功建立，並維護良好，其強大的競爭優勢是不會輕易被顛覆的，因此具有長久性的特質。

　　根據我的觀察，台灣的企業受到環境與市場規模的限制，普遍以製造業為主要發展方向，對於品牌的建立較不在行，因此台股中無法找到類似 Louis Vuitton、Tiffany & Co. 這種具強大象徵性意義的品牌優勢公司；不過，若有投資美股，就可找到許多這類型的公司。

信任感與安全感》商品或服務品質令人安心

　　有些公司的品牌形象因已深入人心，加上長期口碑良好，使得顧客

對其有絕對的信任感與安全感。一家公司若能成功建立起這類型的品牌優勢，便能享有比競爭者更高的獲利率。

例如台股中的兩大保全公司中保科（9917）與新保（9925）、衛浴設備大廠凱薩衛（1817）、記憶體大廠創見（2451）、台灣最大輪胎廠正新（2105）、台灣保健食品大廠葡萄王（1707）、日本辦公事務機器代理商互盛電（2433）……等。這些公司都有成功建立信任感與安全感的品牌形象，使顧客在購買它們的產品時，都能感到安心，因此長期創造優異的獲利表現。

以中保科為例，它所提供的保全服務長期受到廣大客戶群的肯定，口碑良好且歷史悠久，公司品牌形象深獲人心；顧客會長期使用，很大的原因就是基於極高的信任感與安全感，也使得中保科的服務價格硬是比其他中小型保全公司高出許多。

葡萄王最主要的獲利來源是旗下的葡眾公司，葡眾是台灣最大直銷品牌，旗下的會員對公司的產品與制度有高度信任感，因而產生極高的忠誠度。即便葡眾在 2016 年爆發竄改過期商品的事件，董座曾盛麟也已認罪獲緩起訴，但至今業績仍屹立不搖。可想而知，這種因信任感所建立起來的品牌忠誠度，力量是如此之大。

代表性》想到特定商品即優先選特定品牌

有些公司的品牌形象與產品已形成完美的連結；意思是，當我們想

到要購買某項商品時，就會直接聯想到特定品牌的商品。例如想到自行車，我們就會直接聯想到巨大（9921）的品牌捷安特；想到燕麥片，就會想到佳格（1227）的桂格品牌；想到豆腐，就會直接聯想到中華食（4205）生產的中華豆腐。這些公司的品牌與產品的連結早已深入人心，比起絕對信任感，又具有更強烈的品牌效應。

台股中擁有這種品牌優勢的公司，還包含了統一（1216）、美利達（9914）、寶雅（5904）、永記（1726）、瓦城（2729）、億豐（8464）等（詳見表1），這些公司長期用心經營自己的品牌，產品面也都能維持高品質，並且持續創新，推出功能性更強與多樣性的產品供消費者選擇，長久下來自然深獲人心，建立屬於自己的品牌優勢。

人們對於具有產品代表性的品牌有一種莫名的傾向，這與人類的天性有關，包含「避免懷疑」與「簡單聯想」這兩種特質，也正好是品牌形成產品代表性的主要推手。

所謂的「避免懷疑」特質，是指人類非常不能忍受心中充滿懷疑的感受，因此人類會主動做出兩種行為來排除這種對懷疑的厭惡感：

1. 避免麻煩，愈簡單愈好。

2. 迅速做出決定，排除心中的懷疑。

「簡單聯想」特質則是指人類會根據過往的經驗，迅速做出判斷。例如我們會主動認為，包裝愈精緻或愈貴的產品，品質愈好；權威

人士所講的話，應該比較可靠；開名車的人應該都是有錢人……等。可惜的是，這種簡單聯想所造成的誤判其實經常發生在我們身上，但我們卻總是難以根治這種心理特質。

　　在這兩種人類心理特質的影響之下，當我們在購買商品時，便會偏向於購買具有產品代表性的商品，因為我們會認為，這類商品的品質應該都是無庸置疑的，也可以避免不必要的麻煩與懷疑。因此，具有產品代表性的品牌，可說是占盡了許多便宜，成為顧客選購商品時最直覺的首選。

　　以上這 3 種類型的品牌優勢很多時候都會有關聯性，有時候我們會感到難以區分。舉例來說，擁有象徵性品牌優勢的 Louis Vuitton 手提包，消費者必然也對其品質有信任感。不過，顧客付出高昂的價格購買奢華商品，優良品質只是基本條件，真正的目的其實是為了它所提供的象徵性意義而購買。

　　所以我們在做判斷時，應以消費者的角度思考大部分消費者會刻意購買某品牌的商品，其主要目的、考量點與動機，是屬於哪種類型的品牌優勢成分居多，如此就能區分出來。

　　不過，就算不能完全區分出來也沒關係，因為這個品牌可能涵蓋 2 種或 3 種類型的特徵，這樣形塑出來的品牌優勢反而更強大，我們只要確認它確實具有其中 1 項類型的品牌優勢即可。

　　最後再強調一次，對投資人而言，我們的觀察重點是一家公司是

表1 **17家公司品牌具產品代表性**
連結品牌形象的公司主要商品或服務

股票名稱（股號）	品牌	連結品牌形象的主要商品或服務
寶　雅（5904）	寶雅（POYA）	個人美妝生活用品
巨　大（9921）	捷安特（GIANT）	自行車
美利達（9914）	美利達（Merida）	自行車
永　記（1726）	虹牌油漆	油漆
瓦　城（2729）	瓦城	泰國料理
億　豐（8464）	NORMAN、VENETA	窗簾
中華食（4205）	中華豆腐	盒裝豆腐
佳　格（1227）	桂格	燕麥片
統　一（1216）	統一	泡麵、茶飲
花仙子（1730）	花仙子、好神拖	居家香氛、拖把
裕　融（9941）	格上租車	租車
味　王（1203）	味王	味精
統一超（2912）	7-ELEVEN	便利商店
全　家（5903）	全家便利商店	便利商店
葡萄王（1707）	葡萄王、葡眾	靈芝與樟芝保健食品
國泰金（2882）	國泰人壽	人壽公司
櫻　花（9911）	櫻花	瓦斯爐、抽油煙機

否能靠品牌優勢（品牌忠誠度），而享有比其他競爭者更高的利潤；這樣的公司將能建立起強大的屏障，形成一種長期競爭優勢。

➡ 3-9 ⬅

長期需求優勢2》習慣效應 使顧客傾向不用新商品

　　人類的大腦傾向於抗拒改變，對於已認定的結論、社會角色、政治理念、宗教信仰、結婚對象、投資選擇與承諾過的事，即便最終可能會傷害到自己，都會迫使自己做出「言行一致」的行為。

　　我有位親戚，總會資助他的一位朋友，我曾多次告誡過他，此人不可信任，因為他在業界名聲並不好，且傳聞負債累累。然而，我的親戚已陷入他好友所設下的心理陷阱之中。一開始，那位好友的借款金額較少，也都會試圖還款，讓我的親戚認定他是一位講信用之人，並且深信不疑。而後當那位朋友想借調更多現金時，我的親戚一樣會借給他，因為若不借，行為會與當初的認知不一致。果不其然，當借款金額累積成一大筆錢之後，這位朋友就不再還款了。

　　人類這種「避免不一致」的心理傾向，會迫使自己相信最初所做的選擇是最正確的決定；即使這很可能只是自欺欺人，但仍然會三番兩次欺騙自己。許多邪教與詐騙集團，就是利用此項人性弱點，驅使信徒去做傷天害理之事，與詐騙許多人的血汗錢。

「避免不一致」為什麼是如此根深蒂固的心理傾向？主因是人們普遍認為自己要能做到一致性，必能減少苦思不解的疑問與懷疑，以及避免許多不必要麻煩，因為人類的天性之一包含「避免懷疑」的心理傾向，使得我們潛意識會去逃避可能產生更多問題的難題。

已融入生活作息的商品與服務，易享有習慣效應優勢

《影響力：讓人乖乖聽話的說服術》作者羅伯特・席爾迪尼（Robert B. Cialdini）曾在書中提到：「一旦我們做出了一個選擇，或採取了某種立場，我們立刻就會感到來自內心和外部的壓力，迫使我們按照承諾說的那樣去做。在這種的壓力之下，我們會想方設法地以行動證明自己先前的決定是正確的。」

同理，不管是好習慣與壞習慣，一旦積習已久，都很難去改變。因為我們潛意識會認為，改變可能帶來更多的煩惱，或是延伸更多的問題；與其如此，不如維持現狀，而這種標準的鴕鳥心態幾乎存在於每個人的潛意識中。

而人們即便養成新習慣，有很高的比率會在一段時間內，傾向回頭使用舊的習慣。例如許多減肥成功之人，有很高的比率會在短時間之內復胖，原因是他們又重拾了舊的飲食習慣。許多成功戒菸或戒酒的人，同樣有很高的比率會在 1 年之內重蹈覆轍，重拾舊的壞習

慣，而且還抽更多的菸、喝更多的酒。改變習慣比登天還難。

　　了解這項人類的心理特性之後，也不難理解為什麼當顧客習慣了某家公司所提供的產品或服務之後，便傾向於不去改變的心理；而這種使用者習慣效應，也可成為公司的一種長期性的需求優勢，尤其是已融入日常生活作息的慣性產品或服務，優勢更為顯著。

手機系統、清潔用品、賣場等商品，往往出現習慣效應

　　日常生活中，許多作息都是習慣成自然。譬如，習慣喝某品牌的咖啡、習慣在某家超市採買、習慣上哪些網站、習慣吃什麼樣的口味……等。我們偶爾會去嘗試新的事物，但許多時候，習慣的事物一改變，通常會感到相當不適。如前所述，潛意識會讓我們自動避開面對許多瑣碎的問題，一切只求從簡與習慣就好。

　　哈佛商學院的行銷教授約翰·古維爾（John Gourville）曾表示，當人們的積習養成已久，一家新進入者的產品必須比現有競爭者的產品好上９倍，方有可能改變消費者的使用習慣、改用新進入者的產品。即便新產品有強大的好處可讓使用者大大受益，但若使用者得大幅改變使用習慣才能使用新產品，則這項產品仍注定會失敗。

　　因此，把服務建立在消費者經常會發生的使用行為之上，就有助於養成消費者的使用習慣。例如智慧型手機的系統就是典型的例子，

圖1 **手機系統轉換率不到20%**
智慧型手機系統忠誠度

註：資料日期至 2018.03　　資料來源：Consumer Intelligence Research Partners

不管是蘋果的 iOS，或 Android 陣營，當顧客已長期習慣某系統的操作介面時，就不會輕易轉換至其他系統。

　　根據美國消費者情報研究組織（Consumer Intelligence Research Partners，CIRP）一份 2018 年的調查顯示（詳見圖 1），Android系統的用戶繼續選擇使用原本的系統，高達 91%，而 iOS 系統的用戶則有 88% 選擇繼續使用原本的系統。這種高度的品牌忠誠度，主要是來自於使用者習慣的養成，我們甚至可以說，若要轉變這種習慣，對大部分人而言，是一種充滿痛苦與懷疑的過程。

　　再以統一的肉燥麵為例，它雖然好吃，但平心而論，它並沒有達到非常好吃的程度，可是 48 年以來，它一直是台灣賣得最好的泡麵（2019 年 5 月《經濟日報》就曾報導，這款泡麵的市占率高達 12%）。近幾年許多異國風味與創新口味的泡麵紛紛崛起，例如日本口味、四川口味、調酒口味等，應有盡有。但是這些新創的泡麵市占率卻僅維持在 5% 以下，無法撼動統一肉燥麵的市場，原因就是「適口性」的習慣問題。消費者購買那些新創口味的泡麵多半是為了嘗鮮，或是能滿足某些特定口味的族群，但長久以來，這種帶有懷舊口味的泡麵，仍是歷久不衰。

　　再來看看好神拖，它本身是一把非常好用的拖把，可大幅減輕清洗拖把所需耗費的時間及力量。市面上也持續推出許多其他好用的拖把供消費者選擇，但似乎無法改變好神拖使用者的習慣。我特別詢問許多親戚、朋友與鄰居，他們給我的答覆幾乎都是一致的，因為他們已習慣好神拖的使用方式了。可以想見，除非出現比好神拖好用數倍的拖把，否則好神拖的銷售佳績必然會好上很久很久的時間。

　　另外，賣場購物也會建立起顧客的使用習慣。由於大賣場的產品種類繁多，若我們已習慣特定賣場，就會熟悉各類商品所擺設的位置，可以減少許多尋找商品的時間。養成這種習慣之後，就會很少前往不同的大賣場購物，因為我們會想要避免在陌生環境花費時間尋找商品的麻煩。也不難發現，同品牌但不同地點的大賣場，商品種類

所擺放的位置會非常相似，主要原因就是要在無形中，讓顧客養成購物習慣。

以上例子或許會參雜一些我個人的偏好，以及我親身的體驗，許多人把這稱之為生活選股法，不過我仍盡量以客觀的角度來做分析。你也可以多從日常生活中舉一反三，或許就有更深入的體會。

要注意的是，消費者會因習慣某家公司的單一商品，而對其產生習慣效應，但並不代表消費者會對該品牌的所有產品產生習慣。例如我喜歡統一肉燥麵，並不表示我喜歡統一食品所有其他泡麵產品；我喜歡喝零卡可樂，不表示我喜歡可口可樂旗下的所有飲料。

不過我必須說，台股中很少有類似國外的品牌大廠，例如高露潔（Colgate）牙膏、吉列（Gillette）刮鬍刀、雀巢（NESCAFÉ）咖啡、勁量（Energizer）電池等，能夠只靠單一品項獨撐大部分營收。所以習慣效應這項優勢，在台股中並無太多用武之地。不過在美股中，就能夠以習慣效應，找到許多具備長期需求優勢的好公司。

🞂 3-10 🞀

長期需求優勢3》轉換成本
高昂代價使顧客忠於原始品牌

當顧客轉換至其他家商品或服務後，可能產生相當高的轉換成本，包含資金成本、時間成本、人力成本、學習成本、折損成本、心理壓力、未知的風險等。這時，顧客可能就會選擇忠於使用原始品牌的產品

先以B2C（Business To Customer，企業對個人銷售）的角度來講，高轉換成本是指當消費者轉換至不同品牌的產品或服務時，會產生高度的轉換成本。在我們日常生活中，不難發現我們對某些公司的產品或服務，長期產生強大的依賴性，除了「習慣」之外，也可能是一旦轉換至其他產品，過程會太過於麻煩，或是得重新學習複雜的使用方法，使得我們多會忠於目前的產品。

台灣B2C市場》銀行業多擁有高轉換成本

舉例來講，假如你已非常熟悉微軟（Microsoft）的 Office 文書處

理軟體，例如 Word、Excel、PowerPoint 等等，你並不會因為蘋果公司也推出同類型產品而輕易轉換軟體，因為學習不同軟體的操作介面並非易事。我曾經為了學會使用 Excel 與 PowerPoint 軟體，特別花錢報名相關課程，現在要我自廢武功，重新學習新的軟體，除非替代品有強大 2 倍以上的功能，我才會考慮轉換。

現在各位應該就不難理解，為什麼微軟至今仍是全世界最賺錢的公司之一了吧？它光靠 Windows 與 Office 這兩項軟體，就能賺進無止境的獲利。即使過去有段時間因當時的執行長過於急功求利，肆意購併許多其他事業體但幾乎都是以失敗收場，使得微軟股價在那段時期一直維持在相對低檔的位置。

不過，這完全不影響微軟的獲利能力，源源不絕的獲利來源，支撐得起它一次又一次錯誤的購併決策，由此可見，高轉換成本是絕佳的長期競爭優勢之一。而目前新的微軟執行長薩蒂亞·納德拉（Satya Nadella）表現相當不錯，大舉改造微軟的獲利模式與提出許多創新的服務內容和不同的業務，使得公司獲利不斷成長，股價也跟著水漲船高。

在台股之中，類似這種 B2C 的例子，以銀行業最為明顯，各位可以試著聯想看看，自己有多久沒有換過銀行了？我個人已經超過 10 多年的期間不曾換過銀行，即便辦公室附近接連開了幾家新的銀行，我仍然會去原本已慣用的。原因除了分行裡有我長久已熟悉的面孔

之外，更重要的是，光想到開戶得耗時填寫許多文件外，許多由銀行帳戶自動扣繳的帳單也得重新設定，這是多麼麻煩的事。而且，即便花時間去處理，也不會因此而省下什麼費用。

也就是這樣的原因，台灣大部分的銀行獲利都不錯。有些投資人就特別中意投資銀行服務業務純度高的銀行股（詳見表1），例如玉山金（2884）、兆豐金（2886）、上海商銀（5876）等；而一些更大型的金控公司，例如富邦金（2881）或國泰金（2882）等，則有較高的保險業務比重。

這些銀行因高轉換成本的競爭優勢，使得顧客有高度的忠誠度，所以獲利表現長期以來可圈可點，唯獨受限於台灣市場已飽和，因此成長性較為不足，股價的浮動也較為溫和。不過，許多投資人購買這些銀行股的主要目的是為了賺取穩定的配息，所以觀察它們的配息率相對重要許多。

台灣B2B市場》多家軟體公司具轉換成本優勢

在B2B（Business To Business，企業對企業銷售）市場，當A公司使用了B公司的產品或服務後，A公司若是想要轉換，將會產生高昂的轉換費用，或是可能承擔嚴重的轉換風險；如此，B公司對A公司而言，就有高度的轉換成本優勢。

表1 玉山金銀行業務占比高達97.8%
2019年金控股營業比重

金融股（股號）	營業比重（%）	
	銀行業務	非銀行業務
玉山金（2884）	97.8	證券2.1、創投業務0.2
華南金（2880）	90.3	證券5.5、產險3.9、其他0.3
合庫金（5880）	88.7	人壽4.7、票券2.6、證券2.0、其他2.0
兆豐金（2886）	88.0	票券8.0、證券2.0、其他2.0
第一金（2892）	75.4	保險20.8、證券2.3、投信1.1、其他0.4
富邦金（2881）	47.8	保險47.1、證券5.1
國泰金（2882）	34.4	保險62.9、證券1.1、其他1.6

資料來源：公開資訊觀測站

　　例如好市多（Costco）的 POS 管理系統是由 IBM 特別為它編寫，若 Costco 想要轉換至其他家廠商的管理系統，勢必得付出高額的轉換費用，包含員工得重新學習使用介面、人力的耗損等；更可怕的是，還得承擔可能發生的轉換風險，因為萬一出現問題，造成會員、銷貨、庫存等管理系統大亂，後果恐不堪設想。

　　台股中也有許多專業的 B2B 軟體公司，同樣具有高度的轉換成本優勢，系統軟體服務公司中菲（5403）就是一個很好的例子。中菲的業務包含應用軟體設計、代理國內外軟體、經銷國內外電腦設備，以及系統整合、維護和教育訓練等；主要服務對象包含證券業、金

融業、海運業、流通業等領域,也由於部分軟體研發涉及文化差異,主要以國內市場為主。

資訊服務業是完全開放性的競爭市場,因此國內外軟體廠商競爭者眾多,然而即便資訊產品不斷更新,新的應用不斷發明出來,不同市場亦有顯著的差異。中菲長期耕耘金融產業的應用系統,目前居金融產業軟體市場的領導廠商,成功區隔出自己的競爭差異性與利基點。而為金融業量身訂製軟體,將使得這些金融業者長期依賴中菲為它們進行後續的服務與維護,包括新功能的增加,或系統的調整等。

我們得知道,軟體在初步設計時,整體邏輯與設計概念都因人而異,每個工程師都有自己獨特的想法。因此,即便這些金融業者想要更換至其他軟體廠商,除了花錢外,整個轉換的工程將相當浩大,員工得接受新的訓練方能上手,而且系統本身的相容性也可能會出現問題,得承受相當高的轉換成本與風險。所以,只要中菲能長期維持良好的服務品質,它的客戶絕不會輕易更換至其他競爭者。可以說,中菲對它的客戶著實享有高度的轉換成本優勢。

供應商建立起高學習曲線,亦能創造高轉換成本

還有一種 B2B 的高轉換成本優勢,是因供應商投入許多資金與時

間，深入了解顧客的需求，並累積了許多經驗。這種高學習曲線，就會使得顧客轉換成本提高，強化顧客的忠誠度。

以烘焙原物料供應商龍頭德麥（1264）為例，公司採自家業務直接銷售給末端通路的方式，並建立自有物流配送系統的整合配銷優勢。且德麥代理多家國外知名烘焙原物料，產品線相當齊全。在這樣的優勢之下，可大大減少顧客的搜尋成本。

除此之外，德麥亦具備調配各種客製化預拌粉配方的研發能力，提供烘焙業者一次性購足的服務。在台灣擁有高達 9 成的覆蓋率，從五星級飯店、連鎖量販店到個人營業烘焙店，皆有長期合作關係。

根據我對烘焙業的了解，每一款糕點或麵包產品的製造過程與配方都相當重要，配方比例一有偏差，烘烤出來的成品口味會有很大的差異；嘴刁的顧客若察覺有異，將很快失去對店家的信賴。基於這樣的原因，烘焙業者鮮少更動配方，同時對配方的品質要求相當高。在這樣的考量之下，當客戶已慣用某一家上游公司的原物料後，鮮少會輕易更換，以免讓糕點麵包走味。

同時，德麥由於研發創新能力夠，會主動為末端客戶提供多樣新設計的糕點麵包與配方供顧客選擇，只要該款糕點賣得好，客戶必會長期訂購。由於德麥的預拌粉配方技術能力優異，使得顧客對它的黏著度非常高。

想要檢視公司是否具備「高轉換成本」優勢，可運用下列幾項問題

來找出答案：

1. 產品的使用是否得經過長期或嚴格的訓練，才能發揮其效果？

若是如此，愈是需要長期或嚴格的訓練，愈是可以提高顧客的轉換成本。

2. 產品或服務與客戶端的事業是否有高度的整合性或連結性？

若是如此，當公司的產品或服務與客戶端的事業有愈高的整合性或連結性，客戶轉換的成本勢必愈高，轉移的意願也就愈低。

3. 大部分的客戶是否都與公司簽署長期合約，且長達 3 年以上？

若是如此，代表客戶可能基於某種理由，不會輕易轉換其他供應商，其中的理由之一可能就是轉換成本過高。

─ 3-11 ─

長期需求優勢4》搜尋成本
顧客不易找到替代品

當顧客為了搜尋其他合適的替代品時,如果需付出的搜尋成本過高,而忠於使用既有產品,則這項產品就具有搜尋成本優勢;反之,若是顧客很容易就能找到替代品,則這項產品就缺乏搜尋成本優勢。

在我們生活的周遭,其實可以輕易找到這些例子,例如醫院、住家附近的診所、律師、會計師、家教老師等等。這些專業人士在你聘用或使用他們的服務之後,會隨著時間的累積,無形中堆積起高搜尋成本的優勢;除非他們犯了嚴重的過錯,否則我們不會輕易更換服務,因為找尋其他更適合的替代方案實在是太過麻煩了。

以醫院為例,一家你常去的醫院,會有你完整的病歷,所以該醫院的醫師若需要了解你的病歷時相當方便,電腦一查就有過去的歷史病歷可參考,如此可大大提升診斷的精準度。當然,你也可以申請就診紀錄至其他醫院,但過程相當麻煩,除了等候資料申請的時間,還得另行安排別家醫院的看診時間,所以除非有其他獨特或必要原因,否則我們通常只會前往常去的醫院就診。

在規模優勢的章節中（詳見 3-4 ～ 3-5），我曾提及規模優勢的好處之一，也包含可大大減少顧客的搜尋成本，使顧客得以更容易取得商品，這是小規模公司所無法輕易做到的事。我們可以歸納出搜尋成本優勢的以下特質：

1. 規模優勢帶來的附加優勢：顧客很容易取得公司的產品、服務、資訊（有效降低顧客搜尋到自家產品的成本，等同提高顧客搜尋其他家公司產品的成本），但競爭者卻無法輕易做到這點。

2. 高度客製化、高專業度、高連結性：因不容易找到合宜的替代品，使顧客長期依賴公司所提供的產品。

3. 產品特性使然：產品本身特性，能明顯降低顧客的搜尋成本。

規模優勢所附加的搜尋成本在此就不贅述，以下分別說明第 2、3 項特質，這兩項主要靠本身自有的獨特能力所築起的強大的護城河：

特質1》高度客製化、高專業度、高連結性

當一家公司的產品或服務具有以下的特質，既有使用者若要找其他合適的替代品，將付出高度的搜尋成本，使得顧客得忠於使用該公司的產品或服務：

1. 高專業性。
2. 高度客製化的需求。

3. 產品研發過程或在未來使用上，與客戶有高度的連結性。

4. 產品對客戶而言具舉足輕重的重要性。

舉例來說，信邦（3023）是國內連接線組及連接器製造廠商，由於連接器的應用太廣，幾乎所有電器電子業都離不開連接器，因此市場相當龐大。公司產品主要應用範圍包含健康照護、汽車產業、綠能、工業應用及通訊 5 大產業，業務發展以 B2B 為主。不過，信邦幾乎不碰大量生產的消費性產品，因此可說是以利基型市場作為主要發展重心。為了滿足客戶多樣與多變的需求，信邦的產品必須少量多樣，並以客製化的訂單模式提供客戶完整的解決方案，毛利率相較傳統連接線產業佳。

信邦追求高附加價值的產品，目的是要讓客戶信賴其品質、服務、整合能力與交期，所以它們考慮的是如何提供好的服務給客戶，而不是一味追求價格競爭。再加上信邦沒有所謂的標準品，全都是客製化產品，因此，客戶拋棄信邦的比例很低，黏著度非常高。這種高度客製化的技術能力、高附加價值的服務、與客戶端的產品有高度連結性、產品對客戶有舉足輕重的重要性，使得客戶要離開信邦並不容易。因此信邦樹立的進入門檻相當高，除了已形成小眾利基型的規模優勢外，同時也建立了搜尋成本優勢。

東陽（1319）為國內一家歷史悠久的汽車塑料及汽車板金零件供應商，主要是處理汽車碰撞所需更換的零件與設備，涵蓋範圍包括

各式汽車外裝重要零件，如前後保險桿、水箱護罩、門邊飾板、內裝件儀表板、中央扶手、門板等，業務範圍除了 AM（售後服務）市場外，也涵蓋 OEM（原廠零件）市場。在全球 AM 汽車零組件的市場中，其塑料產品與板金零件皆為全球最大的供應龍頭。

AM 產品是我們稱之為「副廠」的產品，品質較容易遭到質疑，因此許多國家規定 AM 產品在法規上，必須經過特定認證後，方能在當地銷售；例如美國的 SAE 認證、歐洲 ECE 認證、中國 3C 認證等。東陽在 2016 年取得中國平安產險的認證，平安產險為中國第 2 大保險業者，與 7,000 多家維修廠合作配合維修碰撞損害，只要取得它的副廠汽車零件認證，就能向它的合作車廠銷售 AM 零件，東陽的盈餘也因此在 2016 年獲得大幅提升。

此外，由於 AM 產品必須要能符合市面上多數車種的維修需求，因此得開發非常多樣的模具，才能製造出各種不同的維修零件。東陽的 AM 零組件有逾 1 萬 6,000 種汽車模具，每年仍持續開發新模具，並申請新的認證。在品項少量多樣，以及有能力申請不容易通過的認證之下，使得顧客可輕易取得比原廠還便宜且同樣安全的替代品，大大降低了顧客的搜尋成本。

同時，因規模優勢的關係，使得東陽可負擔大量且昂貴的模具成本，這是規模較小的廠商所無法做到的。因此，搜尋成本優勢與規模優勢使得東陽在 AM 市場擁有長期競爭優勢。

在實務經驗裡,有時會較難分辨搜尋成本優勢與轉換成本優勢的差異。再複習一次,轉換成本的定義是指當顧客使用其他廠商的產品之後,將承擔因轉換而產生的附加成本;搜尋成本的定義則是,顧客在搜尋到合適替代品的過程中,得付出高度的搜尋成本,但它並不會因使用了新的替代品之後,而產生過高的轉換成本。

有時候,我們可能會認為該公司同時具備搜尋成本與轉換優勢;遇到這種情形,也不需一定要分出差異,因為兩者兼具代表競爭優勢會更為強大,重點是得確保該公司確實具有兩者之一的競爭優勢。

特質2》 產品特性使然

有些公司所提供的商品或服務,本質上就是為了有效降低顧客的搜尋成本,因此只要該公司確實有能力比其他競爭者更有效地降低顧客搜尋成本,它便具有搜尋成本的優勢。例如 Google 與 Google Map,它們的服務內容本質上就是為了有效降低使用者的搜尋成本,且其搜尋速度與內容是目前市面上最強大的,使它們自然成為目前全世界使用量最高的網站之一,創造非常高的廣告收入。

在台股當中也有這樣的公司,IC 通路商大聯大（3702）,以控股模式有效整合競爭激烈的電子零件通路商,長年透過合併多家 IC 通路商的方式擴大公司規模,旗下擁有世平、品佳、詮鼎及友尚等集

團，代理產品的供應商超過 250 家，目前全球營運據點逾 105 處，為全球第 2 及亞太區最大的半導體零組件通路廠商，具有強大的規模優勢。

除此之外，作為電子零件通路商，公司必須要能滿足顧客一次性購足的需求及多種系統整合的解決方案，以此幫助顧客節省搜尋零件的時間與減短訂購與配送的流程，這是通路商重要的競爭利基點。因此，大聯大在「降低顧客搜尋成本」方面，可說是業界的佼佼者，這是它們最核心的功能之一，也是最為關鍵的競爭利基點。

大聯大身為全球市占率 11%、全球第 2 大及亞洲第 1 大的 IC 通路商（2019 年統計），手握鴻海（2317）、中小型企業等上萬家客戶，每個客戶需求都不一樣，還得一一滿足，著實是件不容易的事，必須長期累積足夠的經驗與 know-how，才能達到這樣的規模。可想而知，大聯大是一家兼具規模優勢與搜尋成本優勢的好公司。

不過，如果只是因具備產品特性而建構出搜尋成本優勢的公司，被競爭者超越的機率較高一點，所以必須同時具備規模優勢，我個人才會考慮買進。

台股中的寶雅（5904）、統一超（2912）、特力（2908）等零售通路商，其營業本質也算是降低顧客的搜尋成本，然而這類型的零售通路商也得具備規模優勢，才能真正築起長期的競爭優勢。

⟜ 3-12 ⟞

關卡3》檢視內部經營能力
降低投資虧損風險

　　世上並沒有所謂無堅不摧的競爭優勢，再強大的競爭優勢，也可能會受到侵蝕與破壞。巴菲特（Warren Buffett）曾說，他最喜歡的持股時間是永遠，不過他真正的意思是，假如一家公司的長期競爭優勢若能永遠存在，他會非常樂意永遠持有它的股票。

　　世界的變化既迅速且複雜，沒有人能預見未來的變化。因此我們在分辨一家公司對外是否有強大的長期競爭優勢時，同樣也得進一步了解，公司對內是否有在努力持續強化既有的競爭優勢，以及是否有努力把生意做得更大。我把這些內部檢視條件配置在第 3 道檢視關卡之中。

　　公司體質轉壞，是造成價值投資產生永久性虧損的主因之一，也是投資人很難掌握的風險因素。當公司原本具有長期競爭優勢，卻受到侵蝕或瓦解，使得生意變差或毛利降低，導致淨利減少，這樣的公司，市場絕對不會給好價格，每股盈餘（EPS）減少加上本益比降低的雙重效應，往往會重創股價。舉例來講：

> A 公司具長期競爭優勢時：EPS 為 10 元，本益比 20 倍
> →股價 200 元
> A 公司不具長期競爭優勢時：EPS 降為 5 元，本益比降為 10 倍
> →股價 50 元

　　這一來一往，A 公司股價的落差是 150 元（＝ 200 元－ 50 元），跌幅達 75% 之多。現實情況還有比這更大的跌幅，可說是價值投資者的噩夢，也是我們最得花心力去預防的風險之一。

　　會造成公司體質由強大轉成軟弱，有以下 10 個常見的因素：

1. 毀滅性創新。

2. 惡性競爭。

3. 政策改變。

4. 失去創新能力。

5. 官僚。

6. 戰爭。

7. 國與國之間的競爭因素。

8. 產業結構的改變。

9. 對經濟週期反應遲鈍。

10. 繼承者能力不足。

　　價值投資法講究的是在買之前要看得對（辨識公司具備長期競爭優勢），下手的時候要買得好（以合理或便宜的價格買進），而後讓

時間去幫助我們處理未來的問題。但對一般投資人而言，持有過程中，有時候會不小心踩到地雷，以及很多時候我們無法掌握公司體質的變化，以致當公司體質發生狀況時，我們無法迅速避開。

然而，對於一家不僅是外部競爭優勢夠強大，且內部能力同樣優秀的公司而言，較有能力面對未來的挑戰、度過臨時性的災難，體質轉壞的機率也較低；作為該公司的長期股東，永久性虧損的風險自然大大降低。為此，我特地製作了競爭優勢檢視第 3 道關卡：內部經營能力的檢視（詳見表 1）。

第 3 道關卡的設計重點，在於檢視公司是否具備足夠能力來維持與強化既有的長期競爭優勢，以及它是否具有力爭上游的企圖心去擴張本業的事業版圖。除了能強化規模優勢之外，還能創造更高的營收（這裡是指本業的擴張，而非異業的擴張或購併。但若一家公司的主事者能有巴菲特的眼光，懂得購併具備長期競爭優勢的事業體，以此擴大整個事業集團，則另當別論）。

再次強調，千萬不要誤以為一家公司若已具備長期競爭優勢的保護，就可以安枕無憂。競爭會持續出現，而且只會愈來愈激烈；公司若沒有積極強化自己，還是很可能在未來遭對手取代，這是長期投資人最不樂見的。

第 3 道檢視關卡較偏向於主觀性思考，甚至需要些想像，而且需要更多的經驗與知識才能駕輕就熟；雖然如此，並不表示我們可以

表1 **6條件檢視公司體質，確保競爭優勢具延續性**
競爭優勢檢視模組第3道關卡

檢視項目	說明
發展策略與戰略的執行力	◎ 公司是否有長期發展策略？ ◎ 公司的長期發展策略是否與本業發展有關？ ◎ 過去戰略的執行狀況如何？
具提高市占率或 開發新市場的野心與計畫	◎ 公司是否有計畫提高市占率，或開發新市場， 以此強化規模優勢？
持續創新的能力	◎ 研發新商品的能力 ◎ 持續推出新服務內容的能力 ◎ 改進製造技術或流程，減少成本支出的能力 ◎ 研發新技術的能力（高科技業） ◎ 市場行銷的創新能力
可複製的 經營模式與管理系統	◎ 公司在執行擴張市場的計畫時，其經營模式是 否可重複被複製使用？ ◎ 它的管理系統是否可在規模擴張中，使產品或 服務能維持一致性的高品質？
積極的行銷策略	◎ 對於相當依賴行銷策略的公司，我們得了解它 們行銷商品的積極度與未來具體的行銷策略
管理的嚴謹度	◎ 我們得試圖並盡可能了解公司管理的嚴謹度

隨意放棄這道檢視關卡。

企業要強化自己的長期競爭優勢，首先得認清自己競爭優勢的屬性與根源，接著投入更多的資源來強化既有的競爭優勢。例如有規模優勢的公司，應該繼續維持或增加市占率；有品牌優勢的公司，則應該強化品牌的價值；有搜尋成本優勢的公司，則應該持續提升客製化的能力，藉此提高顧客搜尋其他替代品的成本。所以，第 3 道

表2 **管理高層負責制定公司策略，以擬定長期目標**

策略vs.戰略

	策略	戰略
管理層級	董事會、執行長、管理高層	部門、中階管理層級、區域
時程	長期目標	短期目標
重要性	重大決策	中階層以下的決策
資源	總體資源分配	中階層以下的資源分配

檢視關卡中的每一項條件，都是應對各種類別的長期競爭優勢而生，也是投資人應該用心思考的部分。

條件1》發展策略與戰略的執行力

任何一家具有長期競爭優勢的好公司，管理階層應該都會制定一套完整的長期發展策略，包括公司將何去何從、必須培養什麼樣的核心競爭力等，並以此為目標，制定出對應的戰略，例如到何處開發新市場、研發什麼樣的新功能、如何增加新產能或加速交貨的時間等（詳見表2）。

長期投資人得適度了解一家公司長期發展策略的目標，以及對應它既有的長期競爭優勢而言，是否有一致性，而非任意進行與本業無關的擴張。因為長期發展策略若能專注於本業的發展，成功率將會

高出許多，風險也比較低，投資人也較能評估公司的發展性。

我們也得進一步了解以長期策略為核心所發展出的戰略內容，方能得知公司是否有落實它的發展策略。例如公司長期策略是強化品牌效應優勢，那麼加強售後服務、增加廣告投放、找當紅明星代言，都是對應此長期策略的戰略。或者，公司的長期策略是擴大規模優勢，而購併、開發新市場、縱向與橫向的整合，都是戰略的一種，只要與本業有關的擴張，都是不錯的發展模式。只是任何形式的發展都可能會產生風險，舉例來說：

1. **調查不夠充分，誤判情勢**：例如錯估新市場的需求、競爭者的能力、無法融入當地文化、不夠了解國情法律等。

2. **盲目擴張**：例如管理能力、財務狀況、產能、供應鏈等後勤條件跟不上。

3. **政治風險**：地緣政治干預，導致發展不順甚至失敗。

4. **過度負債**：為了擴充而過度舉債，造成財務負擔過重。

5. **新產品研發失敗或速度過慢**：導致競爭者超前。

6. **整合不力**：例如無法成功整合新購併的事業體，或是無法順利融入當地民情與文化、供應鏈的整合失利，或無法順利導入新的管理系統等。

實務上，企業發展過程中遇到的狀況相當複雜，以上 6 點只是比較常出現的問題，但只要發展成功，前途將更為光明。因此需要公

司領導團隊訂出具前瞻性的計畫，不可貪多求快或盲目擴張。

對我們而言，能掌握的公司內部資訊有限，只能透過歷史軌跡來判斷一家公司執行戰略的成功率高低。因此對於過去執行戰略成功率高的公司，我們會更為放心；反之，則要保守看待。

觀察執行戰略的成功率有以下 3 個方法：

1. **對照近幾年的年報**：一家有企圖心的好公司，會在年報中說明未來的策略，以及對應的戰略，我們可依此標準檢視它們是否有確實落實，以及執行成效。若近幾年的年報在敍述公司的競爭優勢、挑戰、發展策略時都是一樣的內容，我會予以扣分。

2. **搜尋法說會資料或近期媒體分析報導**：從公司發布的法說資料，對照其與過往年報提出的發展策略，是否有明確的進展。或是一些財經媒體，也會透過採訪企業領導人或發言人，對於公司的發展策略與前景做出透徹的分析，也是很值得參考的材料。

3. **觀察相關財務數據**：在執行的成效上，我主要會觀察「營收」與「實質盈餘」的變化。倘若一家公司確實有落實發展計畫，且有所建樹，則營收與實質盈餘應該會有所成長；反之，則不會有太大的反應。同時也可關注毛利率、實質盈餘利益率是否有所成長。

範例》宏全強化2優勢以迎接逆風

以台股中的「瓶蓋股」宏全（9939）為例，公司主要業務為寶特

瓶（PET 瓶）、瓶蓋製造、飲料充填、標籤及菸酒包材製造等，生產基地主要分布於台灣、中國、印尼。宏全在台灣是瓶蓋龍頭，市占率平均約 70%，在中國則為第 2 大廠，具有寡占型的規模優勢。

宏全採用 IN-HOUSE 模式，將設備裝設於客戶工廠內，與客戶充填機直接連線生產，包含瓶蓋、標籤、瓶胚等也由宏全供應，如此可確保規格一致性、降低不良率、保障品質與衛生安全、節省原料成本等好處。這樣的高度客製化模式也創造了高度的搜尋成本優勢。

然而，好公司也會遇到不順的時候，它在 2013 年遇到大客戶統一（1216）轉單，實質盈餘連續下滑近 4 年之久，股價也從當時 80 元以上跌至 45 元以下。危機就是轉機，宏全在策略上，仍堅持強化它既有的兩項重要競爭優勢，包含持續擴大規模（提升市占率），以及強化搜尋成本優勢，戰略分別如下：

1. 擴大規模優勢的戰略： 除了在中國市場尋找其他客戶頂替統一轉單後的缺口外，也積極擴張印尼市場。

2. 強化搜尋成本優勢的戰略： 持續利用 IN-HOUSE 模式與顧客簽訂長達約 20 年的合約，以及進化 IN-HOUSE 的功能，包含飲料填充設備，從前段射出、吹瓶到後段填充，提供客戶一整套完整的配套與服務。此外，還運用新研發的技術，推出 QR Code 防偽瓶蓋，收服高單價的瓶裝飲料廠商。

這些戰略在 2016 年開始奏效，宏全的實質盈餘在 2016 年開始

回升，2019 年創下歷史新高，股價也由最低 45 元漸漸回到 65.3 元（截至 2020 年 1 月 14 日）。可見宏全在公司的發展戰略上，執行得相當成功。

總結，這項檢視條件「發展策略與戰略的執行力」是第 3 道關卡中最重要的檢視條件，重點如下：

◎公司是否有長期發展策略？

◎公司的長期發展策略是否與本業發展有關？

◎過去戰略的執行狀況如何？

接下來則是對應各類別的長期競爭優勢，進行更細部的檢視。

條件2》具提高市占率或開發新市場的野心與計畫

對於已具備長期競爭優勢的公司而言，若能利用自己的優勢與資源，來提高市占率或開發新市場，將可創造更高的營收，也可為股東創造更高的報酬；更重要的是，競爭優勢也會因此被強化，抵禦競爭者與保護利潤的力量也就更強大。因此我們得試圖了解公司是否有野心與計畫提高市占率或開發新市場，以及該計畫採用的方式是否會造成惡性循環。

已經具有規模優勢的公司，不斷提升市占率是最佳的競爭策略；尤其是擴大營運規模後，將拉開它與競爭者之間的成本效益與資源運

用效益上的差異，否則當其他競爭者開始趕上時，彼此的成本差異效益將減少。而當競爭者可運用的資源與日俱增，每縮小一分差異，就會加快趕上的速度，最後導致公司失去原有的規模優勢。

擴張的前提是不可用惡性競爭的方式，否則可能導致玉石俱焚，沒有人是贏家。過去台灣的「四大慘業」（面板、記憶體、LED、太陽能）就是因為過度競爭，加上市場供過於求，使得產業中所有廠商的獲利節節敗退，甚至陷入長期虧損。直到後來整合成功，購併的購併，淘汰的淘汰，加上需求回溫，近幾年才開始獲利。因此，我們即便得知公司確實有企圖心擴張市場，也得了解公司採用的策略是否可能造成惡性競爭，例如價格戰就是我們最不樂見的。

我們在閱讀一家公司的資料時，可以試圖找出公司是否有擴張計畫，若有，公司的投資價值會大大增加。如同我在第 2 章介紹財務檢視模組時曾提到，實質盈餘的增加，將提高公司的內在價值及股價。所以，只要公司因持續擴張而使營收增加，且毛利率與實質盈餘利益率皆能維持在一樣的水平，實質盈餘就會持續增加，股價也會跟著上漲，這對我們而言是最好的結果。常見的擴張方式包含：

1. 拓展新據點或展店。
2. 蓋新廠，增加產能。
3. 開發新市場，新客戶。
4. 同業購併（同產業間的購併）。

第 1 項至第 3 項，是以公司投入自身資源的方式來進行擴張；第 4 項則是透過購併其他同性質產業的公司，這不一定是成本最低的方法，但通常較有效率，風險也較低，因為沒有進入新行業的門檻問題。而且，新購併公司的營運模式若能有效改善與整合成功，可大幅降低生產製造成本，成為整體企業未來擴張的本錢；更重要的是，能夠強化規模優勢，並形成良性循環。因此，若某家公司傳出購併的消息，通常市場會視其為利多。

通常購併可分為 5 種目的：

1. 處理產能過剩的問題。

2. 擴大市場規模。

3. 開發新市場或新產品。

4. 取得新技術。

5. 創造新產業。

前 4 種目的的購併都是屬於同產業內進行擴張或整合。首先，成熟產業可能因競爭的關係，導致產能過剩，造成供需失衡，使得產品的毛利劇降，導致產業中的競爭者都沒有利潤可言。遇到這種情形，唯有透過購併的方式才能處理產能過剩的問題，因為購併之後，就能處分多餘的生產設備與人力問題，以此提高生產效率。同時，產業供過於求的現象經調整之後，產品也能有適當的利潤，前文的 4 大慘業就是最經典的例子。

不過，我們所要重視的購併目的是以第 2、3、4 項為主，這些都屬於橫向整合與縱向整合的購併目的。橫向整合是指與產業鏈中同等級或相似的企業整合，以此擴大市占率，創造更大的規模優勢。縱向整合是指與產業鏈的上游或下游進行整合，使之一貫化，創造更大的生產、行銷、業務與管理等經營效益，同時也會有更多的本錢持續擴大市場占有率。

近幾年，國內兩家被動元件廠商國巨（2327）與華新科（2492），都是透過購併的方式搶攻市占率。國巨偏向於橫向整合，華新科則是雙管齊下。兩家公司都透過購併試圖創造更高的規模優勢，至於哪家公司的發展模式比較好，很難講，因為兩家公司的老闆都非常有企圖心。不過就我個人來看，我比較喜歡華新科的模式，理由很簡單，因為縱向整合將使得經營效率提高，更有本錢面對未來被動元件市場的競爭與起伏。這點我們可透過兩家公司 2018 年與 2019 年的營業費用率作為觀察：

◎國巨：2018 年 15.47%、2019 年 16.34%。

◎華新科：2018 年 7.63%、2019 年 8.83%。

營業費用率愈低愈好，代表一家公司的經營管理有效益，也代表它更有能力面對未來的挑戰，這對長期投資人來講，是最希望看到的表現。總之，購併通常是最好的發展模式，其次是投入自身資源進行擴張。

　　公司若已在特定區域建立規模優勢的地位，且獲利表現優異，而後再計畫向外擴張，把經營模式或主力產品往外推廣至不同區域，這樣的做法通常會比異業購併的方式更容易成功。

　　順帶一提，我個人傾向不投資異業購併或異業擴張的公司，因為隔行如隔山，要把不同性質的產業經營好，並不容易。我們在市場上所看到的例子通常是以不好的結果收場，例如大同（2371），長年都在漫無目的地擴張，每項轉投資跨足的領域都大不同，也看不出有什麼建立長期競爭優勢的概念，以致幾乎所有的轉投資都以虧損收場。除非一家集團企業底下本已存在多樣產業的子公司許久，而且總體經營績效長期良好，或許可以考量。

　　對於那些尚無規模優勢的公司而言，也應該優先思考如何在特定區域內建立規模優勢，而後再向外擴張。所以，若我們看到某家公司已具備長期供應或需求優勢型態中的任一競爭優勢類別，但卻還沒有規模優勢者（小眾利基型市場除外），若能提出優先鞏固特定區域市場，並以此利基向外擴張的計畫，則該擴張計畫會有較大的成功率。

　　寶雅（5904）就是如此，它優先立足於中南部，並在該區域經營得有聲有色，而後從此區域所得到的資源與經驗，以及可複製的經營模式與管理系統，來作為往北部區域擴張的糧草。

　　對於已具備規模優勢的公司而言，應該優先強化本已具備的長期供

應與需求優勢型態，例如提高行銷費用、研發經費等，但也應該試圖鞏固與持續擴張自己的市占率，如擴大配銷系統、開發新市場與顧客等。有時遇到新競爭者有創新之舉，例如新功能與新產品，或是新的廣告活動等，還得運用自己的資源，迅速研發與模仿，以此加以制衡。即使公司原本具有強大的規模優勢，但因沒有及時對競爭對手的新功能或新產品提出因應之道，最終仍會坐失江山。

例如柯達（Kodak），曾是底片市場最具規模優勢的公司，數位相機的感光元件還是它們發明的，結果因內部官僚文化與派系鬥爭問題，捨棄了數位相機的市場，最終被自己的發明給打垮。

5 種類別中的最後一項購併類別是創造新產業，為異業的購併，是風險最高的一種。因為發展新產業有高度不確定性，其風險程度猶如創業投資，這對股東而言是非常不穩定的情況，因此我們通常並不樂見此種購併發生。我們比較希望公司能有效利用既有的競爭優勢來持續壯大自己，這才是最穩健的做法。

條件3》持續創新的能力

市場中永遠有未被滿足的需求，而創新的意義在於發掘這些新需求，並滿足這些未被滿足的需求，如此的創新才具有價值。然而創新的面向相當多元，包含創新制度、創新科技、創新思維、創新文化、

創新技術、行銷創新等等，但對投資人而言，我們要知道的是公司是否有能力針對自己的長期競爭優勢，持續以創新的方式來強化抵禦競爭者的屏障。

例如一家具備高轉換成本優勢的公司，是否有持續努力研發新的功能、新的服務內容、新的產品等，以此來加深顧客的轉換成本，使得顧客更不容易轉用其他替代品。以軟體業來講，公司得持續強化產品的安全性、功能性、完整性等，同時提供完整的教育訓練，以及客製化的服務等，使顧客無法輕易轉換至其他公司的產品。

一家具備搜尋成本優勢的公司，其創新的目的乃是以提高顧客搜尋替代品的搜尋成本為主要目標。例如公司得持續開發新的技術，或是研發新的附加功能，使顧客能一物多用，或是研發新的訂貨與供貨流程管理模式，使顧客能在最快的時間內收到商品。

以 IC 通路商大聯大（3702）為例，它的企業客戶高達上萬家，遍布世界各地，各家規模有極大差異，也來自各種不同的科技領域；由於客戶需求迥異，要透過單一平台滿足所有客戶的需求有極高的難度。因此大聯大在 2015 年開始推動數位轉型，主打可依據不同的顧客需求，提供差異化服務，讓客戶免去寫email或打電話的時間，可直接透過數位平台下單與確認訂單交期。同時，大聯大整合上游企業客戶、原廠，以及第三方合作夥伴的資訊於平台之中，縮減營運流程，有效降低顧客的搜尋成本。

一家具備品牌優勢的公司，當然就得以持續強化自己的品牌優勢為優先，例如持續推出新的產品、新的服務內容、新的形象廣告等。最顯而易見的例子就是那些國際知名的大品牌，以勞力士（ROLEX）為例，這家享譽百年的手錶公司，我們經常可以看到它的形象廣告，並且持續推出新的錶款。這些都是強化品牌優勢的標準做法。

近幾年勞力士還創造出「配貨」的行銷手法。稍微對手錶有所了解的人，應該都聽過綠水鬼與黑水鬼等錶款，這些運動錶款本身並非是勞力士的高價款，而是屬於較低價的入門款；但在刻意操作之下，讓消費者對這些錶款產生強大的需求，使得全世界的代理商得對顧客「配錶」銷售。所謂的配錶，是指你得買其他非運動款的錶超過50萬元或更高的金額，代理商才會賣一隻綠水鬼或黑水鬼給你；精品愛馬仕（Hermès）品牌也有類似的「配貨」銷售規定，顧客得先購買冷門商品到一定的金額，才能獲得購買經典包款「柏金包」的資格。

這種手法相當高明，以勞力士而言，大量生產基本款手錶並非難事，它卻採取限量生產的方式，創造供不應求的現象。這種「飢餓行銷」不僅提高自己品牌的價值，也強化了品牌優勢，是相當高超的創新行銷手法。

而擁有習慣優勢的公司，自然得持續強化使用者的習慣，才能維持自己的優勢。以Google為例，當使用者已習慣它的操作介面及搜

尋模式後，鮮少會轉換至其他的搜尋引擎，因為會很不習慣。儘管如此，並不表示使用者永遠不會轉換，當有更強大的搜尋引擎出現時，Google 可能很快就會被取代。因此，持續在技術上創新，以及提升附加價值，是 Google 得長期持續推動的核心事務。

　　所有科技業都一樣，必須永遠站在浪頭之上，要不然就是被大浪吞沒。再厲害的技術遲早都有被超越的一天，所以重點是一家公司是否有能力持續研發出更多更強的新技術，如此才能在競爭市場中屹立不搖。

　　說到科技業，自然不能獨漏台灣最具代表性的公司──台積電（2330），這家擁有 3 萬 9,000 項專利的高科技公司，長期持續在技術上創新，且執行 24 小時輪班進行研發的「夜鷹計畫」，以維持它的地位，這也是所有高科技業得面對的現實處境。

　　基本上，以維護與強化長期競爭優勢的角度而言，在眾多創新能力的類別之中，我們希望能找到的創新能力如下：

　　1. 研發新商品的能力。

　　2. 持續推出新服務內容的能力。

　　3. 改進製造技術或流程，減少成本支出的能力。

　　4. 研發新技術的能力（高科技業）。

　　5. 市場行銷的創新能力。

　　持續創新是公司強化競爭優勢的關鍵能力之一，因此，我們得試圖

了解一家公司是否有在為此努力，以及過去創新的案例達成率是否偏高，以此來判斷它是否真正具備創新能力。

條件4》可複製的經營模式與管理系統

零售通路商是一種以規模優勢取勝的產業。它的規模愈大，自然可享有愈多的好處，例如成本優勢、配銷優勢、速度優勢、聲譽優勢、學習曲線、行銷優勢、議價優勢、搜尋成本優勢、開發新市場的優勢等。

當公司建立起強大的規模優勢時，將使得新進入者只能站在場外望而卻步。因此，當我們在評估連鎖零售通路商時，得特別著重於評估公司是否具備可複製的經營模式與管理系統，並以此拓展新的店面，持續擴大規模。

近幾年科技改變了群眾的消費模式，新電商如雨後春筍般地崛起，那些原本享盡規模優勢所帶來好處的大型連鎖通路商，接連受到打擊，甚至因此倒閉。

不過，也有許多大型連鎖通路商因積極轉型，結合虛擬網路與實體店面的優勢，創造出新型態的經營、消費、管理模式，廣受消費的喜愛，營收屢創佳績。

以美國的連鎖零售商 Target 為例，在亞馬遜的崛起之下，一開始

幾乎所有人都認為 Target 的前景堪慮，也反映在股價上。然而，從 2019 年 8 月發布的財報數據來看，它的營收不降反升，大家才驚覺 Target 並沒有想像中那麼糟。原來，Target 結合線上與線下實體通路，創造出消費者願意接受的新消費模式，使得它不僅沒被亞馬遜擊垮，獲利還持續成長，股價也因此由 50 美元大漲至 128 美元（截至 2019 年 12 月 19 日）。

　　Target 的新消費模式一開始只在特定區域的店面實施，而當這整套新的營銷模式與管理系統在那些區域證實可行之後，它們開始複製至更多的店面，形成更大的效益。有關 Target 轉型的故事可以寫成大篇文章，在此不多做贅述，有興趣的投資人可自行上網搜尋。這裡我所要表達的重點有 2：

　　1. 對於一家主要是以規模優勢取勝的公司而言，維護或持續擴張市占率是很重要的。因為市占率愈高，不僅營收愈高，成本優勢也勢必提高（固定成本與營收的比率降低），是一種賣愈多，成本愈低的概念。因此，若公司具備可複製的經營模式與管理系統時，不僅能維持市占率，還可以此持續擴張版圖，如此便能強化規模優勢。

　　2. 已有規模優勢的公司，若不與時俱進，一樣很可能被時代浪潮淹沒；只有能積極變革的公司才能再創佳績。因此我們得檢視一家公司的內部能力，是否足以帶領公司面對未來的新挑戰。

　　我大約是在 2011 年初左右，透過股東權益報酬率（ROE）的

篩選方式找到寶雅這家公司，當時它的 ROE 就已表現不俗，約有 20%。其他財務指標的表現也都可圈可點，毛利率優異，實質盈餘利益率也相當不錯，而且實質盈餘還不斷成長，於是我快速地把它放進我的研究名單，並著手研究其競爭優勢。

開始找資料時，我才知道它是一家在中南部崛起的美妝生活雜貨專賣店，我當時的疑慮是：

1. 這種大型店面型態的零售通路商，有辦法與屈臣氏或康是美抗衡嗎？

2. 在北部昂貴的店租之下，大型店面會不會只局限於中南部地區的發展，難以擴張至全台灣的市場？

3. 它的實質盈餘在當時只有 4 億多元，規模並不算很大，穩嗎？

4. 電商的崛起，這種零售店面還有未來嗎？

這 4 大疑慮使我遲遲不敢買進它的股票。就這樣，我把它一直擱在研究名單之中，當時它的股價只有 50 多元。

一直到了 2013 年，寶雅的股價飆至 210 元左右，本益比來到 24 倍，大漲了近 4 倍多。我心中的疑慮更高，除了對它的競爭優勢仍有所疑慮之外（事實上是我個人因過去工作的因素，導致我對中南部那種大型店面的零售通路商產生一些偏見），股價又已相對偏貴，所以我仍然對它置之不理。

結果，在我寫這段文章時，它的股價已來到 600 元之上。若在

2014 年以年度平均股價 195 元買進，放到 2020 年 8 月（以股價 600 元計算），計入股息之後的累積報酬率將有 216%、年化報酬率達 25%。

現今的寶雅，在全台有超過 200 家分店，家用雜貨通路市占率超過 8 成，2025 年的發展策略要達到 400 家店面，形成強大的規模優勢。販售的品項高達 6 萬種，產品線相當齊全，幾乎你能想到的美妝與生活雜貨商品都有，讓消費者一次購足，創造了搜尋成本的優勢。這對中南部的消費者而言，更是絕大的優勢，因為中南部地區的購物較北部不便，並不是每一個鄉鎮都有同型態的連鎖店，寶雅能提供一次購足不同商品的需求，大大減少中南部消費者的搜尋成本。

會與各位分享這段故事的主要目的有 3：

1. 寶雅是典型的例子，它在中南部地區形成寡占市場的規模優勢，而且因專注於美妝市場，大型店面所提供的美妝商品應有盡有，符合市場需求，並創造搜尋成本的優勢。而後開始重複複製經營模式與管理系統，持續在台灣各個地區展店，擴張本業的版圖，這不僅強化了既有的長期競爭優勢外，營收與獲利也持續跟著成長。

2. 電商的崛起確實衝擊到實體通路，卻無法完全將之取代。對傳統通路商而言，若力圖改革，例如結合線上與線下實體通路，創造新的獲利模式，仍有很大的機會將危機變成轉機。因此，觀察一家

公司的創新能力便會在此起作用，我們得了解一家公司對應未來的趨勢變化，採取了什麼因應策略，如此我們才能確信這家公司的股票值得長期持有。

3. 由於我個人的偏見，導致我錯失投資寶雅的機會。當時我將自己局限在線性思考中，忽略了更深一層次的思考，認為電商將大大打擊各種舊型態的實體零售通路，卻忽略了實體零售通路其實有難以取代的一面，而寶雅完美結合了搜尋成本優勢與顧客需求，更是電商難以取代的一面。我們得學會客觀思考，以及更深一層的思考，才能經常做出正確的投資決策。

統一超（2912）與全家（5903）也算是典型的例子，它們都是重複複製既有的經營模式與管理系統，以此持續擴張市場，並強化規模優勢與搜尋成本優勢，形成一種良性循環。它們還積極將其系統複製至中國與東南亞市場，成績也是可圈可點，可見這個檢視項目對評估連鎖通路商而言，是有其必要性的。

條件5》積極的行銷作為

在現代極度競爭的環境中，若不懂得行銷，即便是再好的產品與服務，也可能乏人問津。從過去單純的業務推廣，已演化成整合式行銷，包含洞悉需求、創造需求、目標市場、產品定位、產品設計、

定價策略、銷售推廣、市場區隔、差異化，到通路選擇……等，這些都包含在行銷學的範疇之中。

行銷領域的泰斗菲利浦‧科特勒（Philip Kotler），對行銷的定義如下：

「行銷是企業的主要功能之一，用來找出市場中尚未被滿足的需求，並衡量這些需求的強度和潛在獲利能力。同時，找出公司可以服務得最好的目標市場，並決定最合適此目標市場的最佳產品或服務，而且要求公司的每一分子都得為目標市場的顧客著想，並為顧客做好服務。」

有做過業務或行銷的人，應該也都會知道在科特勒的行銷管理學中，所使用的工具包含 SWOT、4P、4C、STP，或許你也曾經被主管要求運用這些工具做出分析報告（我個人做這樣的分析工作可能超過 3 年以上）；只是在這裡不需要對這些行銷工具多做說明，投資人只需知道行銷的重要性，以及觀察我們所研究的公司，是否有積極在行銷它們的產品與服務。

一般經營模式為 B2B 類型的公司，我們很難完全了解其行銷模式，因此這項觀察只限於經營模式為 B2C 類型的公司，只需觀察 2 重點：

1. 公司近期推廣產品與品牌形象的積極度。

2. 各種通路的滲透度。

行銷的溝通目的包含以下 5 種:「新商品」、「商品差異化」、「促銷訊息」、「商品好感度」,以及「品牌形象」,這些都是一家公司在推廣時,得針對目標客群優先設定好的溝通目的。

以推廣的管道來講,從過去傳統式的平面媒體廣告、電視廣告、置入行銷、明星代言、口碑行銷、形象廣告等,到現代的網路數位行銷,以很快的速度演化著。公司必須跟得上推廣方式的演進,持續推廣自己的產品,才能創造更高的銷售量與營業額,否則很容易被後起之秀迎頭趕上。

在觀察公司是否有在積極行銷自己的品牌與產品時,可透過網路或任何其他媒體平台搜尋公司近期的推廣活動,以此來判別公司推廣上的積極度。以統一超為例,它們時常推出有趣的廣告,例如 City Café 咖啡的城市櫻花祭、統一麵的小時光麵館;汽車品牌 LEXUS 則有感動微電影《扳手》,這些都是 2018 年被推選為 Youtube 最成功的廣告影片,可見這些公司都相當用心推廣自己的品牌。

同時,銷售的通路已從傳統的末端實體通路演化成網路電商,而且電商的型態相當多元且演化快速,例如從網路購物到現在的 LINE、臉書、網紅團購或直播銷售等。未來 5G(第 5 代行動通訊)普及後,更多元的新型態必將出現,且演化的速度絕對只會更快。所以作為一家 B2C 類型的公司,必須要能跟上時代的潮流,積極有效滲透各

種不同新型態的通路,才能降低顧客的搜尋成本,提高銷售量。

實務上,我們可藉由網路的搜尋來了解一家公司的通路滲透度。例如,我們若可在各大網路平台中,找到該家公司的商品以及促銷活動,則代表這家公司的通路滲透度是夠的。不要小看這項觀察元素,我曾經任職於一家化妝品公司,擔任老闆的特別助理;由於老闆只熟悉傳統的百貨專櫃系統,認為只能在百貨公司販售,才能代表公司的品牌價值,所以不願至其他通路販售,甚至連網路都不願滲透。在推廣方面,公司也只願意配合傳統百貨通路的活動上 DM 做促銷。長期下來,在無法改變老闆的思維之下,我選擇離職,而該品牌也在 3 年之後結束營業,相當可惜。

這項觀察指標對於一家擁有長期需求優勢的 B2C 類型公司而言,尤其重要。以擁有品牌優勢的公司為例,強化品牌優勢自然是很重要的工作,因此在各種適合的媒體平台持續強化企業形象和推廣產品,並不斷提高知名度,是相當重要的工作。除此之外,強化產品的宣傳也相當重要,如此才能讓更多潛在顧客知道與了解產品的特性,並對產品產生強烈的購買欲。

條件6》管理的嚴謹度

管理大師佛瑞蒙德‧馬利克(Fredmund Malik)在他的著作《管

理的本質》中提到幾段頗具深意的話：

> 「屹立不搖的組織都有相同的模式：有效管理，走在變革之前！」
> 「良好管理的核心能力＝將資源轉化為成果、進而創造績效。」
> 「缺乏良好管理，優秀的領導者也難以成功！」

　　能通過前面幾道檢視關卡的公司，包含財務檢視與競爭優勢的檢視，管理階層基本上都應該有不錯的管理能力，管理的嚴謹度也必然是高的，否則不會有如此傲人的成績。

　　一般投資人無法完全得知公司內部管理的真實情況，尤其是 B2B 類型的公司，除非親身在公司任職，否則即便是親身前往公司拜訪，再有經驗的分析師也只能看到表面而已。

　　對於有實體店面的公司而言，我們則可實際前往店面去感受公司管理的嚴謹度。例如觀察一線員工的儀容、態度、用語、工作熟悉度等服務質量與素質。環境的部分則可觀察衛生與乾淨度等。這些細微的項目聽起來雖有些微不足道，而且充其量只是標準配備；但我們得知道，當你有高達 30 家店面，或甚至是 100 家以上的店面，每家店面都有一致的高服務品質，在沒有嚴謹的管理下，是不可能做到的。

　　通常我在觀察一家公司的店面時，我個人會以鼎泰豐的服務作為

最高的比較標準，其次為麥當勞。有光臨過鼎泰豐的消費者，應該都能感受到它們的服務質量非常高：每組顧客離開後仔細消毒桌子、拿出置物籃給顧客擺放手提包都只是基本款。我曾看過服務員見到顧客自備餐具，餐後還會貼心送上一杯熱水提供顧客清洗。而麥當勞的員工訓練與管理也相當扎實，截至目前為止，不管是賣場或其他速食連鎖餐飲業，在點餐流程、出餐效率等環節，我很少遇到比麥當勞更為優秀的。

我每年暑假都會帶小孩前往美國公路旅行數週，其中最喜歡逛的大賣場就是沃爾瑪（Walmart），因為裡頭的商品應有盡有，而且價格合理，員工的服務也相當到位，我也在約 2011 年買進它的股票。不過到了 2015 年時，我發覺一線人員的服務品質大幅下滑，更感受不到任何熱情，可能是我每間隔 1 年才回顧一次，所以感受特別深，於是我選擇獲利了結。不過 2017 年我再度前往 Walmart 的賣場購物時，我又感受到一線人員的素質有了提升，也有了笑容；說也奇怪，Walmart 的營收也自那年起開始成長，股價也跟著水漲船高，由原本的 70 美元（2017 年 3 月 10 日）漲至 120 美元（2019 年 12 月 30 日），只是這次我就沒有跟上。

公司管理的嚴謹度與行銷的積極度，這兩項檢視項目較為主觀，同時也關乎投資人本身的經驗。不過即使投資人無法判斷，也不須勉強，畢竟這 2 項檢視項目比起前 4 項檢視項目，重要性較為次要。

2原則辨識核心競爭優勢
挑出長期績優股

在進行競爭優勢檢視模組第 2 關卡時要留意，一家公司並不需要同時具備多種類別的競爭優勢，只要能符合其中一項類別即可（詳見 3-3 表 1）。如果同時具備多種類別的競爭優勢時，只要其中一項核心優勢夠強大，並且能讓它的獲利長期受到保護，就能通過檢視。我在研究時，主要掌握 2 個原則：

原則1》長期需求優勢型態優於長期供應優勢型態

一般來講，長期需求優勢型態（包含品牌效應、習慣效應、轉換成本、搜尋成本等類別）比長期供應優勢型態（包含專利、政府法規授權、地利優勢、特定資源開發權等類別）的強度更高，也更具成長性。

長期需求優勢本屬不易得的優勢，因它是一種能讓顧客主動上門的優勢，而非被動上門的優勢。同時，能創造出長期需求優勢的公司，

亦代表它的管理階層有更強大的管銷能力,以及洞悉市場需求的能力等,而這對公司未來的發展有極大的幫助。再者,這樣的優勢比較能開發出新市場與新客戶,不受區域範圍的限制,有更高的成長可能性。因此,通常具備長期需求優勢型態的公司會是我的首選。

反觀長期供應優勢型態,較容易受到區域範圍上的限制(專利優勢除外),以致公司的發展也將受其限制,除非公司有辦法成功開發新市場或新產品,但風險也相對提高許多。通常屬於長期供應優勢型態的公司(專利優勢除外),經長期的演化後,會成為較穩定的公司;所以只要能以便宜的股價買進,並長期持有,仍能幫助投資人創造高額的報酬。

原則2》兼具長期需求優勢+規模優勢為首選

長期需求優勢或長期供應優勢的型態,若能同時結合規模優勢,通常能創造 1 + 1 大於 2 的效果。

有規模優勢的公司本就享有許多其他競爭者所沒有的好處,例如較低的產品成本、學習曲線加速,以及行銷與研發效益都會因規模的增加而強化;若同時結合能讓顧客主動上門(顧客忠誠度)的長期需求優勢型態,必能發揮更大的效益。

總的來說,通常同時具備規模優勢與長期需求優勢型態的公司會是

我的首選，因為一家公司若同時具備這兩種競爭優勢型態，所打造而成的長期競爭優勢通常特別強大且持久，可說是最牢不可破的長期競爭優勢。

同時，這類型的公司若再加上主事者有強大的企圖心，並積極投入開發新市場，使得公司的營收持續成長，股東自然也會受惠於這樣的增長。所以投資人若能以相對合理價買進（不需等到便宜價）這類型的公司股票，都會有不錯的投資獲利。

我要特別強調，能同時擁有這兩種競爭優勢型態的好公司並不多，但要是能找到這樣的公司，並以合理或相對便宜的價格買入，最能極大化獲利風險比。

根據我的研究，台股中就有幾家公司是屬於這種 1＋1 大於 2 的好公司，除了具有規模優勢，同時具有長期需求優勢的型態，長期持有這幾家公司的股票，獲利都相當優異。假設在 2012 年以年度平均股價買進，持有 7 年至 2019 年 12 月 11 日，計入股利的年化報酬率（複利）及平均年報酬率如表 1。

如果是規模優勢結合長期供應優勢型態，同樣也能形成強大的競爭優勢，只是除了其中的專利優勢類別外，其他類別的競爭優勢較容易受到地理範圍上的限制，若範圍內的市場已趨飽和的情況下，通常它的獲利會較穩定，但成長性比較低。

以專利優勢來講，例如台積電（2330）與大立光（3008），它

表1 **持有研華7年，年化報酬率達21%**
兼具長期需求優勢＋規模優勢的個股

股票名稱（股號）	買進價（元）	期末股價（元）	年化報酬率（％）	平均年報酬率（％）
研 華（2395）	101.96	298.00	21	43
統一超（2912）	157.11	302.50	13	19
三 星（5007）	42.76	50.80	11	16
茂 順（9942）	49.78	69.60	10	14
朋 程（8255）	82.76	93.00	8	10
巨 大（9921）	143.90	202.50	8	9
大聯大（3702）	37.42	38.45	6	7
佳 格（1227）	87.21	68.40	5	6

註：1. 假設在 2012 年以年度平均股價買進，持有至 2019.12.11；2. 報酬率計入股利，且為約略值

們的專利技術大幅超越其他競爭對手，在結合規模優勢的好處之下，自然會形成更強大的長期競爭優勢。

至於擁有政府授權優勢、地利優勢，或特定資源開發權優勢的公司，即便同時具備規模優勢，但以成長性來講，通常較有局限性。有少數這類型的公司會試圖開發其他國家的市場，例如之前所提到

的台泥（1101）或亞泥（1102）等，它們的發展算是可圈可點，但投資人相對不易評估，因為在其他國家發展的資訊較不易取得。

有些公司在台灣占盡規模優勢與長期供應優勢型態的好處，但對外發展卻不順利，導致年年虧損，卻始終不願放棄國外市場。我們無法猜測管理階層的想法，不過身為投資人，我不會想拿辛苦錢與這種不確定性對賭。當然，如果經過詳細評估，確定它當下的處境只會是一時的，且未來獲利勢必會好轉，我也會納入考慮。

經2道檢視關卡篩選，台股僅剩6%好公司

台股約有 1,600 家上市櫃公司，能通過財務紀錄檢視模組的好公司僅約 150 家，比重不到 10%；再經過競爭優勢檢視模組檢驗之後，可能只剩下不到 90 家是具有強大競爭優勢的好公司，比重只有 6% 左右。這樣的數量已足夠讓我們選出數家適合長期投資的好公司。好公司不需要多，能準確辨識才是重點。

根據我的觀察，大部分效法價值投資法的投資達人，都會以財報面作為主要選股依據，並且多會加以改良。投資達人能成功，各有其獨到之處，但是所使用的財務指標，往往很難適用在所有產業，即便是本書提供的財務紀錄檢視模組，有時也會有一些限制。

因此我一再強調，財務數字只是一道門檻，是為了用於篩選出「可

能」具有長期投資價值的好公司，這在基本面評估的重要性只占40%；另外更重要的60%，在於評估公司是否具備我們想要找尋的「長期競爭優勢」，這才是價值投資最重要的事。

若能找到一家公司有確實盡心強化自己的長期競爭優勢，也變得更有實力抵禦舊有競爭者與新進入者的侵略，以此保護好自己的利潤，同時還能有「從 A 到 A⁺」的企圖心，有效利用它既有的優勢攻城掠地，擴張本業的市場版圖，這樣的公司肯定是相當好的投資標的。

預防勝於治療，一次永久性的虧損，得用更大的心力才能扳得回來。用心評估一家公司的競爭優勢，可以有效幫助我們降低投資個股可能產生的永久性虧損風險，同時再加上正確的估價法，以合理或便宜的價格買進具有競爭優勢的好公司，更能有效降低永久性虧損的風險。在風險一層又一層降低之下，獲利的機率自然能大大提高，這就是價值投資法真正的核心。

善用5大管道取得研究公司資訊

研究一家公司的競爭優勢是否符合檢視標準，有許多公開資訊能夠取得，我們希望能找到的主要關鍵要項如下：

1. 公司的經營項目（主要獲利來源）。

2. 公司的市占率。

3. 產業的特性與概況。

4. 市場的競爭環境。

5. 公司的競爭優勢。

6. 目前與未來的挑戰。

7. 公司未來發展的策略與計畫。

這些資訊的主要取得管道有以下 5 種：

管道1》公司的年報

在眾多資訊之中，公司的年報最為關鍵，建議投資人可以優先從這裡開始。通常一家具有企圖心的公司，管理階層會希望透過年報來讓股東了解它們的企圖心與未來發展的方向，甚至可能面對的挑戰有哪些。同時，有些更為詳細的年報還會探討與分析市場的競爭狀況，以及面對市場變革，公司的策略為何。

倘若年報中並沒有透露任何的發展策略或展現任何的企圖心，要不就是它不想要讓股東知道它想怎麼做，或是沒有任何規畫與企圖心，而大部分時候偏向於後者居多；面對這種公司，我個人通常會較為小心。

管道2》Google

其次，我會透過 Google 以關鍵字搜尋的方式，來找出公司的分析

報告或與之相關的媒體報導，以此來補足年報中不足的資訊，並且了解其他人的分析觀點。事實上，這些分析報告除了能快速幫助我更了解公司的競爭優勢外，也能幫助我了解產業與公司本身未來發展的潛力，我有許多表現優異的持股就是這樣發掘出來的。常用的關鍵字如下：「（公司名稱）競爭優勢」「（公司名稱）分析報告」「（公司名稱）產業分析」「（公司名稱）市占率」。

管道3》MoneyDJ理財網財經知識庫

MoneyDJ 理財網財經知識庫（www.moneydj.com/KMDJ）也提供相當豐富的資訊，包含公司的基本簡介、營業項目、產品結構、產品分析、競爭條件分析、市場需求、競爭態勢等基本資訊。對於初認識的公司，我多半會優先從這裡開始研究，了解一些基礎資訊，而後才閱讀年報與搜尋 Google 關鍵字等。

管道4》公司官網

一般上市櫃公司都會成立官方網站，如果你看了許多網路資訊，還是搞不清楚公司到底在做什麼，通常可以從官網清楚看到圖文並茂的資訊，包括公司提供哪些產品、提供哪些服務，以及產品應用的實績等。大部分官網也多會有「投資人專區」，我們也可以從中取得年報、法說會等資訊。

管道5》公開資訊觀測站

公開資訊觀測站（mops.twse.com.tw）是投資人找資料的寶庫。想要尋找上市櫃公司，甚至興櫃公司的基本資訊、財報資料，年報、法說會資料、重大訊息、股利配發資料、股東會時間等，統統都能在這裡找到。

我們雖非專家，通常只要能耐心把以上這些資訊研究完成，並搭配本書財務檢視模組與競爭優勢檢視模組，就足以清楚判斷一家公司是否具備長期競爭優勢。倘若做完這些研究仍沒有頭緒，還需要相關產業的專業知識才能理解它的競爭優勢，則代表 2 件事：

1. 它本身很難理解。

2. 超出你能理解的能力範圍。

對於這樣的情形，如同我之前所建議的，最好的選擇就是不要買它的股票，因為買了你也不會安心，無法堅持長期持有。也不須如此折磨自己，畢竟市場還有許多其他更好的選擇，不須單戀一枝花。

第4章

價值投資估價模組

正確估算好公司買進價
提升獲利空間、風險承受度

「價值投資人必須把價格當成是一個起點。歷史一再證明，無論一個資產有多好，只要用太高的價格買進都會變成不好的投資，卻很少有資產差到在夠低的價格買進時不是個好投資。」

——霍華・馬克斯（Howard Marks）《投資最重要的事》

　　光是知道如何選出好公司還不夠，因為用錯誤的價格買進好公司，同樣會承擔過高的風險，有很高的機率造成不理想的投資結果。

　　舉例來說，一家內在價值 10 元的好公司，若用 20 元股價買進，因為買進價格過高，有可能成為一筆虧損的投資。但一家內在價值 10 元的公司，若能以 5 元股價買進，反而有機會賺到錢。價值投資有 2 項重要的買進法則：

1.以便宜價買進好公司的股票

　　在股價被市場低估的時候，以「便宜的價格」買進「獲利穩定」且

具有長期競爭優勢的好公司股票：在長期持有過程中，期待市場未來會還給公司一個符合內在價值的價格，公司價值也會因為獲利穩定而提升，股價也將會隨之穩定上漲。

2.以合理價買進具高成長性的好公司股票

以「合理的價格」買進「獲利具有高成長性」同時具備長期競爭優勢的好公司股票：在長期持有過程中，公司價值將隨著獲利高成長而快速提升，股價也會隨之大幅上漲。

找到正確買賣區間，以合理或便宜價買進股票

查理・蒙格（Charlie Munger）在《窮查理的普通常識》就曾說：「如果發現了一次訂錯價格的賭注，而且非常有把握會贏，就應該狠狠下注，所以我們的投資沒那麼分散。」巴菲特（Warren Buffett）也說，學習投資的人只需要學好兩門課──「如何評估一家企業的價值」以及「如何看待市場價格」。請容我將這兩門課的內容再做進一步的解讀：

1.如何評估一家企業的價值？
① 洞察公司未來的獲利能力。

② 洞察影響獲利的因素，其中最重要的因素自然是長期競爭優勢的強度。

③ 以歷史財務數據為基礎，推估未來的獲利，再將之折算成現值，如此便能估算出它的價值。

2.如何看待市場價格？

① 理性的價格（合理價格）。

② 不理性的價格（昂貴價或便宜價）。

短期而言，影響股價的因素以心理面為主，長期而言則以基本面為主。長期投資者所期待的，就是持有好股票多年後，股價會隨著公司的價值成長而上漲，而買進成本將直接攸關最後的獲利結果，以及所承擔的虧損風險；所以我們必須找到正確的買賣區間，並以合理或便宜的價格買進股票。

問題是，股市在一個大循環的週期裡，一家具有長期競爭優勢的好公司，其價值雖然會隨著公司的獲利能力而成長，但是股價每天仍會隨著市場波動而起伏不定——有時股價會高出它應有的價值，有時又會低於它應有的價值（詳見圖 1）；此時若能有一套完善的估價法，就能幫助我們確認目前的股價是否處在適合的買賣位置，並且帶來以下好處：

1. 使我們更有信心堅持長期持有。

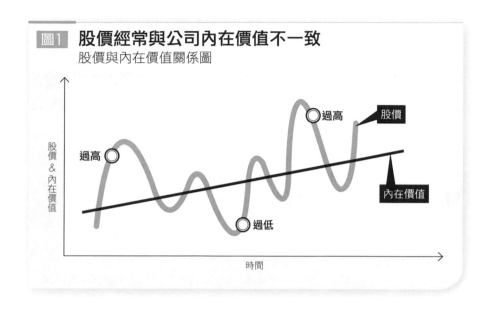

圖1 股價經常與公司內在價值不一致
股價與內在價值關係圖

2. 創造更高的安全邊際。

3. 創造更高的獲利空間。

4. 不會錯失投資的機會。

5. 不會錯過獲利的賣點。

　　就如同我們很清楚某項商品的合理價格是 1,000 元，就通常不會用 1,500 元買進；而當它突然出現 700 元的優惠價，我們也會盡可能把握買進機會。對於價值投資者而言，我們不只是要找出體質好的公司，同時也要用好價格買進。

　　完善的股票估算法除了要能提高未來獲利空間外，還能降低承擔的

風險，同時也會有效幫助我們提升心理層面的承受度。當你懷疑估價法本身的正確性時，長期持股的堅持很容易會被上下波動的股價給擊垮，最終做出不理性的買賣行為。而當你理解所使用的估價法能真實反映一家公司的實質價值時，對於長期持有股票的期間，所發生的任何風風雨雨，也會有足夠的信心與理智來與其抗衡。

用未來的獲利能力判斷公司價值

估價的方式有很多種，常見的有「本益比」、「殖利率」、「股價淨值比」、「本益成長比」、「內在價值估算」、「盈餘殖利率」等。然而，有時某項估價方式的計算結果顯示股價已經可以買進，但其他估價方式卻又顯示股價偏高，我們該如何選擇呢？

各種估價方式都有各自的優缺點與適用性，因此有人還會針對不同公司或產業，採取不同估價方式；也有人試圖綜合多種估價法，找出各個估價方式的平均值來推估股價的合理性。

其中，「內在價值估算法」是我認為最具有參考價值的估價法之一；而我在哥倫比亞大學的價值投資課程中所學的估價法，也是以內在價值為本質。內在價值估算法又分為以下 3 種：

1. 公司資產估價。（你願意為公司的資產付出多少錢？）

2. 公司獲利能力估價。（你願意為長期穩定的獲利付出多少錢？）

3. 成長力估價。（你願意為公司的獲利成長力付出多少錢？）

坦白說，內在價值估價法有難度，沒有相當程度的會計底子或豐富的經驗與知識，也很難做出正確的估價。而且，整個計算的過程參雜了許多主客觀因素，計算結果也因為不同人的判斷，產生明顯的差異。

我必須這麼說，全天下沒有所謂最精準的估價法，然而我們仍可以找到相對理想的解決方式。接下來，我將介紹的「WIN 價值投資應用系統」中的「價值投資估價模組」，就非常適合一般投資人使用。因為這是以正確的投資思維為核心所開發而成，而且符合客觀、一致性標準、通用性強的特質，不會隨著不同產業、股性、市場氛圍與產業類別等差異性而讓人無所適從。同時，這是以基本面作為主要判斷依據，而非當下的市場行情，所以計算過程會根據過去的財務紀錄，推估出公司未來的獲利，進而判斷出是否適合以目前股價買進。

切記，買進股票等同於投資這家公司的未來，未來獲利能力決定了公司的價值。公司的獲利能力愈高，價值就愈高，股價的成長力也愈強勁；而一家沒有獲利能力的公司，頂多只剩下可以變賣的資產價值，股價也將面臨下跌的命運。

公司未來的獲利能力＝公司的實質價值＝股價成長力

　　巴菲特曾說過，買一家公司的股票，等於擁有這家公司的一部分，所以他重視的是一家公司每年的獲利。至於明天股市開不開盤，甚至是休市許多年，對他而言無關緊要。換句話說，買一家公司的股票，我們的心態就得把自己當成是這家公司的長期股東，因此買進價格相當重要！「選對公司＋以好價格買進」，就注定了這會是一筆賺錢的投資。

4-2

估價模組3計算步驟
推估未來5年價值回報率

當我們決定要投資，一定會去試算這筆投資能賺多少錢、每年投資報酬率有多少。例如打算在某科技園區附近買房子出租，經過調查後得知每年租金收入大約 30 萬元，那麼投入 1,000 萬元買房，就可以帶來每年 3% 的投資報酬率。以「估價模組」估算股價也是類似的概念。一家公司的價值取決於它能為股東創造多少獲利，那麼公司每創造實質盈餘 1 元，就等同於公司的價值也增加 1 元，一家公司當年度的實質盈餘除以股價，就是當年度的「價值回報率」。

競爭優勢相同，可投資價值回報率更高者

但我們投資的是未來，因此得去預估未來的實質盈餘，方能得知該公司能創造多少價值回報率。整個估價模組的計算可分為 2 部分：

1.推估未來5年平均實質盈餘

利用過去的歷史財務數據，推估出一家公司未來 5 年內，平均每年能為股東創造多少價值回報。

未來 5 年平均實質盈餘＝未來 5 年的實質盈餘預估值總和 ÷5 年

2.以目前股價計算出價值回報率

將未來 5 年平均實質盈餘除以股價，得到「價值回報率」。

價值回報率＝未來 5 年平均實質盈餘 ÷ 股價 ×100%

「價值回報率」的概念類似投資報酬率，有了這個數字，我們就能知道公司的價值平均每年的成長幅度有多少。例如 A 公司平均每年能為股東創造每股 10 元的實質盈餘，等同該公司的每股價值將每年成長 10 元；當你用每股 100 元股價買進，這檔股票的「價值回報率」即為 10%（詳見表 1），可預估公司價值將以每年 10% 的幅度成長。

價值回報率自然是愈高愈好，例如你正考慮要買 A 公司或 B 公司。經評估後，發現兩家公司的財務條件都很優秀，競爭優勢也同樣強大，此時就可選擇價值回報率更高的。假設兩家公司的條件如下：

◎ A 公司：平均每年能為股東創造每股 5 元的實質盈餘。

以 50 元的成本價買進，價值回報率為 10%（＝ 5 元 ÷50 元×100%）。

表1　**價值回報率概念與投資報酬率相似**

價值回報率計算範例

投資股票	買進成本（元/每股）	平均每年實質盈餘（元/每股）	價值回報率（％）
	100	10	10（＝10÷100×100%）

投資報酬率計算範例

投資房子	買進成本（元）	每年租金（元）	投資報酬率（％）
	1,000萬	30萬	3（＝30萬÷1,000萬×100%）

◎ B 公司：平均每年能為股東創造每股 3 元的實質盈餘。

以 25 元的成本價買進，價值回報率為 12%（＝ 3 元 ÷25 元 ×100%）。

雖然 B 公司每年只能賺進 3 元的實質盈餘，比 A 公司的 5 元還少，但是考量股價之後，B 公司的價值回報率為 12%，比 A 公司的價值回報率 10% 還高，這時 B 公司的股票反而更具投資價值。

以較低成本持有，享較高價值回報率

如果你已經鎖定好要買一家公司的股票，也知道它未來 5 年的平均價值回報有多少，若想要獲得較高的價值回報率，訣竅就是「用較低的成本買進」。例如，一家公司未來 5 年的價值回報是 10 元，

目前股價是 100 元，價值回報率為 10%；若能等股價跌到 80 元時再買進，價值回報率就能提升到 12.5%。

股價會從 100 元跌到 80 元，跌幅達 20%，一定有其原因；也許是產業有短期利空，也或許是大環境因素造成股市齊跌，但只要我們能確認公司的基本面與未來獲利能力將持續，就可以大膽在股價下跌、價值回報率提高時買進。待市場恢復理性，就會還給公司合理的價格，甚至推升為昂貴價，此時我們就有賺取資本利得的機會。

當然，我們更看重的是，股價能隨著公司獲利成長而持續上漲，且在持有期間賺進股利收益。更重要的是，投資人會因為買得較便宜，而有足夠的安全邊際作為緩衝，達到極大化「獲利風險比」的目的。

那麼，實務上要如何利用歷史財報數據，以估算出一家公司未來的實質盈餘及價值回報率？步驟如下：

3步驟估算未來實質盈餘、價值回報率

步驟1》找到3個關鍵財務數據

從公司歷史財報紀錄，找到以下 3 項數據：

① **最新每股淨值。**

② **過去 5 年平均股東權益報酬率（ROE）。**

③ **過去 5 年平均配息率。**

表2　用每股配息、實質盈餘計算配息率

A公司過去5年財務數據

年度	ROE（%）	每股實質盈餘（元）	每股配息（元）	配息率（%）
2015	28	2.7	2.1	78
2016	29	2.8	2.2	79
2017	32	3.3	2.6	79
2018	30	3.0	2.4	80
2019	31	3.2	2.7	84

註：配息率＝每股配息 ÷ 每股實質盈餘 ×100%

以A公司為例，假設查詢時間為2020年，最新每股淨值是10元，2015～2019年的歷史財務數據如表2。我們可以得到以下的數值：

1. 最新每股淨值為10元。

2. 過去5年平均ROE為30%（＝（28%＋29%＋32%＋30%＋31%）÷5）。

3. 過去5年平均配息率為80%（＝（78%＋79%＋79%＋80%＋84%）÷5）。

步驟2》計算未來5年平均實質盈餘

根據步驟1所得到的數據，假設公司至少能維持與過去5年同樣的成長性，我們就可以推敲出公司未來5年的每股淨值、實質盈餘與每股配息的變化（詳見表3）。

① **先算出未來第 1 年的數據。**

◎**每股淨值**：直接採用當年度查到的最新每股淨值：

> **第 1 年每股淨值＝ 10 元**

◎**每股實質盈餘**：ROE ＝實質盈餘 ÷ 淨值，所以實質盈餘＝淨值 ×ROE。把當年度的每股淨值乘以過去 5 年平均 ROE，就可得到第一年度的每股實質盈餘：

> **第 1 年每股實質盈餘**
> ＝第 1 年每股淨值 10 元 × 過去 5 年平均 ROE 30% ＝ 3 元

◎**每股配息**：把當年度的實質盈餘乘以過去 5 年平均配息率，就能得到當年度的每股配息：

> 第 1 年每股配息
> ＝第 1 年每股實質盈餘 3 元 × 過去 5 年平均配息率 80%
> ＝ 2.4 元

◎**每股保留盈餘**：把當年度每股實質盈餘減去當年每股配息：

> 第 1 年每股保留盈餘
> ＝第 1 年每股實質盈餘 3 元－第 1 年每股配息 2.4 元＝ 0.6 元

表3 用每股淨值×平均ROE，可得出實質盈餘預估值

A公司每股實質盈餘預估值

財務數據		每股淨值（元）	每股實質盈餘（元）	每股配息（元）	每股保留盈餘（元）
計算式		=去年度淨值+去年度保留盈餘	=每股淨值×過去5年平均ROE	=每股實質盈餘×過去5年平均配息率	=每股實質盈餘－每股配息
年度	第1年	10.00	3.00（=10.00×30%）	2.40（=3.00×80%）	0.60（=3.00－2.40）
	第2年	10.60（=10.00+0.60）	3.18（=10.60×30%）	2.54（=3.18×80%）	0.64（=3.18－2.54）
	第3年	11.24（=10.60+0.64）	3.37（=11.24×30%）	2.70（=3.37×80%）	0.67（=3.37－2.70）
	第4年	11.91（=11.24+0.67）	3.57（=11.91×30%）	2.86（=3.57×80%）	0.71（=3.57－2.86）
	第5年	12.62（=11.91+0.71）	3.79（=12.62×30%）	3.03（=3.79×80%）	0.76（=3.79－3.03）
每股實質盈餘5年加總（元）		16.91			
未來5年平均實質盈餘預估值（元）		3.38（=16.91÷5）			

註：1. 第1年每股盈餘直接採目前最新每股淨值；2. 過去5年平均ROE為30%；3. 過去5年平均配息率為80%；4. 計算結果皆以四捨五入至小數點後第2位

② 再算出未來第 2 年的每股淨值。

第 2 年每股淨值
＝去年度每股淨值 10 元＋去年度每股保留盈餘 0.6 元＝ 10.6 元

接下來即可按照同樣算法，計算出第 2 年的每股實質盈餘、每股配息等，依此類推。

③ **實質盈餘加總後平均，獲得未來 5 年平均實質盈餘預估值。**

加總未來 1 ～ 5 年實質盈餘，得出 A 公司未來 5 年共可創造總實質盈餘 16.91 元，除以 5 年，即為未來 5 年平均實質盈餘預估值：

> **實質盈餘加總＝ 3 元＋ 3.18 元＋ 3.37 元＋ 3.57 元＋ 3.79 元**
> **＝ 16.91 元**
> **未來 5 年平均實質盈餘預估值＝總實質盈餘 16.91 元 ÷5 年**
> **＝ 3.38 元**

步驟3》計算價值回報率

計算出 A 公司未來 5 年每股平均實質盈餘預估值，即可依當前股價計算價值回報率。假設目前股價是 30 元，則價值回報率為：

> **價值回報率＝未來 5 年平均實質盈餘預估值 3.38 元 ÷ 股價 30 元**
> **×100％ = 11.27％**

代表我們若以 30 元買進股票，則這家公司會為我們創造平均每年 11.27% 的價值回報。另外，為了讓估價更準確，我根據各家公司過去的成長狀況、營收趨勢、ROE 變化、配息率等相關數據，開發出獨創的「IQ 函數」，並以此微調實質盈餘預估值，以便更貼近現實狀態，也適用於每家上市櫃公司。由於計算較複雜，也不便對外公開，但若有興趣知道我最後計算出的價值回報率，可自行到智股網查看（詳見延伸學習）。

查詢個股最新價值回報率

登入智股網（www.iqvalue.com），輸入欲查詢的個股名稱或代號，此處以裕融為例，輸入股票代號❶「9941」並按下❷搜尋按鈕，即可進入個股「主要觀察表」頁面。

將網頁往下拉，即可於價值觀察表看到最新的❶「價值回報率」數字。

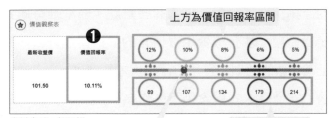

資料來源：智股網

利用價值回報率
精算買進價格區間

　　相信許多投資人對於「安全邊際」一詞並不陌生，這個概念是巴菲特（Warren Buffett）的導師班傑明・葛拉漢（Benjamin Graham）所創造的。在過去的時代，有較多的機會可以用有安全邊際的便宜價格買進好公司的股票，但在現今資訊開放的時代，若要堅守安全邊際的原則買進好公司，確實有些難處。通常唯有遇到類似金融海嘯的崩盤時期，才有機會用很便宜的價格買進好公司的股票，但在一般正常循環的週期，得用心仔細找才能遇到。

　　不過，安全邊際的觀念仍不失作為一個檢視買進價的標準，尤其是對於競爭優勢稍微薄弱的公司，能以有安全邊際的便宜價格買進，對風險有多一分的抗衡保護。

　　簡單來講，安全邊際是指當我們在評估一家公司的買進價格時，要預留一定比例的下跌空間，來與股價下跌的風險做緩衝。

　　舉例來說，當我們看上一檔好公司的股票時，假如我們認為合理價是 100 元，但是股價未來的起伏沒有人可以知曉，為了將虧損

風險降至最低，我們可以等到價格降至 80 元時再買進，而 20 元
（＝ 100 － 80）的差距便是所謂的安全邊際。

　　為了極大化獲利風險比，價值投資人自然期待能夠有更高的「安全
邊際」。因此，在算出「合理價」之後，往往會預留安全邊際，得
到所謂的「便宜價」，作為較為安全的買進價格：

便宜價＝合理價－安全邊際

價值回報率＞8％，可視為便宜價

　　由於一家公司的實質盈餘預估值，正常情況下並不會有大幅變動
（除非公司遭遇重大事件），但股價卻是每天隨著市場起伏。所以
實務上，我們會以觀察價值回報率來作為買賣依據：

　　合理價區間＝價值回報率 7％ ～ 8％。

　　便宜價區間＝價值回報率＞ 8％。

　　昂貴價區間＝價值回報率＜ 7％。

　　以當前台灣的利率水準，一家具備長期優勢的公司，若能為我們創
造平均每年 7％ ～ 8％ 的價值成長幅度，是相當合理的。在實質盈餘
預估值穩定不變的條件之下，唯有股價下跌，價值回報率才能提高
（詳見圖 1）。而當價值回報率提高至 8％ 以上，就進入便宜價區間，

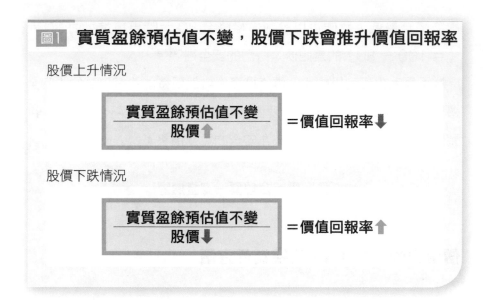

圖1 **實質盈餘預估值不變，股價下跌會推升價值回報率**

股價上升情況

$$\frac{\textbf{實質盈餘預估值不變}}{\textbf{股價}\uparrow} = \textbf{價值回報率}\downarrow$$

股價下跌情況

$$\frac{\textbf{實質盈餘預估值不變}}{\textbf{股價}\downarrow} = \textbf{價值回報率}\uparrow$$

特別是當價值回報率達到 10% 以上時，可說是相當理想的買進價格，因為有更多的安全邊際（詳見圖 2）。

反之，倘若市場相當看好某檔股票的未來收益，它的股價因此被推升，在實質盈餘預估值穩定不變的條件之下，價值回報率因此降低到 7% 以下，此時就進入昂貴價的區間。若在此時買進，能獲得的每年價值回報自然相對較低；特別是當價值回報率降至 5% 以下時，股價就已經相當昂貴了，手中有持股者最好能夠考慮減碼或賣出。

以 A 公司為例，未來 5 年實質盈餘預估值為 3.38 元，即可按照以下步驟算出合理價上下緣股價，如此便能得知便宜價與昂貴價的

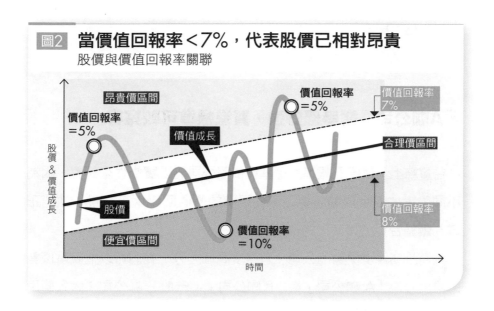

圖2 當價值回報率＜7％，代表股價已相對昂貴

股價與價值回報率關聯

區間：

1. 以價值回報率為 8% 為基準，算出合理價下緣股價：

未來 5 年的實質盈餘預估值為 3.38 元 ÷ 價值回報率 8% ＝
42.25 元。

2. 以價值回報率為 7% 為基準，算出合理價上緣股價：

未來 5 年的實質盈餘預估值為 3.38 元 ÷ 價值回報率 7% ＝
48.29 元。

3. 列出合理價、便宜價、昂貴價區間：

合理價區間＝ 42.25 ～ 48.29 元。

便宜價區間＝低於 42.25 元。

昂貴價區間＝高於 48.29 元。

「A咖公司」競爭優勢強，買進標準可較寬容

在實務上，價值回報率的標準會依照公司的現實條件來調整，因為不同強度的競爭優勢，要用不同標準的價值回報率來衡量，才能正確判斷適合買進與賣出的位置。

具備長期競爭優勢的公司，有強度高低之分，我們可以把競爭優勢的強度分為「A 咖公司」與「B 咖公司」。一般 B 咖公司，大致適用前述介紹的標準，而若是競爭強度更高的 A 咖公司，我們可以再給予較為寬容的標準，把價值回報率再下調 1 個百分點，也就是價值回報率來到 6% ～ 7% 的區間時為合理價，高於 7% 時為便宜價，小於 6% 時為昂貴價（詳見表 1）。

以我個人而言，通常 A 咖公司處於合理價的區間時，我就會考慮買進，尤其是景氣循環處於後半段的擴張期間，因為大部分好公司的股價此時都會偏高。

而 B 咖公司的價值回報率進入 7% ～ 8% 的合理價區間時，我也會考慮買進，畢竟 7% ～ 8% 的區間已比 A 咖公司的 6% ～ 7% 多了些安全邊際。除非是一家屬於 B 咖邊緣的公司，或是我自己對它的把

表1 **A咖公司的價值回報率標準可下調1個百分點**
A咖公司、B咖公司價值回報率區間

	便宜價區間	合理價區間	昂貴價區間
A咖公司	價值回報率＞7%	價值回報率6%～7%	價值回報率＜6%
B咖公司	價值回報率＞8%	價值回報率7%～8%	價值回報率＜7%

握度偏低，才會堅持以便宜價的區間買進。

那麼 A 咖公司與 B 咖公司是否有具體的分辨方式？嚴格來說，這並沒有一個絕對的標準，對於同一家公司，不同投資人會根據自己的研究程度、能力範圍做出主觀的解讀。以我個人而言，A 咖公司最好能夠滿足以下條件：同時具備長期需求優勢＋規模優勢、實質ROE 大於 15% 以上、有成長性、毛利率 25% 以上、實質盈餘利益率 6% 以上。

公司競爭強度不同，須綜合評估再決定買進策略

那麼，如果此刻有兩家公司，競爭強度不同，價值回報率也不同，該怎麼評估？條件分別如下：

◎ C 公司：實質盈餘預估值 6 元，目前股價 100 元，則價值回報率 6%。

◎ D 公司：實質盈餘預估值 8 元，目前股價 100 元，則價值回報率 8%。

如果只看價值回報率，D 公司的股價相對便宜許多，然而若同時考量長期競爭優勢，C 公司的長期競爭優勢尤為強大，具有較明確的發展性，或是風險性小，可歸類為 A 咖公司；D 公司的長期競爭優勢較為普通，未來發展有些許不確定性，風險性相對較高。

綜合評估結果

1. 雖然 D 公司價值回報率較高，但為了極大化報酬風險比，買進 A 咖的 C 公司反而會是更適合的選擇。

2. 如果 D 公司遭逢突發事件而股價大幅下跌，同時正好對該公司未來的發展有把握，那麼當價值回報率提高到 10% 以上，創造了更高的安全邊際，或許也能考慮買進。當然，如果對 D 公司的變化實在沒有把握，千萬不要貿然投資，因為投資不穩定的公司絕對不是我們的選項，巴菲特也有這樣的堅持。

我們必須要有一概念：愈是穩定的資產，我們得付出愈高的價格取得它；反之，愈是具有風險性的資產，我們得以愈低的價格或更高的報酬率取得它，如此才能平衡獲利與風險。就如同債券，評等愈高的債券，利率就會愈低；反之，評等愈低的債券，利率就愈高，否則沒有人會買它。另外，像是銀行在審核貸款時，對於財力條件

好、信用極佳的客戶，會給予較低的利率；對於財力差、信用偏低的客戶，則給予較高的利率，都是相同的道理。

股票也是一樣，一家長期競爭優勢愈強大的公司，通常市場會給予愈高的股價，若公司還同時具備成長力，則市場給予的價格又會更高。不過這最終還是取決於投資人自己的分析判斷，畢竟每個人對競爭優勢的強度都有各自的見解。

當然，不管是 A 咖公司或是 B 咖公司，若能買在便宜價的區間，自然是更好的買進條件。不過，這樣的價位普遍只有在市場行情非常不好的時期，或是個股遭逢一些產業性的問題時，才會有比較高的機會遇到。同時，當價值回報率來到昂貴價的區間時，代表股價已經偏貴，此時我會考慮減碼，除非真的貴得離譜，例如價值回報率小於 4%，我才會考慮全部賣出。

可依據經驗及市場環境微調合理價區間

當然，以上是我個人所設定的標準，也是我近 10 年來（自 2008年開始）所使用的標準。但我必須說，這是一個廣泛的標準，畢竟每家公司的體質不同，每個產業的競爭環境不同，每段時期的股市行情不同，每個人的風險承受度不同，所以每個人都可依自己的判斷來衡量是否要微調買進的價格條件。

　　例如，願意承擔多點風險者，可將合理價區間向下調整；不願意承擔更多風險者，可將合理價區間向上微調。若是找到一家絕佳的好公司，而你預估它未來的獲利將會持續穩定成長，此時也可把合理價的區間向下微調。

　　至於微調的幅度為何？在這裡我要引用先前於紐約參加哥倫比亞大學舉辦的價值投資課程當中，所得到的答案。當時許多學員都有向授課教授提問：「到底價格應該低於價值多少，才是買進的價格？」包括我在內，都引頸期盼能聽到答案，教授卻帶著一抹微笑地說：「我知道你們都會想要問我這個問題，但我的回答始終如一，那就是沒有一定的標準。」

　　當下我覺得有點失望，心想花了這麼多錢與時間，千里迢迢前往紐約上課，卻連最重要的買進標準都無法得知。回到台灣之後，我反覆思考這個問題，而後我漸漸體悟到教授會這麼說的原因。我體悟出以下 4 個重點：

　　1. 回想起自己過去的投資歷程，會讓我賠錢的公司，幾乎都是因為我自己誤判它的長期競爭優勢，或是因為公司體質轉壞的因素，較少是因為我買進價格過高的因素。

　　2. 即便是使用課程中所學的內在價值估價法，每個人所估出來的結果雖然趨近，但都不盡相同；因為個人見解有較大的差異，所估出來的數值差異性就會更大。

3. 股價並不一定會跌到你預想的標準，若只想以很低很低的價格買進，那可能永遠等不到機會買股。例如便宜價區間的價值回報率是 8%，卻非得要等到股價跌到價值回報率 10% 時才買進。股價真的就會跌到你想要買進的價格嗎？可能會，可能不會，這種事又有誰能說得準？

4. 安全邊際也沒有一定的標準，它是一個廣泛的概念，更沒有一定的論述來說明到底應該預留多少空間，才是最合理的安全邊際，一切還是得看個人的見解與判斷。

基於以上這些原因，我只能提供我自己個人長年所使用的買賣區間標準給投資人作為參考（詳見表 1），但不一定得完全依照表格所建議的數值操作。投資人可再依此微調出你認為最合適的買賣區間，只是建議微調幅度不宜太高。最重要的是，作為價值投資者，堅持以合理價或便宜價買進好公司的股票是相當重要的投資紀律。

「寧肯要模糊的正確，也不要精確的錯誤。」

──巴菲特

前文有提到，價值回報率是以當前的利率環境所訂出來的。自 2008 年以來，台灣中央銀行的基準利率大約在 1% ～ 2% 左右；如果未來有一天，中央銀行將基準利率調高至 6% 時，則價值回報率的

表2　**當央行大幅升息至6%，價值回報率標準也應上調**
價值回報率區間調整範例

	便宜價區間	合理價區間	昂貴價區間
A咖公司	價值回報率＞12%	價值回報率9%～12%	價值回報率＜9%
B咖公司	價值回報率＞14%	價值回報率12%～14%	價值回報率＜12%

註：假設央行將基準利率調至6%；本表僅為範例說明，需視當下金融環境做出調整

買賣區間標準勢必得大幅調整，例如表2。

　　調整的主因是，既然無風險利率都有6%的報酬，對於風險性更高的股票而言，勢必要有更高的報酬率來補償它的風險性，因為沒道理銀行的定存都有6%，我們卻還把錢放在價值回報率只有6%的股票之上，即便這家公司的競爭優勢非常強大也一樣。不過這樣的調整，還得考量當時的整體金融環境與其他經濟因素，所以表2的內容僅供概念上的說明。

競爭力特別強大的公司，可用「本益比河流圖」估價

　　最後，有一些少數眾所皆知的好公司，特別是長期競爭優勢非常強大的那種，它們的股價鮮少會落入便宜價的區間，甚至很少會落入合理價的區間。所以這樣的公司，若投資人想要等到合理價或便宜價才買進持有，可能會落入永遠等不到買進價的窘況。

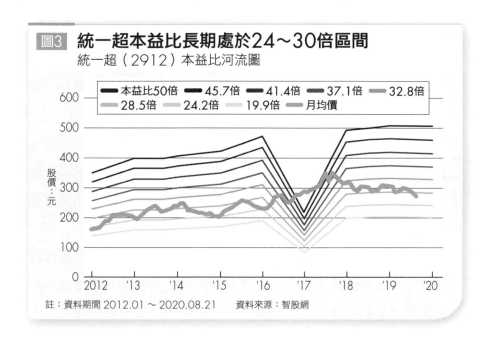

圖3　統一超本益比長期處於24～30倍區間
統一超（2912）本益比河流圖

| 本益比50倍　45.7倍　41.4倍　37.1倍　32.8倍
| 28.5倍　24.2倍　19.9倍　月均價 |

股價：元

註：資料期間 2012.01～2020.08.21　　資料來源：智股網

　　面對這樣的公司，我通常會使用本益比河流圖來幫助我判斷股價所處的區間。我以統一超（2912）為例來說明，它的長期競爭優勢眾所皆知，因此市場總是給它一個相當高的溢價，價值回報率近10年來幾乎不會落入合理價或便宜價的區間（2008年以前它被定義為牛皮股，所以10年前的股價都相當便宜）。但即便是這樣的好公司，股價也會有起伏的週期，我們可以參考它過去起伏的週期，來判斷當下的股價相對過去歷史軌跡而言，是否已落入相對低檔的區間。

　　除了2017年因統一超認列賣出上海星巴克所產生的稅金，所以

實質盈餘在計算上會受到影響外；綜觀過去 8 年來，股價都會落在介於本益比 24～30 倍之間（詳見圖 3）。也就是說，根據歷史紀錄，當股價跌落至本益比 24 倍左右時，就是股價週期性的相對低點；當股價上漲至本益比 30 倍時，就是股價週期性的相對高點。

所以，投資人若找到一家公司的長期競爭優勢相當強大，而它的股價根據過去歷史紀錄來看，長期維持在價值回報率偏低的處境，幾乎不會落入合理價或便宜價的區間，此時就可以利用本益比河流圖來作為評估股價是否相對便宜的依據。

我必須特別強調，只有少數特例的公司才會以本益比河流圖來作為買賣依據，這些公司大部分都是具有強大無比的長期競爭優勢，也只有這樣的好公司才適合使用本益比河流圖來幫助我們判斷。絕大多數時候，我們還是會依據價值回報率來判斷股價區間。

堅守買賣原則
進場後股價下跌不心慌

　　承我先前所述，在實務上的操作，我會直接觀察價值回報率來作為買賣的依據，只要價值回報率來到可以買進的區間，就可以考慮出手。以台積電（2330）為例，在股價被低估時，也就是價值回報率來到 7% 或更高時，代表股價已值得我們考慮買進並長期持有。若是股價飆漲，使得價值回報率只剩下不到 6% 甚至更低，則代表股價進入昂貴價區間，則我們可考慮減碼。

買進好公司後股價下跌，可繼續加碼

　　投資人必須清楚知道一件事，**即便依照價值回報率的低估區間購入股票，也就是說買進的股價已經相當便宜，但這並不表示買進之後，股價就會短時間之內反彈；反之，它還可能會繼續下跌。**

　　價值回報率並非技術指標，不是用來幫助你提高機率買到短期內會上漲的股票，它是用來幫助你判斷當下的股價相對公司未來能創造

的價值而言，是否合理、便宜，或昂貴；讓我們得以知道，**依照買進的成本，這家公司回報給我們的價值增長是否有足夠的投資效益及足夠的安全邊際，這就是價值回報率的估算概念。**

　　同時我們還得清楚知道，即便是以便宜價買進，若股價繼續下跌，會再下跌多少？或是多久之後會開始反彈？這都不是價值回報率能回答的問題。

　　我們是投資一家公司，而非投機；投資是把自己當成公司真正的長期股東，投機只是為了短暫持有一家公司的股票，以便短期內賺進資本利得。若是投機，則我們需要技術指標等工具來幫助我們提高勝率，買到短期內會上漲的股票。若是長期投資，我們自然是希望透過公司的配息與長期持續上漲的股價來賺取獲利，而此獲利是由公司經營事業創造的盈餘所轉化而成。

　　事實上，若是沒有認知到即使以便宜價買進後，股價仍可能繼續下跌，那麼目前最好不要投資股票；因為這代表投資人的基本投資觀念尚未建立完整。

　　即便是一家具備長期競爭優勢的好公司，在我們長期持有期間，它的股價還是會隨著市場的行情而起伏不定，但它的獲利並不會起伏不定。然而，儘管股價在短期內會波動，長期下來仍會回歸至它應有的價格。基於這樣的道理，若一家好公司的股價在你買進之後繼續下跌，也就是說股價變得更便宜，請問我們應該停損，還是買進

更多的股票呢？答案自然是應該買進更多的股票，當然，前提是公司仍具備長期競爭優勢。

分批買進可降低虧損的發生機率

有些人會問，那萬一股價真的回不來呢？那不就虧更大了？是的，這是有可能會發生的事。以價值投資的角度而言，如果我們已經做到以好的價格買進好公司，卻還是遭遇永久性虧損，其實只剩下 3 種原因：

1. 一開始就誤判公司的長期競爭優勢。

2. 公司的競爭優勢永遠變差了。

3. 自己的心理因素不夠健全。

因此我們必須培養自己辨析公司的能力，這是降低虧損機率最好的辦法。不過我之前已說過，不管是「財務紀錄檢視模組」或「競爭優勢檢視模組」，它們都是用來幫助我們選出好公司的最佳工具，但即便是用比這兩項檢視模組更嚴謹百倍的選股方法，也不可能保證所選出來的公司都會是萬無一失的好公司。簡言之，這兩個模組雖可幫助我們提高選出優質公司的機率，但無法將虧損機率降到 0%，此時，價值投資 7 大法則中的「適度分散」與「買在好價格」的法則便能有效幫助我們減緩虧損的衝擊。

實務上，當我所關注的公司，若股價已落入可以買進的區間，我就會開始分批買進。若股價再下跌，我還會繼續買進更多，因為沒有道理不再買進更便宜的好公司股票。另外，若股價在我買進之後上漲，但上漲的幅度不超過合理價，則我還是會適度加碼買進，只是買進的額度可能變少。

這樣的分批買進方式沒有對或錯，只能說是我個人的買股習慣，希望能藉此來提高我判斷公司體質的精準度。因為當股價下跌時，我會再適度研究公司的競爭優勢，以此來確認與強化我對公司的認知。

至於當股價高漲，導致價值回報率落入昂貴的區間時，我會適度減碼。減碼的幅度沒有一定的標準，不過，若是 A 咖公司，減碼的幅度會少一些；若是 B 咖公司，則減碼的幅度會高一些，而且我同樣會分批減碼。

承擔高風險，不一定能帶來高報酬

「以合理價買入優秀的企業，而不是用低價買入平庸的企業。」

——巴菲特（Warren Buffett）

我曾提及，不管是在投資方法或是投資項目的選擇上，大部分人的直覺觀念是必須承擔高風險，才能換取高報酬，但這是一種錯誤的

觀念，因為承擔高風險，並不一定會為你帶來高報酬。

「高風險＝高報酬」的本意是指，風險愈高的資產，理應提供更高的報酬，以此來彌補投資人所承擔的風險，而不是叫投資人去承擔更高的風險，以此來換取更高的報酬，兩者本身的意義大不同。

投資人真正要做的是找到「低風險＋高報酬」的公司股票，以此極大化「獲利風險比」。所以實務上，買進的公司必須是一家好公司，而買進的價格得是合理價或便宜價，才是真正創造低風險與高報酬的做法，這也是那些奉行價值投資法的大師所在做的事。

有趣的是，大部分投資人與投資大師的做法不一樣。我們經常會看到當一檔股票的價格偏離價值愈大時，投資人反而愈會產生不理性的反應。例如，當價格大幅超越價值時，是風險最高的處境，但許多投資人樂觀的情緒反而高漲，只擔心沒搭上飛漲的列車。當價格大幅跌落價值之時，是風險最低的時期，但投資人反而會因此恐懼，就怕不小心接到掉下來的刀子。

這是投資人學習價值投資法最需要克服的投資心理，這叫做投資的心魔。若是找到一家確實具有長期競爭優勢的好公司，只要價格落進合理價或便宜價的區間，就應該大膽買進並長期持有；假以時日，它必能幫助投資人創造優渥的獲利。

在「WIN 價值投資系統」的估價模組幫助之下，我們能藉此輕鬆得知股價所處的區間，並作為買賣的參考依據。當然，每個人可依

照自己的經驗值、對個股的了解、風險承受度等,來做一些買賣區間設定上的微調。

　　身為價值投資者,除了務必堅守買賣原則之外,同時也千萬不要忘記安全邊際的重要性,更不要忘了「極大化獲利風險比」這個價值投資法的核心。

4-5

個股完整解析範例》
全球晶圓代工霸主台積電

　　至此已經完整介紹了如何從財務紀錄、競爭優勢分析辨識出具有長期競爭力的好公司，以及如何找到適合買進的股價區間。

　　接下來就以台灣最大權值股，也是台股最具代表性的個股台積電（2330）為範例，從財務紀錄檢視模組、競爭優勢檢視模組到價值投資估價模組，依序做一次完整的分析流程。

　　台積電是全球第一家，亦是規模最大的專業積體電路（IC）製造服務公司，經營策略是提供客戶專業積體電路的製造服務，而不設計、生產或銷售自有品牌產品，以此確保不會與客戶競爭。

　　晶圓代工是資本密集行業，訂單逾 7 成以上集中在全球前幾大廠商，顯示此產業為寡占市場，台積電在技術等級及產能均位於全球領導地位。

　　隨著製程愈先進，門檻就愈高，加上產業發展有其學習曲線、高度專業技術等，跟不上的競爭對手已漸漸退出市場，台積電的競爭力愈來愈強大。

財務紀錄檢視模組

先透過「財務紀錄檢視模組」查看台積電自 2012 年到 2019 年的歷史財務數據（詳見表 1）：

1. **實質盈餘**：台積電長年的年度實質盈餘大幅高於新台幣 5 億元，為名副其實的大型股。實質盈餘從 2012 年的新台幣 1,700 億元左右，成長至 2019 年的 3,500 億元左右，近 8 年呈現明顯的長期成長趨勢。

2. **實質ROE**：近 5 年平均 ROE 為 23.46%，符合大於 10% 的標準，且近 8 年的趨勢也呈現向上成長。

3. **資盈率**：台積電屬於高資本支出產業，每年都需要投入大筆資金，用於研發新技術，並且購置新設備以繼續擴充產能；然而，近 8 年台積電的資盈率有 5 年都在 70% 以下；另外 3 年也都沒有超過 100%，完全符合我們所制定的標準，可見台積電的獲利完全足以支撐其擴張所需的資本支出。

4. **獲利含金量**：近 8 年台積電的獲利含金量年年超過 70%，完全符合標準。

5. **配息率**：近 5 年平均配息率 59.88%，符合我們所制定的 40% 以上標準。

6. **利潤率**：標準為毛利率 ≥20%、實質盈餘率 ≥6%。台積電的近

表1 **台積電實質盈餘近8年呈現成長趨勢**

台積電（2330）財務數據紀錄表

財務數據	2012	2013	2014	2015	2016	2017	2018	2019
實質盈餘（百萬元）	170,261	187,229	264,081	284,410	334,186	340,680	354,416	347,078
實質ROE（%）	25.22	23.88	27.89	25.08	25.60	23.40	22.16	21.05
資盈率（%）	81.19	83.54	62.76	53.03	63.71	53.25	49.81	71.82
獲利含金量（%）	94.54	101.19	90.80	104.53	96.73	97.41	88.71	97.02
配息率（%）	45.67	41.54	44.18	54.70	54.31	60.89	58.53	70.97
毛利率（%）	48.18	47.06	49.51	48.65	50.09	50.62	48.28	46.05
實質盈餘利益率（%）	33.60	31.36	34.62	33.72	35.25	34.85	34.36	32.44

資料來源：智股網

8年平均毛利率約 48.56%，實質盈餘利益率平均約 33.78%，都大幅超越標準；長期趨勢表現平穩，但近 2 年（2018、2019 年）有些微下滑現象。

7. 董監持股比率： 董監持股比率為 6.59%（資料日期為 2020.08.21），未達高於 10% 的標準。然而，台積電的資本相當大，因此是可以被接受的。

競爭優勢檢視模組

關卡1》檢視自己對該公司事業與產業的理解度

◎**產業理解度**：IC 產業鏈由上而下分為設計、製造、封裝及測試，台積電僅從事 IC 製造的專業分工，業務範圍提供包括晶圓製造、光罩製作、晶圓測試與錫鉛凸塊封裝及測試等客戶支援服務。

◎**產業需求度**：半導體產業應用範圍非常廣泛，在通訊、消費性電子、汽車與工業用設備、電腦等皆有涵蓋，是一項需求只會愈來愈大的產業。

關卡2》檢視公司外部競爭能力

◎**規模優勢**：根據 2019 年的資料，台積電市場占有率為全球第1大，約 52%；第 2 名的三星才不到 20%。台積電擁有寡占市場經濟規模優勢，且在先進製程占產品組合比重提升的態勢下，技術、速度及多樣化服務保持領先，市占率長期穩居高檔。

◎**專利優勢**：台積電的研發能力無庸置疑，但它能有今天的產業地位絕對是有許多過人之處，其中一項就是它所擁有的廣泛的專利。截至 2019 年底為止，台積電在全球累積的專利數量超過 3 萬 9,000項，龐大數量的專利權未來必能有效保護台積電的長期競爭優勢。

◎**地利優勢**：晶圓代工廠需要外部支援的項目繁多，而在台灣已形

成一個相當完整的生產供應鏈，其地利之便與群聚效應的優勢，短期內很難動搖。

關卡3》檢視公司內部經營能力

◎**發展策略與戰略的執行力**：公司的長期發展策略相當明確，包含提高市占率與維持技術的領先地位。提高市占率可強化規模優勢，維持技術的領先地位可強化長期供應優勢型態中的專利優勢，所以公司的長期發展策略都是以強化本身既有的競爭優勢為目標，這是非常好的現象。

戰略上，台積電持續投入製程研發，以此維持半導體技術領先地位，同時致力進行專利布局，持續提高申請專利數量，以確保研發成果得到全面保護。所以公司的長期發展策略不脫離本業發展的核心，過往戰略的執行度也相當高。

◎**公司是否具有持續創新的能力**：晶圓代工是資本密集的行業，公司長期在生產良率與製程上持續研發與改進，並申請更多的專利，以保持技術上的領先優勢。此外，在不與客戶競爭及提供多樣化的服務策略下，長期得到客戶們的信任，同時以最高規格的客戶服務戰略，讓客戶更離不開台積電。

◎**公司管理制度上的嚴謹**：公司內部管理相當嚴格，並且延伸至供應鏈管理，讓每家合作的供應鏈廠商都跟著進步。

價值投資估價模組

確定台積電的基本面無虞之後，接下來即可利用歷史財報數據，估算出台積電未來 5 年的實質盈餘，以及從價值回報率評估台積電的便宜價、合理價與昂貴價，共分為 3 個步驟：

步驟1》找到3個關鍵財務數據

從公司歷史財報紀錄，找到台積電最新每股淨值、過去 5 年平均 ROE、過去 5 年平均配息率。我們可以得到以下數值：

◎最新每股淨值＝ 66.35 元（2020 年第 2 季）。

◎過去 5 年平均 ROE ＝ 23.46%（2015 ～ 2019 年）。

◎過去 5 年平均配息率＝ 59.88%（2015 ～ 2019 年）。

步驟2》計算台積電未來5年平均實質盈餘

以最新每股淨值 66.35 元、平均 ROE 23.46%、平均配息率 59.88% 計算，未來 5 年平均實質盈餘為 18.79 元（詳見表 2）。

步驟3》計算價值回報率

我們可預估，在未來 5 年的時間，台積電將每年為投資人創造平均 18.79 元的每股實質盈餘。如果以 2020 年台積電最高股價

表2　台積電未來5年平均實質盈餘預估值為18.79元

台積電（2330）每股實質盈餘計算

財務數據		每股淨值（元）	每股實質盈餘（元）	每股配息（元）	每股保留盈餘（元）
計算式		＝去年度淨值＋去年度保留盈餘	＝每股淨值×過去5年平均ROE	＝每股實質盈餘×過去5年平均配息率	＝每股實質盈餘－每股配息
年度	第1年	66.35	15.57（＝66.35×23.46%）	9.32（＝15.57×59.88%）	6.25（＝15.57－9.32）
	第2年	72.60（＝66.35＋6.25）	17.03（＝72.60×23.46%）	10.20（＝17.03×59.88%）	6.83（＝17.03－10.20）
	第3年	79.43（＝72.60＋6.83）	18.63（＝79.43×23.46%）	11.16（＝18.63×59.88%）	7.47（＝18.63－11.16）
	第4年	86.90（＝79.43＋7.47）	20.39（＝86.90×23.46%）	12.21（＝20.39×59.88%）	8.18（＝20.39－12.21）
	第5年	95.08（＝86.90＋8.18）	22.31（＝95.08×23.46%）	13.36（＝22.31×59.88%）	8.95（＝22.31－13.36）
每股實質盈餘5年加總（元）		93.93			
未來5年平均實質盈餘預估值（元）		18.79（＝93.93元÷5年）			

註：1. 第 1 年每股盈餘直接採目前最新每股淨值；2. 過去 5 年平均 ROE 為 23.46%；3. 過去 5 年平均配息率為 59.88%；4. 計算結果皆以四捨五入至小數點後第 2 位

466.5 元買進，則價值回報率為 4.03%：

> **台積電價值回報率＝未來 5 年平均實質盈餘預估值 18.79 元 ÷ 股價 466.5 元 ×100% ＝ 4.03%**

　　由於台積電屬於長期競爭優勢強大的 A 咖公司，合理的價值回報

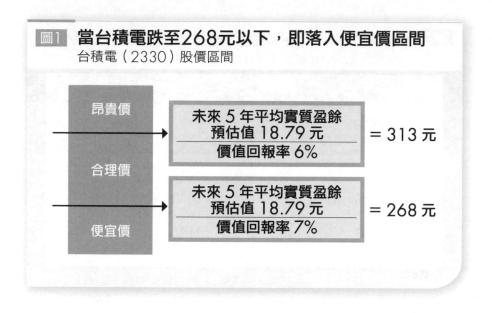

圖1 **當台積電跌至268元以下，即落入便宜價區間**
台積電（2330）股價區間

昂貴價

$$\frac{未來\,5\,年平均實質盈餘預估值\,18.79\,元}{價值回報率\,6\%} = 313\,元$$

合理價

$$\frac{未來\,5\,年平均實質盈餘預估值\,18.79\,元}{價值回報率\,7\%} = 268\,元$$

便宜價

率為 6% ～ 7%，亦即合理價區間為 268 ～ 313 元（詳見圖 1），只要在這個區間的價位我都會考慮買進。特別是當台積電股價落入 268 元以下、進入便宜價區間，更是難得的買進時機。而在股價漲到超過 313 元的昂貴價區間時，因為每年能帶來的價值回報率不到 6%，投資人可再自行評估是否值得買進。

第5章

週期位置檢視模組

⊗ 5-1 ⊗

了解景氣與股市週期性
避開衰退期可能虧損

　　有生必有滅，有漲必有跌，這是千古不變的道理，也是宇宙的通則。景氣也是一樣，當景氣擴張到一個極端點時，就會開始反轉，進入衰退期；而當衰退至另一個極端點時，也會開始反轉向上，進入擴張期。如同潮汐般，形成一種循環週期。

　　作為一位優秀的價值型投資人，必須具備 2 種關鍵能力：第 1 種為高超的投資技藝，第 2 種為辨識循環週期位置的能力。

　　投資技藝的部分，包含投資人必須懂得如何選出具備長期競爭優勢的好公司，以及如何估價，這些都已在第 2 ～ 4 章傳授給你。當然，投資技藝並非僅限於價值投資法一種，例如技術操作，只要夠專精，同樣也是屬於一種高超的投資技藝。

　　不過，不管使用什麼樣的投資模式，優秀的投資人都必須得懂得如何辨識股市的循環週期，因為在循環週期的大浪潮之中，任何事物都變得相對渺小，包括高超的投資技藝在內。

　　簡言之，在循環週期的成長階段中，擁有高超的投資技藝將使你如

乘風破浪般，隨著上漲的浪潮創造優於大盤的獲益，但遇到循環週期的衰退階段，則不管你的投資技藝如何高超，都得承受損失。

　短期的股市走向經常會與基本面脫鉤，但是長期而言，最終仍然會回歸基本面，與景氣循環一致，形成一種週期的現象。因此，作為一位優秀的投資人，我們必須了解景氣與股市的週期性，並且懂得如何判斷當下股市處在循環週期的哪個位置，如此才能做好資金與持股的配置，避開衰退期可能造成的虧損，並做到極大化「獲利風險比」。

景氣循環中，擴張期多較衰退期長

　傳統上，我們會將景氣循環分為 4 個階段：擴張、趨緩、衰退、復甦，但基本上，整個循環週期僅需分為 2 種階段，擴張期與衰退期。以下就來看看台股自 1987 年開始至今，所經歷的 4 次循環週期（詳見圖 1、2）。

第1次循環週期：1987年1月～1990年9月，歷時3年9個月

　擴張期：1987 年 1 月 1,150 點～ 1990 年 1 月 1 萬 2,054 點，歷時 3 年。

　衰退期：1990 年 1 月 1 萬 2,054 點～ 1990 年 9 月 2,705 點，

歷時 9 個月。

第2次循環週期：1990年9月～2001年9月，歷時11年

擴張期：1990 年 9 月 2,705 點～ 2000 年 2 月 1 萬 128 點，歷時 9 年 5 個月。

衰退期：2000 年 2 月 1 萬 128 點～ 2001 年 9 月 3,636 點，歷時 1 年 7 個月。

第3次循環週期：2001年9月～2009年1月，歷時8年4個月

擴張期：2001 年 9 月 3,636 點～ 2007 年 10 月 9,711 點，歷時 7 年 1 個月。

衰退期：2007 年 10 月 9,711 點～ 2009 年 1 月 4,248 點，歷時 1 年 3 個月。

第4次循環週期：2009年1月～2020年8月尚未出現衰退

擴張期：2009 年 1 月 4,248 點～未知。

衰退期：未知（截至 2020 年 8 月尚未出現）。

整體而言，自 1987 年 1 月以來，截至 2020 年 8 月，這 33 年 8 個月，共發生 4 次擴張期與 3 次衰退期。最近的一次擴張期從 2009 年 1 月開始，儘管過程中遇過幾次股市的修正，然而截至

圖1 ## 1987年以來，台股歷經4次循環週期
台灣加權股價指數走勢圖

→ 擴張期 → 衰退期

註：資料日期為 1987.01 ～ 2020.08　　　資料來源：XQ 全球贏家

2020 年 8 月為止，都尚未進入真正的衰退期。

我們可以透過這幾次的歷史循環週期，看到以下幾種特徵：

1. 上漲的時間比下跌的時間久，而且是占整個循環近 70% ～ 80% 的時間。

2. 每次上漲的期間不同，每次下跌的期間也不同。

3. 每次循環的週期長短不一，但通常都長達 7 年以上。

4. 每次循環週期的最高點與最低點，位置都不同。

圖2 台股每次循環週期多長達7年以上

台股第1次循環週期

台股第2次循環週期

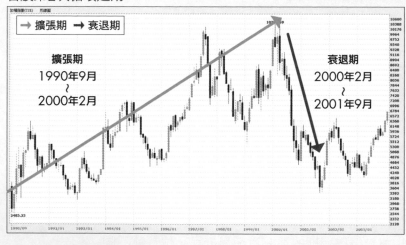

台股第3次循環週期

台股第4次循環週期

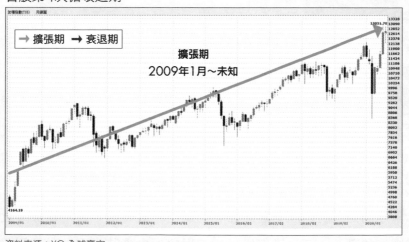

資料來源：XQ 全球贏家

5. 每次循環週期的最高點與最低點，時間點都不可測。

6. 每次循環週期頭部的形成，觸發的事件都不相同。

7. 每次循環週期的頭部，市場都是極端樂觀。

8. 每次循環週期的頭部，股市的市值都很高。

9. 每次衰退都來得又快又急，而且跌幅高達 55% 以上。

10. 每次衰退的發生，市場都是極端悲觀。

總結來說，循環週期可說是相當隨機且不可測。畢竟，股市的走勢很大一部分形成的原因來自於投資人的心理，而人心不可測，連智商極高的傑出人物如牛頓（Sir Isaac Newton）都在證券投資中遭受挫敗。

牛頓曾感嘆的說：「我可以計算天體運行的軌跡，卻無法計算人類瘋狂的行為。」這句經典名言為市場的隨機性留下最好的註腳。尤其是在擴張期的頂端，以及衰退期的底端，人心更是處於極端不理性的情況，投資人要不就是過度樂觀，要不就是過度悲觀。

既然週期循環是如此隨機且不可測，那我們又如何能知道當下股市所處的位置呢？確實，我們絕對無法知道每次循環週期的頭部或底部，這世上也沒有任何方法或工具，可以幫助我們預先知道頭部或底部是否已形成。

幸運的是，透過歷史經驗回顧，我們可以發現，每當指數接近擴張期的頭部時，有幾項關鍵指標或現象都會提前出現；我們可藉由

觀察這些指標或現象，來衡量當下指數是否已接近循環週期的頂端。

接下來，我將分享如何利用「週期位置檢視模組」的 6 個指標，辨

識當下股市處在循環週期的哪個位置。

6指標判斷大盤位階
極大化獲利風險比

　　「週期位置檢視模組」一共包含 6 項指標，我們可藉此判斷當下股市所處的位置是否已接近擴張期的頂端（股市相對高點），並且適度降低持股比重，避免投資組合在衰退期產生嚴重的虧損。

　　同時，在擴張期頂端附近降低持股，除了能保護獲利之外，也能夠讓我們在市場進入衰退期時，手中留有更多的現金，以買進更多價格便宜的好公司股票，如此更可達到極大化「獲利風險比」的核心目標。

指標1》巴菲特指標

　　巴菲特指標是巴菲特（Warren Buffett）在 2001 年首度提出，指的是股市總市值占國民生產總值（GNP）的比率，但實務上也可用國內生產總值（GDP）取代 GNP。若高於 100%，則代表總市值高於國家的生產總值。

巴菲特指標＝股市總市值 ÷ 國內生產總值（GDP）

價格的高低與風險有著最直接的關係──價格高估，代表風險偏高；價格低估，代表風險偏低。而股市總市值是市場所有個股市值的加總（個股市值＝當前股價 × 流通股總數），所以會隨著所有個股的股價起伏而變動。當台股指數愈高時，總市值自然也就愈高；反之，當指數愈低時，總市值也就愈低。

GDP 則是指全體國民在一定的期間內，所生產的最終財貨與勞務的市場價值總和，所以會隨著國家的經濟發展而變化。

如果股市總市值變化的幅度與 GDP 一致，那麼巴菲特指標就不會有太大變化；然而，若股市總市值規模增長幅度高於 GDP 的增長，代表整體股市的股價已偏貴，而這通常會出現在擴張期的頂端。

因此，當股市處於循環週期的頂端位置時，巴菲特指標自然也會偏高。根據巴菲特指標在過去 3 次台股大循環週期的歷史走勢（詳見圖 1），可做出以下觀察：

◎第 1 次循環頭部：1990 年 1 月，巴菲特指標＝ 186.95%。

◎第 2 次循環頭部：2000 年 2 月，巴菲特指標＝ 146.06%。

◎第 3 次循環頭部：2007 年 10 月，巴菲特指標＝ 192.43%。

巴菲特指標在第 1 次循環的頭部為 186.95%，第 3 次循環的頭部為 192.43%。我們可初步判斷，當台股的巴菲特指標超過 180%

圖1 **1990、2007年台股高點，巴菲特指標＞180%**

台股巴菲特指標

中東危機

金融海嘯

美中貿易戰

網路泡沫化

單位：%

225
200
175
150
125
100
75
50
25
0

1988　'92　'96　2000　'04　'08　'12　'16　'20

註：台股巴菲特指標採台灣加權股價指數與台灣 GDP 計算；資料日期為 1987.01 ～ 2020.03
資料來源：Stock-ai

時，台股市值除了相對偏高外，也可能已接近擴張期的末端。

　　至於第 2 次循環的頭部只落在 146%，並沒有超越 180%，這種情形我們該如何判斷呢？ 2000 年那次的衰退，主因為美國網路泡沫破裂，導致全球股市接連受影響。我們若與美股的巴菲特指標比較就不難發現，雖然台股巴菲特指標偏低，但美股巴菲特指標在當時已大幅超越了歷史均值，來到 140.5%（詳見圖 2）。

　　因此，台股投資人除了觀察台股的巴菲特指標，還得觀察美股。別忘了，美國是全世界最大的經濟體，當美股打噴嚏，全世界的股市

圖2 **2000年美股巴菲特指標大幅高於歷史均值**

美股巴菲特指標

註：美股巴菲特指標採 Whilshire 5000 指數與美國 GDP 計算；資料日期為 1987.01 ～ 2020.08　資料來源：Longtermtrends

也很難置身事外，台股也不例外。所以，觀察這項指標時，請同時觀察台股與美股的變化，如此才能更正確判斷股市的位置：

　　台股巴菲特指標：大於 180% 時，已接近擴張期的頭部。

　　美股巴菲特指標：大於 130% 時，已接近擴張期的頭部。

指標2》台灣百大優質企業累計營收年增率趨勢

　　台灣百大優質企業累計營收年增率趨勢是我自創的指標，它是集

圖3 台灣百大企業累計營收年增率與大盤指數走勢一致

台灣百大優質企業近8年累計營收年增率

註：資料日期為 2012.01 ～ 2020.07　　資料來源：智股網

結台股當中，競爭優勢最強大的前 100 家公司的營收數據所累積計算而成。這項是週期檢視模組當中最重要的指標；道理其實很簡單，台灣前 100 家最優質的企業若營收趨勢向上，自然代表台灣的整體景氣是處於擴張的態勢；反之，當這些最優質的企業營收趨勢向下，則代表台灣的景氣處於收縮的態勢。

　　如圖3所示，當近12月累計營收年增率（簡稱「近12月年增率」）向上時，代表這些最優質的百大企業整體營收趨勢向上；反之，當近 12 月年增率向下時，則代表這些企業的整體營收趨勢向下。

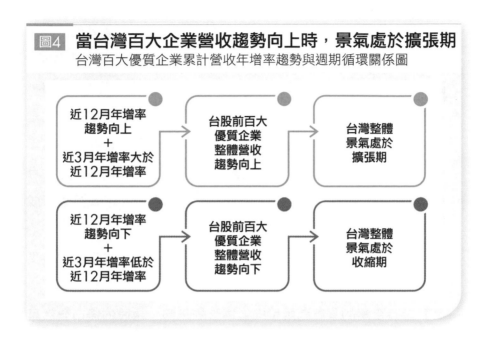

圖4 **當台灣百大企業營收趨勢向上時，景氣處於擴張期**
台灣百大優質企業累計營收年增率趨勢與週期循環關係圖

近12月年增率
趨勢向上
＋
近3月年增率大於
近12月年增率
→
台股前百大
優質企業
整體營收
趨勢向上
→
台灣整體
景氣處於
擴張期

近12月年增率
趨勢向下
＋
近3月年增率低於
近12月年增率
→
台股前百大
優質企業
整體營收
趨勢向下
→
台灣整體
景氣處於
收縮期

　　台股的走勢與近 12 月年增率的趨勢相若，也就是說，當近 12 月
年增率的趨勢向下時，股市也會向下修正；而當近 12 月年增率趨勢
向上時，股市也呈上漲的態勢。

　　除此之外，當近 3 月年增率與近 12 月年增率呈死亡交叉的現象
時（以下簡稱死叉，指近 3 月年增率向下穿越近 12 月年增率），
代表整體營收下滑的態勢更為明確；反之，當近 3 月年增率與近 12
月年增率呈黃金交叉的現象時（以下簡稱金叉，指近 3 月年增率向
上穿越近 12 月年增率），代表整體營收擴張的態勢更為明確。

　　若把以上這兩項特徵結合在一起時，我們可以得到如圖4的結論。

　　由於我建構的系統在2013年3月才全面採用IFRS合併報表數據，因此當時才開始計算完整的累計營收數據，不過我們仍可從中看出，台股自2012年11月開始上漲，而整體百大企業的營收趨勢也是呈向上成長的態勢，兩者走勢一致（詳見圖3❶）。直到2015年1月時，百大企業營收趨勢開始下墜（近12月年增率向下，近3月年增率與近12月年增率死叉），而股市約在2015年4月才形成此波段的頭部，而後就向下跌落（詳見圖3❷）。

　　直到2016年3月時，近3月年增率與近12月年增率出現金叉的現象，而且12月的年增率也同時是向上成長（詳見圖3❸），這代表當時台灣的景氣開始呈向上擴張的趨勢，台股的後市自然可期，而股市在之後也確實開始上漲，由8,900點漲至1萬1,000點。

　　在2018年3月時，近3月年增率突然與近12月年增率出現死叉的現象，唯獨12月的營收年增率並未開始向下反轉（詳見圖3❹）。此時，我們的態度應該轉趨保守，但仍不需過於悲觀，因為近12月年增率並沒有連續向下墜落，而台股在此階段也是在1萬點的區間徘徊近半年之久。

　　不過到了2018年12月，當最新的數據出來時，我們驚覺，除了近3月年增率開始向下與近12月年增率呈現死叉外，同時近12月的營收年增率也開始往下反轉（詳見圖3❺），這很清楚地告訴

我們一件事，台灣的總體經濟已開始向下反轉了。

果不其然，台股開始橫盤大幅波動，並呈下墜的態勢，期間經歷了2018 年 10 月的閃崩，以及 2020 年 1 月～ 3 月的閃崩（因新冠肺炎疫情）。直到我寫這段文章時，近 3 月年增率與近 12 月年增率在 2020 年 5 月再次金叉（詳見圖 3 ❻）。不過，台股已率先在4 月時呈 V 型反彈，正往 1 萬 3,000 點邁進之中，提早了近 1 個月。主因自然是美國聯準會無限撒錢，導致資金浮濫所致，如美國聯準會這隻原本隱形的手沒有變成明目張膽的手，那股市的修正絕對不會僅止於此。

總之，這項指標是我最重視的，因為只要景氣開始收縮，依照過去的歷史經驗，台股很難出現上漲的態勢，向下跌落的機率更高，畢竟景氣的好壞才是真正的地心引力。

不過，有一特例大家必須知道，當景氣呈收縮的態勢時（百大企業營收趨勢向下），若是台股的指數反而持續創新高，而且呈快速飆高的態勢，代表市場資金面充沛，以及投資氛圍有過度樂觀的傾向，此時很可能是已接近擴張期的頭部。

指標3》美國聯準會的貨幣政策

巴菲特曾經說過，利率對資產價格而言，包含房地產、股票、債券

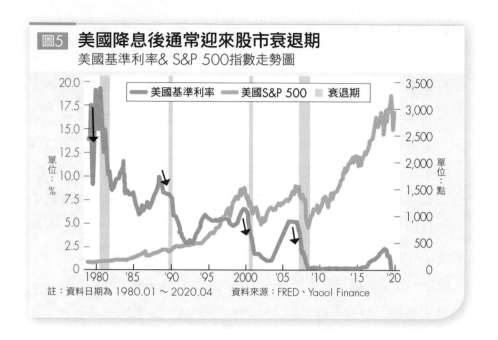

圖5 **美國降息後通常迎來股市衰退期**
美國基準利率& S&P 500指數走勢圖

註：資料日期為 1980.01 ～ 2020.04　　資料來源：FRED、Yaoo! Finance

等，就像地心引力。當利率愈高時，資產價格相對會愈低，因為有
更多資金會傾向選擇安全且利率高的投資項目；反之，當利率愈低
時，資產的價格就會愈高，因為更多資金會選擇投資在可創造更高
報酬的資產。

　自 2008 年金融海嘯以來，全世界的經濟成長與資產價格的飆漲，
最主要原因，可說是拜美國央行與全世界主要經濟大國長期維持低
利率政策所致，可見利率的影響力是如此之大。

　美國聯準會的利率政策會因當下經濟的處境而調節，講簡單點，當

表1 降息之後，美股各大指數多半才會形成頭部

美國降息與美股3大指數頭部形成時間對照表

聯準會 開始降息	1980.05	1989.06	2001.01	2007.09
道瓊工業 平均指數 頭部形成	尚未成立 （不適用）	1990.07 （降息後13個月）	2001.05 （降息後4個月）	2007.10 （降息後1個月）
S&P500 指數頭部 形成	1980.11 （降息後6個月）	1990.06 （降息後12個月）	2000.11 （降息前1個月）	2007.10 （降息後1個月）
那斯達克 指數頭部 形成	1981.05 （降息後12個月）	1989.10 （降息後4個月）	2000.03 （降息前10個月）	2007.10 （降息後1個月）

景氣可能面臨嚴重的衰退時，聯準會就會降低利率，以此提高資金的流動性，並降低景氣衰退影響的層面；當景氣過熱時，聯準會就會開始調升利率，以此降低資金的流動性，並降溫景氣過熱的現象。

根據過往數十年的經驗，每當股市處於擴張期的末端位置時，美國聯準會開始調降利率後，股市便會在半年至1年之間形成頭部，並反轉而下，進入衰退期（詳見圖5）。

由於景氣開始衰退的日期與股市做頭的日期不會是一致的，於是我做了一個對照表，對照股市頭部形成的日期與聯準會開始調降利率的日期（詳見表1）；可以看到，當聯準會開始降息後，除了2000～2001年時，那斯達克指數提早在降息之前就形成頭部外，

美股 3 大指數多在降息之後的 1 年內形成頭部，而後反轉直下。

然而，距 2020 年最近的循環週期中，美國聯準會是在 2019 年 8 月開始降息，主因是因應當時美中貿易戰所導致的景氣衰退疑慮；只是沒想到，2020 年 3 月爆發新冠肺炎疫情，股市急轉直下，使得聯準會大幅擴大貨幣寬鬆政策，又使股市接連創下歷史新高。

那麼在這次的循環，是否仍能將降息作為觀察頭部即將形成的指標呢？我只能說，在聯準會開始調降利率後，經濟基本面確實有進入衰退期的跡象，這項指標仍有一定的預警效果，但股市在此時卻因聯準會無限撒錢的政策而進入亢奮期，與基本面背道而馳，這過度樂觀的市場氛圍是這次循環週期當中，也是這十幾年來最亢奮的一次，投資人應該謹慎以對。

指標4》市場投資氛圍

市場的的週期循環，主要來自於「經濟的基本面」、「投資人的心理因素」這 2 大因素，其中又以投資人的心理因素為市場波動起伏的主因。

每次頭部的形成，市場一定伴隨著過度樂觀的投資氛圍，這幾乎是既定的公式。我們甚至可以這麼說——沒有過度樂觀的投資氛圍，哪來泡沫的形成？沒有泡沫的形成，又哪來的泡沫破滅？

　　所以，我們在巴菲特指標已處在相對高的位置時，也應了解市場的投資氛圍是否已達到過度樂觀的傾向。其中最主要的觀察重點包含：

　　◎台股指數持續創新高，而且呈大幅攀升的態勢。

　　◎月成交量同時也創近期的新高，尤其是當月成交量超過新台幣 5 兆元時，代表市場相當熱絡。

　　◎大部分的主流媒體、雜誌、金融機構、分析師、投資達人等，都一片看好未來的前景。

　　◎中小型股落後大型股，尤其是未來前景看好的大型股，股價持續飆漲，買氣特別集中。

　　當以上這些現象接連出現時，不須懷疑，市場的投資氛圍絕對是亢奮的，務必格外謹慎。

指標5》美國長短期公債殖利率倒掛

　　當短期美國公債的殖利率超過了長期美國公債的殖利率，此情況稱之為「利率倒掛」。這裡所用的短期美國債券是指 2 年期公債，而長期美國債券是指 10 年期公債。

殖利率倒掛＝ 2 年期美國公債殖利率＞ 10 年期美國公債殖利率

　　影響債券殖利率的因素很多，除了特殊狀況外（例如政治或戰爭風

險等），在正常時期，通常是以市場對未來基準利率的升降、貨幣政策的鬆緊、通膨的漲跌等預期，為最主要的影響因素，主因是這些預期會影響市場對債券的需求，進而影響債券的殖利率。

理論上，在正常的景氣擴張期，10 年期債券的殖利率應該高於 2 年期債券，因為 10 年期債券的持有人須花費長達 10 年的時間才能拿回 100% 的本金；而在這麼長的時間內，持有人得承擔更高的未知風險，所以 10 年期債券的殖利率自然要比 2 年期債券的殖利率更高。

話雖如此，上述多項因素會直接影響市場對長期或短期債券產生不同的需求，例如市場對短期債券需求提高時，短期債券的殖利率就會下跌；反之，當市場對短期債券的需求降低時，短期債券的殖利率就會提高（詳見延伸學習）。

有了以上的基礎概念後，我們就不難理解，為何透過美國長短期公債殖利率的變化，可用於判斷股市是否已處於擴張期的末端位置。

1.景氣擴張階段

在景氣擴張的期間，長短期債券的殖利率會處在一個正常的階段，也就是長債的殖利率會高過於短債的殖利率。

然而在這段期間，通膨率會持續上升，美國央行會試圖提高基準利率（升息），來收緊市場上的資金，此時與基準利率連動性高的短

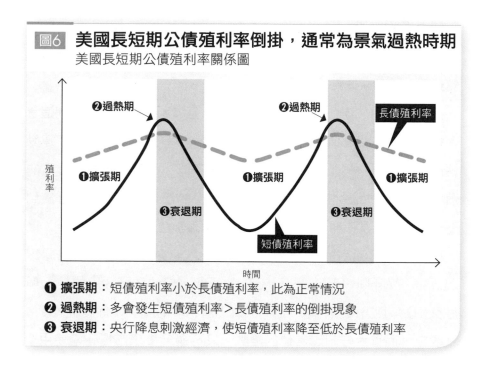

圖6 **美國長短期公債殖利率倒掛，通常為景氣過熱時期**

美國長短期公債殖利率關係圖

殖利率

❷過熱期
❷過熱期
長債殖利率

❶擴張期
❶擴張期
❶擴張期

❸衰退期
❸衰退期

短債殖利率

時間

❶ **擴張期**：短債殖利率小於長債殖利率，此為正常情況
❷ **過熱期**：多會發生短債殖利率＞長債殖利率的倒掛現象
❸ **衰退期**：央行降息刺激經濟，使短債殖利率降至低於長債殖利率

債殖利率，就會跟著提高。

　　這種狀態會一直持續到市場出現過熱的現象，此時市場會開始擔心未來的前景，資金也會開始湧入長債，造成長債的需求增加，使價格提高，長債殖利率也就自然下滑。

　　所以，當景氣處於過熱的階段，就會出現短債殖利率快速上漲，長債殖利率卻急速下滑；日子一久，就會發生殖利率倒掛的現象（詳見圖6）。

2.景氣衰退階段

當景氣持續擴張到一個高點之後,便會開始停滯,股市也會呈現過熱景象,接下來景氣才會開始下滑。

在景氣下滑的過程中,央行會開始調降基準利率(降息)來創造資金的流動性,藉此刺激經濟;由於短債殖利率與央行基準利率連動性最高,因此它的殖利率也會同時快速下降,使得原本高於長債的殖利率迅速跌回長債殖利率之下,而這樣的正常情況會一直延續到下一次的景氣擴張期,並在景氣過熱時再度發生利率倒掛現象。

利用美債殖利率的利差預測景氣變化,最早始於美國經濟學家 Frederic Mishkin 和 Arturo Estrella 的研究,但他們所採用的是 3 個月及 10 年期美債殖利率,他們認為「殖利率倒掛」具有長期景氣預測能力,而且大幅超越其他的變數。只不過,後來市場普遍使用 2 年期及 10 年期公債殖利率來觀察。

而根據《今周刊》的報導,「若回顧歷史,自 1954 年來美國債市出現的 10 次倒掛中,就伴隨著 9 次的經濟衰退,未現衰退的那一次,經濟亦出現顯著的放緩。」

我們實際以最近的 3 次景氣衰退為例(1990 年的石油危機、2000 年的網路泡沫及 2007 年的金融海嘯),泡沫初期形成階段,民間消費、政府支出、貿易逆差、民間投資等,都是普遍維持在一個穩定性的局面;一直到泡沫破裂之後,這些數據才開始反轉,可

見這幾項數據跟殖利率倒掛相比，較無法提前預測景氣過熱的現象。
然而這 3 次景氣衰退發生之前，卻都有明顯的利率倒掛現象：

1990年第3次石油危機

1988 年 3 月，美國進入升息循環，並在 1989 年 1 月，美債發
生殖利率倒掛現象。而在 1989 年 4 月以前，美國經濟的基本面表
現都相當平穩，製造業 PMI（採購經理人指數）持續維持在 50% 這
條榮枯線之上，GDP 年增率（經濟成長率）也保持在 4% 以上。

1989 年 5 月，美國經濟增長才開始減緩，PMI 和 GDP 開始回落，
但仍維持在一定的水準以上，同年 6 月聯準會開始降息，殖利率倒
掛的現象也在 10 月時消除。直到隔年 7 月，美國真正陷入經濟衰退，
美股也在這時同步下滑，當年爆發石油危機。

2000年網路泡沫

1998 年 6 月，美債一度發生殖利率倒掛，隨著聯準會短暫降息
後又回復正常。隨著美國股市持續創新高，聯準會於 1999 年 6 月
開始連續升息，2000 年 2 月美債又再度發生殖利率倒掛現象。同
年 3 月，被視為科技股指標的那斯達克指數衝上最高峰，而後迅速
下跌 40%，網路泡沫宣告破裂。

事實上在 2000 年上半年，美國經濟的基本面表現都相當平穩；

製造業和非製造業的 PMI 高於 50% 的榮枯線，GDP 維持高度成長。但是隨着網路泡沫破裂後，美國股市 S&P 500 指數約在 2000 年 9 月開始大幅下跌。隨著聯準會在 2001 年 1 月開始降息，美債殖利率倒掛的現象才消除。

2007年、2008年次貸危機與金融海嘯

在 2007 年次貸危機發生之前，美國經濟經歷了自 2003 年以來的繁榮期；房地產與股市盛況空前，聯準會也從 2004 ～ 2006 年，連續升息了 17 次。使得 2006 年 2 月美債發生了第 1 次殖利率倒掛，同年 8 月又再度進入倒掛的週期。

2006 年 10 月時道瓊指數來到歷史高點 1 萬 4,198 點，而後就急轉直下。2007 年 8 月爆發次貸危機，聯準會並於同年 9 月開始降息。不過，危機逐漸蔓延至全球，形成 2008 年金融海嘯，道瓊工業平均指數（以下簡稱道瓊指數）在這段期間暴跌 54%，成了許多投資人終生難忘的記憶。

從過去 4 次的美債殖利率倒掛來看，都是發生在股市高點之前（1978 年、1989 年、2000 年、2006 年）。

從經濟基本面來看，殖利率倒掛發生後，平均仍會過上近 1 年～ 2 年的「好日子」，分別是 1978 年（502 天）、1989 年（564 天）、2000 年（180 天）以及 2006 年（704 天）後，美國經濟才進入

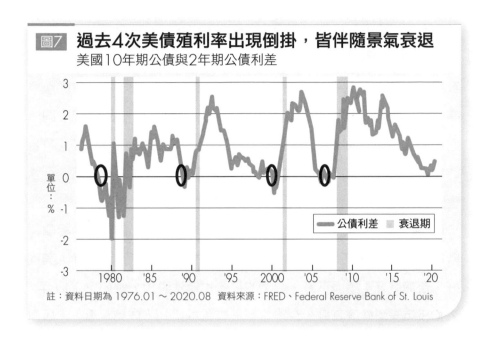

圖7 過去4次美債殖利率出現倒掛，皆伴隨景氣衰退

美國10年期公債與2年期公債利差

單位：%

公債利差　　衰退期

註：資料日期為 1976.01 ～ 2020.08　資料來源：FRED、Federal Reserve Bank of St. Louis

真正的衰退期。而且發生殖利率倒掛後，股市到達高點的平均漲幅仍有 35.58%，平均約經過 18.6 個月後，股市才會進入熊市。

如圖 7 所示，圓圈部分為利率倒掛的時期。接下來一段時日後，會迎來經濟的衰退期（圖中橘底區域）。同時，自 1980 年以來，殖利率倒掛和經濟實際發生衰退的時間間隔愈來愈長，部分原因在於早期的幾次衰退，最主要促使聯準會緊縮貨幣政策（提高基準利率）的原因是通膨上升，但近 20 年來，通膨漲幅較溫和，相對也延長了利率倒掛與衰退的間隔週期。

利率倒掛的現象也可說是因聯準會所制定的利率政策，已經超過了維持經濟穩定的「中性利率」，經濟也因此隨之步入衰退；所以在實務的應用上，當長短期債券利率利差愈來愈小，同時股市愈漲愈高，我們就得開始有些警覺。倘若已發生殖利率倒掛的情況，同時巴菲特指標也來到歷史高點，加上其他相關指標條件也都接連符合時，我們就得更加小心。此時最好能降低持股水位，並拉高資金水位，以此做好風險控管。

台股自 2000 年以來，與全球成長率的連動性頗高，連動相關係數為 0.34，而全球經濟又以美國經濟作為領頭羊。簡單來講，美國好，台灣就好；美國不好，台灣的經濟也無法脫鉤，例如 2000 年、2008 年美國經濟衰退，台灣也都沒有置身事外（詳見圖 8）。所以美國公債殖利率倒掛，絕對是值得我們長期觀察的重大經濟指標之一，用以判斷台股所處的位置有極高的參考性。

指標6》投資大師的所言所行

一位成功的投資大師，除了優異的獲利表現外，還有一項最基本的條件，就是他得長期存活於股市之中。換句話說，他得活在股市中很久很久的時間，並經歷多次市場循環週期的洗禮，才能成為市場普遍認同的投資大師。

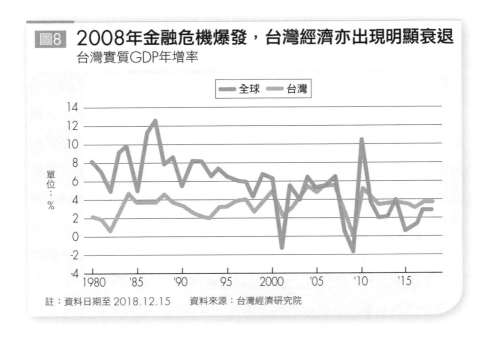

圖8 2008年金融危機爆發,台灣經濟亦出現明顯衰退
台灣實質GDP年增率

全球　台灣

單位：％

註：資料日期至 2018.12.15　　資料來源：台灣經濟研究院

　　投資大師們豐富的投資經驗自然不在話下,更重要的是,他們長期所累積下來的投資智慧,總是能幫助他們度過一次又一次的市場崩跌,使他們總是立於不敗之地。

　　其中最主要的原因是,他們懂得在當市場處於循環週期的高點時,利用資產配置的方式來做好防禦工作,使得他們不僅能三番兩次避開市場大跌可能造成的嚴重虧損,還能在市場最不好的時期,擁有大量現金買進價格相當便宜的好資產。

　　幸運的是,這些投資大師們,總是樂於分享他們對當下市場的見

解，而我們只要定期關注他們的言論，甚至是觀察他們的資產配置，自然能注意到他們是否對市場已轉趨謹慎與保守。

巴菲特的新聞自然是我個人主要觀察的重點。除了觀察他的言論外，我更注重他的現金存量。另外，《安全邊際》作者賽斯‧卡拉曼（Seth Klarman）也是我很景仰的大師。他們的共同點是，不會刻意去拉高現金部位的比重，因為他們認為市場是無法預測的，但他們總能平安度過市場崩跌，並在市場大跌時有充裕現金，得以大量買進價格便宜的優質股票。他們並非能預測未來，而是每次市場到了循環週期的高點時，合宜的投資標的會變得很少很少，在無標的可買的情形之下，現金的比重自然就會提高。

巴菲特也不僅止一次在他的致股東信中提到，他與他的合夥人查理‧蒙格（Charlie Munger）總是會做好準備，等到天降黃金雨時，他們會拿出大臉盆去接，而不是小湯匙。所以不管是近數十年來的幾次衰退，包含 2000 年的網路泡沫，或是 2008 年的金融海嘯，巴菲特在市場轉折之前，他的現金部位總是異常得高；而當時往往有人嘲笑他的方法已經過時，事後卻也總是證明巴菲特的決策是正確的。

除此之外，霍華‧馬克思（Howard Marks）的備忘錄也是我關注的重點。他總是能理性地分析出當下市場的態勢，如果他發覺市場已處於過熱的情形，或是已接近循環的末端位置，也會適度提出警

告。他本人就曾成功預測過 2008 年的金融海嘯。

　　再次提醒，上述「週期位置檢視模組」的 6 項指標，並非是為了幫助我們預測頭部，或是多空轉折點，因為這是不可能做到的事；但是我們能藉由這些指標，謹慎判斷股市是否已經接近相對高點，進而做好持股比重的配置。

　　同時，這些指標必須綜合觀察，無法僅以單一指標判斷；當上述前 5 項指標都被滿足時（巴菲特指標、台灣百大優質企業累計營收年增率趨勢、美國聯準會的貨幣政策、市場投資氛圍極度樂觀、美國長短期公債殖利率倒掛），我們才可斷定市場已處於擴張期的末端，還請大家切記。

公債殖利率因價格而變動

公債的殖利率與利率的概念是不同的,每檔公債都會有固定的「票面利率」。原始的債券持有人,持有期間會按照票面利率領到債券利息,並在到期時拿回本金。然而公債的價格為什麼會變化呢?因為原始債券持有人可以將債券拿到市場上交易,此時債券的價格,就會隨著環境變動而產生變化。

公債的殖利率與利率不同

假設美國發行一檔 10 年期公債,票面利率為 3%,面額 100 美元,持有 10 年到期。若投資人 A 一開始就以 100 美元買進,即可每年獲得 3 美元的利息,最後還能領回 100 美元本金,殖利率自然是 3%。倘若發行後隔天,美國突然升息,投資人 B 以 95 美元買到同檔公債,同樣也能享有未來 10 年每年 3 美元利息以及到期可領回 100 美元,那麼他所享有的殖利率就不僅僅是 3%,而會提高至 3.6%。

也就是說,當公債的價格漲,殖利率就會下跌;反之,當公債的價格跌,殖利率就會漲,而影響價格的原因最終還是供給與需求的變化。所以,當市場需求提高時,在供給維持不變之下,公債的價格自然會提高,殖利率也就會下跌;反之,當需求減少時,價格自然會下降,殖利率自然也會提高(詳見下圖)。

債券需求提高推升價格,使殖利率下降

註:假設供給量不變

計算債券到期殖利率

鉅亨網「債券試算」網頁（www.cnyes.com/bond/bondCalculationJS.
aspx），可試算在不同條件下的債券到期殖利率，此處以❶「購入日
期」2001/12/03、❷「到期日期」2011/12/02（持有10年）、❸
「票面利率」3%、❹「債券買入價格」95元、❺「債券面額」100元、
❻「計息頻率」年為例。填完以上資料，按下❼「立即試算」，即可得
出❽「殖利率」為3.6%。

國際股 ⌄	美股 ⌄	陸港股 ⌄	日股 ⌄	國際期貨 ⌄	債券 ⌄	黃金 ⌄	全球央行 ⌄	經濟指標 ⌄	StockQ

◉債券試算

到期殖利率試算

　　　　　◉附息債券　○零息債券　○永續債券

❶	購入日期	2001/12/03	
❷	到期日期	2011/12/02	
❸	票面利率	3	%
❹	債券買入價格	95	元
❺	債券面額	100	元
❻	計息頻率	○月　○季　○半年　◉年	

❼ [立即試算] 清除重填

結果:

❽	殖利率	3.60	%
	每期利息收入	3.00	元
	年利息收入	3.00	元

資料來源：鉅亨網

→ 5-3 ←

依照台股週期循環
做好資金與持股配置

　　每次循環週期的衰退期，都會導致股市大跌，使得投資人蒙受大幅的虧損。以過去 3 次的週期循環來看，第 1 次的衰退期，台灣加權股價指數共跌了近 79%；第 2 次的衰退期，指數共跌了近 66%；第 3 次的衰退期，指數共跌了 56%。

　　若我們的投資組合一時蒙受了大幅的虧損，之後得用更大的力量與更多的時間才能把虧損的部位補平（詳見表 1）。也就是說，我們得創造更高的報酬，或用更多的時間，才能把虧損的部分填回來：

　　◎若虧損 40%，以年化報酬率 9% 計，得用 6 年的時間才能攤平。

　　◎若虧損 50%，以年化報酬率 9% 計，得用 8 年的時間才能攤平。

　　◎若虧損 60%，以年化報酬率 9% 計，得用 11 年的時間才能攤平。

　　◎若虧損 70%，以年化報酬率 9% 計，得用 14 年的時間才能攤平。

　　以此類推，當虧損的幅度愈高，就需要更多時間，或是更高的投資報酬，方能把虧損的部位補回。若我們採用一個中間值，以虧損 50% 為例，並以年化報酬率 12% 計，仍得用近 6.5 年的時間，方

表1 **虧損幅度愈大，需花費更多時間彌平虧損**

虧損幅度與補平時間

虧損幅度	年化報酬率						
	9%	10%	11%	12%	13%	18%	22%
40%	6.0年	5.5年	5.0年	4.5年	4.0年	3.0年	2.5年
50%	8.0年	7.5年	7.0年	6.5年	5.5年	4.5年	3.5年
60%	11.0年	9.5年	9.0年	8.0年	7.5年	5.5年	4.5年
70%	14.0年	12.5年	12.0年	10.5年	10.0年	7.5年	6.0年

能賺回與虧損部位一樣多的金額。

股市高檔時降低持股，方有機會於衰退期撿便宜

除非你的投資績效能與頂尖的投資大師看齊，長年創造 18% 以上的年化報酬率，虧損的部位就能在短短幾年回填。以巴菲特（Warren Buffett）為例，他所能創造的年化報酬率約為 20%，即便績效如此高，他仍會選擇在股市市值普遍偏高的時期，握有大筆的現金，以此來與可能發生的任何風險做好抗衡。

除此之外，巴菲特還有來自旗下保險公司所提供的浮存金，可源源不絕地供他運用。然而我們只是普通人，資金是有限的，萬一遭逢市場因衰退而蒙受大幅的虧損，同時手上又沒有多餘的資金可用，

就得用很長的時間才能補回虧損。

　　這就是為什麼我們得做資金配置最主要的原因。不要忘了，我們的核心是極大化「獲利風險比」。簡單來講，若我們能有效利用週期循環檢視模組，來了解股市是否已處在相對高檔，就能夠即時降低持股，提高現金部位。這不僅能有效避開衰退期大幅虧損的風險，還能在股市下滑期間大撿便宜的好公司股票，以此拉高未來的報酬。

　　當然，如前所述，週期循環檢視模組是用來幫助我們判斷股市是否已接近擴張期的末端，而非轉折點；所以在我們降低持股的同時，很有可能我們會錯過一波行情，甚至可能得等上很久的時間。然而，錯過行情比起承受大幅虧損，會使投資的路程走得更順。

　　如圖 1 所示，我們在擴張期，持股應該維持在 100%，並且將所領取的配息再次投入；但在擴張期的末端位置時，可降低持股至 50% 以下，如此便能與未來可能發生的衰退風險抗衡。

　　進入衰退期之後，可以開始增加持股，但是因為不確定何時見底，建議可以分批買進。例如，每次投入 20% 或是 30% 資金，視個人資金分配狀況而定。由於我們沒有辦法預測股市真正的觸底時間，但也沒有關係，因為這段期間我們鎖定的好公司股票，股價普遍都已相當便宜。即便未來股價再繼續下跌，也不用感到害怕，因為真正的好公司，未來股價絕對會大幅超越它在衰退期間被錯殺的股價。

　　懂得如何辨識循環週期並做好資金配置，是重要的投資技能之一，

圖1 擴張期末端可將持股降至50%以下
調節持股示意圖

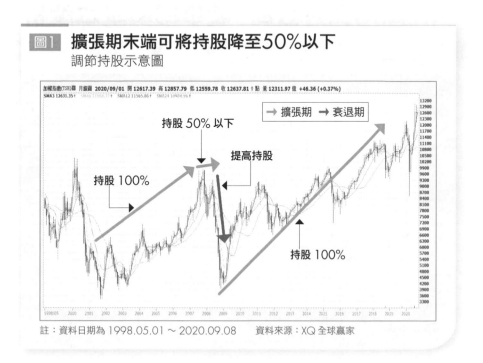

註：資料日期為 1998.05.01 ～ 2020.09.08　　資料來源：XQ 全球贏家

我相信這道理不難理解。真正的難題是，你是否有足夠的耐心度過「害怕錯失股價續漲」的心理壓力？畢竟看著股市高漲，自己卻沒有跟上，痛苦程度並不低。同時，在衰退期要有足夠的勇氣敢接掉下來的刀子，願意承受一時的虧損，來換取未來的高獲利，也是違反人性的高難度行為；對我個人而言，這才是我執行價值投資法多年以來最大的挑戰。希望所有讀者，在學習投資方法的同時，請別忘記培養堅韌的心理素質，在通往成功的路上，兩者缺一不可。

精選50家好公司　競爭優勢基本解析

產業	股票名稱（股號）	頁	產業	股票名稱（股號）	頁
食品工業	大　成（1210）	355	其他電子業	致　茂（2360）	380
	卜　蜂（1215）	356		耕　興（6146）	381
	統　一（1216）	357	電子零組件業	信　錦（1582）	382
	佳　格（1227）	358		台達電（2308）	383
	聯　華（1229）	359	電子通路業	大聯大（3702）	384
	大統益（1232）	360	電腦及周邊設備業	研　華（2395）	385
	中華食（4205）	361	光電業	大立光（3008）	386
金融業	富邦金（2881）	362	通信網路業	中華電（2412）	387
	國泰金（2882）	363		台灣大（3045）	388
	玉山金（2884）	364	資訊服務業	敦陽科（2480）	389
	兆豐金（2886）	365		中　菲（5403）	390
	上海商銀（5876）	366	保全業	中保科（9917）	391
貿易百貨業	統一超（2912）	367		新　保（9925）	392
	全　家（5903）	368	租賃業	中租-KY（5871）	393
	寶　雅（5904）	369		裕　融（9941）	394
環保產業	崑　鼎（6803）	370	自行車工業	巨　大（9921）	395
	日　友（8341）	371		桂　盟（5306）	396
	可寧衛（8422）	372	水泥工業	台　泥（1101）	397
油電燃氣業	台塑化（6505）	373		亞　泥（1102）	398
	新　海（9926）	374	塑膠工業	台　塑（1301）	399
	大台北（9908）	375		南　亞（1303）	400
化學工業	永　記（1726）	376		台　化（1326）	401
汽車工業	和泰車（2207）	377	生技醫療	葡萄王（1707）	402
鋼鐵工業	豐　興（2015）	378	窗簾製造業	億　豐（8464）	403
半導體業	台積電（2330）	379	紡織業	儒　鴻（1476）	404

大成（1210）

產業類別：食品工業

簡　　介 大成集團是國內雞肉及飼料供應大廠，以內銷為主，並長期專注在畜產及水產飼料、肉品相關產業及餐飲品牌的發展。採取雞肉一條龍的流程作業，除了能提供自家電宰廠與下游通路穩定的肉品供應之外，更能精準降低飼料採購成本與造肉成本，為一家具有相對競爭優勢的公司。

營業比重 飼料 54.44%、肉品 20.96%、消費食品 19.35%、大宗物資 5.25%（2019 年）。

競爭優勢

第1道關卡	◎ **事業理解度**：公司以油脂、飼料、鮮肉產品及深加工食品（常溫、冷藏及冷凍類）為主。主要是內銷，而肉品主要供應給速食店、生鮮超市、一般經銷商等通路。 ◎ **產業需求度**：近 10 年來國人對肉類消費的習慣逐漸在改變，原本是以豬肉為主要消費肉品，現對禽肉的消費量有逐年增加的趨勢。多食用「健康白肉」已成為健康飲食潮流，預估未來雞肉消費量還會繼續增加。
第2道關卡	◎ **經濟規模優勢——寡占**：國內最大鮮雞肉供應廠商，2019 年市占率近 21%，大型連鎖速食業者與大型連鎖量販店都是其客戶。擁有來自於種雞飼養、契約養殖、肉雞電宰及加工市場一條龍垂直整合能力，並持續拓展到肉豬、土雞、蛋雞飼養、蛋品洗選及水產養殖等領域。 ◎ **長期供應優勢——品牌效應**：在國內的飼料、油脂、肉品業務擁有垂直整合能力，並推出「大成安心雞」，成功塑造出從原、副料採購到加工至成品，皆讓消費者安心的企業形象。
第3道關卡	◎ **具提高市占率或開發新市場的野心與計畫**：透過擴產及購併來保持優勢，並積極新建土雞電宰廠及跨入蛋品的營銷，國外市場則是計畫在東南亞加速開拓新市場。 ◎ **持續創新的能力**：研發技術及創新能力持續精進，例如飼料營養的研發，又再往上、下游拓展，包括種源培育、飼養技術、環境控制及防疫等領域。 ◎ **管理的嚴謹度**：具備相當嚴謹的管理制度，並對飼料品質與安全把關相當嚴格，更推動可溯源安全衛生肉品，提供客戶無藥殘客製化產品。

資料來源：大成年報、大成官網、MoneyDj 理財網、Yahoo! 奇摩股市

卜蜂（1215）

產業類別：食品工業

簡　　介 主要業務為飼料與電宰生鮮雞肉生產銷售，為泰國正大集團投資設立。以生產飼料與肉品供應為主要業務，為國內禽畜一貫化作業龍頭廠商之一，從飼養、屠宰、加工到餐飲擁有完整的供應鏈。公司自飼料、雛雞肉雞養殖、電宰、生鮮雞肉及食品加工都有涉足，近年由傳統畜產品製造加工，轉型為直接服務終端消費者的消費性食品企業。

營業比重 飼料及加工性熟料 38.44%、農畜牧肉品 43.12%、消費食品 18.44%（2019 年）。

競爭優勢

第1道關卡	◎ **事業理解度：**公司以油脂、飼料、鮮肉產品及深加工品為主。主要為內銷，肉品主要供應給速食店、生鮮超市、一般經銷商等通路。 ◎ **產業需求度：**近年來國人對肉類消費的習慣逐漸在改變，對雞肉的消費量有逐年增加的趨勢。
第2道關卡	◎ **經濟規模優勢──寡占：**台灣卜蜂的泰國母公司正大集團是世界 3 大飼料廠之 1，透過集團在全球統一採購原物料來製作飼料，讓卜蜂大大降低飼料的生產成本，並且從飼養、屠宰、加工到餐飲，已達到垂直整合的經營模式，目前在國內擁有寡占市場的優勢。
第3道關卡	◎ **發展策略與戰略的執行力：**觀察近幾年業務發展策略與戰略計畫，公司所擬定的策略與目標，其團隊執行力方面確實紀錄良好。 ◎ **具提高市占率或開發新市場的野心與計畫：**近年積極進行工廠升級及擴產，並興建人工智慧自動化飼料廠，並開發蛋品市場新業務及電子商務新通路。 ◎ **管理的嚴謹度：**管理嚴謹度一直表現相當優秀，尤其在品質管控上相當嚴謹，產銷履歷控管亦相當完整。

資料來源：卜蜂年報、卜蜂官網、MoneyDj 理財網、Yahoo! 奇摩股市

統一（1216）

產業類別：食品工業

簡　介　統一企業是台灣食品業龍頭，轉投資事業版圖橫跨各產業，旗下主要事業體包括食品事業、便利商店（7-ELEVEN）、流通事業（黑貓宅急便、康是美等）、包裝容器事業（馬口鐵、寶特瓶等）、食糧事業（畜產與水產飼料、麵粉）等。統一集團現已具有從食品中游的加工、製造到下游的通路經銷與物流等垂直及橫向之整合優勢。

營業比重　乳品及飲料 59.33%、速食（速食麵、食用油等）11.4%、烘焙 9.96、食糧 7.37%、綜合食品 3.8%、其他 8.14%（2019 年）。

競爭優勢

第1道 關卡	◎ **事業理解度**：本業產品以民生必需相關食品的內銷為主，隨著轉投資橫跨各產業，現在是以食品、零售及流通業為主要事業的控股集團，公司本業獲利約占 20%、轉投資貢獻獲利約 80%。 ◎ **產業需求度**：食品事業屬於內需民生產業，進入門檻較低，產品的差異小且易被模仿，屬於高度競爭的成熟產業。
第2道 關卡	◎ **經濟規模優勢──寡占**：統一現為橫跨多產業的控股公司，旗下主要幾家子公司皆在各自產業中具有經濟規模優勢。本業是國內食品飲料市場最大公司，整合了食品研製、通路經營、貿易流通業，其營運規模、生產成本皆具有極大的優勢。 ◎ **長期需求優勢──品牌效應**：公司長期運用旗下的便利商店取得消費者銷售資訊，並以快速研發技術及大量廣告宣傳行銷，長期以來塑造出無數個代表性商品。
第3道 關卡	◎ **發展策略與戰略的執行力**：觀察近幾年公司業務發展計畫中，所擬定的策略與目標，其團隊執行力方面確實良好。 ◎ **具提高市占率或開發新市場的野心與計畫**：早期在中國布局，後又往東南亞等國家深耕市場，並積極與國際知名企業共同投資策略合作，擴大競爭版圖的野心非常強。 ◎ **持續創新的能力**：在食品的創新研發及加工技術的能力，公司在該領域上皆保持著領導地位。

資料來源：統一年報、統一官網、MoneyDj 理財網、法說會

佳格（1227）　　　　　　　　　　　　　產業類別：食品工業

簡　　介 佳格食品主要是製銷營養食品、食用油、乳製品及飲品等業務，為台灣最大穀物營養品供應商。公司長期以來以發展健康食品為事業主軸，旗下品牌有福樂、桂格、得意的一天等，並以自有品牌「多力」在中國銷售葵花油。

營業比重 廚房料理食品 49.74%、營養食品 38.33%、其他類 11.93%（2019年）。

競爭優勢

第1道關卡	◎ **事業理解度**：公司主要是製造及銷售營養食品、食用油品、乳製品及飲料等業務，銷售地區主要在台灣、中國地區。 ◎ **產業需求度**：屬於內需民生消費相關產業，產品有桂格燕麥片、福樂鮮奶、桂格養氣人參、天地合補、曼陀珠糖果等，雖然食品產業範圍廣泛且競爭門檻低，但其產品卻能在國內長期擁有穩定銷售成績，需求相當穩定。
第2道關卡	◎ **經濟規模優勢──寡占**：在國內的燕麥類、食用油、保健飲品類長期穩居國內市場最大市占率，且中國市場的葵花油亦占有相當高的市占率，在特定食品類的市場上具有規模優勢。 ◎ **長期需求優勢──品牌效應**：長期以來專注發展優質健康食品，並不斷的提升品牌的價值，優良的品牌形象，已在消費者心中產生優質健康的連結。 ◎ **長期需求優勢──習慣效應**：燕麥類產品、保健滋補飲品類、食用油以及成人奶粉類長年居國內領導品牌，消費者也早已習慣的跟隨這些品牌。
第3道關卡	◎ **具提高市占率或開發新市場的野心與計畫**：公司積極發展各種新產品，藉以持續不斷地提升品牌價值，並利用台灣的經驗加強擴展中國市場。 ◎ **持續創新的能力**：依市場與顧客需求會不斷的嘗試開發新配方、新口味之商品，拉開與市面上其他雜牌廠商的差異。 ◎ **積極的行銷策略**：早期桂格品牌在台灣行銷以電視通路居多，近年更以靈活的行銷策略及透過多元媒體，接觸各目標消費族群，增加產品曝光度及接受度以擴大消費市場。

參考資料：佳格年報、佳格官網、MoneyDj 理財網、法說會、《經濟日報》

聯華（1229）　　　　　　　　　　產業類別：食品工業

簡　　介 聯華實業為國內最大的麵粉及麵製品廠商，擁有台灣唯一 3 條磨粉設備的麵粉廠，分別有麵食製造、租賃事業、通路事業等 3 大事業體。重要轉投資事業有聯華氣體、聯成化學（1313）、神通電腦以及聯華液體等，2019 年業務經分割及轉型為控股公司。

營業比重 麵粉、麩皮及義大利麵 53%、系統整合服務 31%、投資收益 8%、不動產租賃 4%、零售及餐飲服務 4%（2019 年）。

競爭優勢

第1道關卡

◎ **事業理解度**：公司已轉型為控股集團，事業版圖涵蓋麵食事業、餐飲食品通路、資訊系統整合、軟體研發、石化、工業氣體、運輸物流、不動產開發租賃等多角化產業。

◎ **產業需求度**：公司轉投資相當多元與分散，不易受單一產業景氣影響，麵粉、麵製品為國內極具競爭力的領導品牌，需求穩定。旗下的聯華氣體為台灣工業氣體龍頭，租賃及電子資訊通路亦相當穩定，唯獨化工產業較易受到景氣循環的影響。

第2道關卡

◎ **規模優勢──寡占**：聯華的轉投資相當多元，旗下有幾個重要的轉投資事業體皆具有規模優勢，例如：麵粉事業為國內的領導品牌，市占約 22%；聯華氣體為國內工業氣體龍頭，市占約 5 成以上；神通電腦轉投資的聯強國際（2347）為亞太地區第 1 大、全球第 2 大資通訊、消費性電子以及半導體產品的通路集團。

第3道關卡

◎ **發展策略與戰略的執行力**：觀察集團發展策略與戰略計畫中，其整合旗下各事業體產業鏈所制定的策略計畫，執行力表現確實良好。

◎ **具提高市占率或開發新市場的野心與計畫**：公司旗下的事業體各自擁有一定的長期競爭力，並且各事業體亦積極推動在其領域提高市占率的計畫。

◎ **管理的嚴謹度**：公司具備良好的管理制度。並採行各自事業體獨立發展，除了能提高管理效率之外，更可專注深耕各自領域。

資料來源：聯華年報、聯華官網、法說會、MoneyDj 理財網、Yahoo! 奇摩股市

大統益（1232）　　　　　　　　　　　　　產業類別：食品工業

簡　　介 亞洲最大的黃豆油廠，初創是由統一、大成、益華、泰華等企業合資
籌建。公司生產的大豆粉供應給飼料相關產業，大豆油則供應給餐飲
業者、食品加工及小包裝油品等通路。大統益為國內 18 公升桶裝食
用油、散裝大豆油及散裝芥花油的最大供應商。值得注意的是原料成
本占製造成本比率高達 90% 以上，原料成本變化對獲利影響甚鉅。

營業比重 黃豆粉 41%、精緻沙拉油 14.08%、加工收入 2.57%、其他及商品
銷售收入 42.35%（2019 年）。

競爭優勢

第1道 關卡	◎ **事業理解度：**大豆加工產業是重要的民生工業，屬資本密集型產業，主要的生產原料大豆來源地為美國及巴西。大豆經過提油加工後，主要產品為大豆粉及大豆油。 ◎ **產業需求度：**國內一些新興油品近年進入一般家庭用油市場，但黃豆油價格便宜，目前業務用途的通路仍以黃豆油為主力；加上外食人口增加及食品加工等用量增加，業務用黃豆油的需求仍具有穩定成長的空間。
第2道 關卡	◎ **經濟規模優勢──寡占：**台灣目前有 4 家大豆加工廠，大統益產能規模最大，占台灣總產能一半以上。且大統益擁有黃豆油、大豆粉一貫製煉的黃豆加工設備，具有經濟規模生產優勢。 ◎ **長期供應優勢──地利優勢：**公司位在台南市，是國內畜牧業中心，作為飼料原料的大豆粉供應給飼料相關業者，比其他同業更凸顯出其優異的地利優勢。
第3道 關卡	◎ **具提高市占率或開發新市場的野心與計畫：**持續開發新產品與新通路藉此來提高市占率，並積極找尋亞洲鄰近國家大豆油出口業務。 ◎ **管理的嚴謹度：**公司非常注重管理制度，且對於原料與成品品質控管非常嚴謹，強化在食安方面的競爭力。

資料來源：大統益年報、大統益官網、MoneyDj 理財網、Yahoo! 奇摩股市

中華食（4205）　　　　　　　　　產業類別：食品工業

簡　　介　中華食品是國內知名豆腐產品生產廠商，亦是國內盒裝豆腐龍頭廠商。產品以內銷為主，主要有盒裝豆腐、豆花及愛玉類盒裝甜點、冷凍類的凍豆腐及火鍋料理等，豆腐產品長久以來一直是國人飲食中不可或缺的一部分，加上具寡占性與高定價能力，使得公司擁有穩固的競爭優勢。

營業比重　豆腐73%、冷凍類18%（凍豆腐、百頁豆腐等，為委外代工）、甜點9%（2019年）。

競爭優勢

第1道關卡	◎ **事業理解度**：產品主要為黃豆及雞蛋等原物料，經加工生產之後經由經銷通路，最終販售給消費者。 ◎ **產業需求度**：盒裝豆腐價格不貴，長期是消費者持續消費的產品，加上近年來外食人口大增，使得餐飲市場成長也帶動傳統豆類產品的需求，所以國內的豆腐市場一直保持穩定需求。
第2道關卡	◎ **經濟規模優勢──小眾利基型**：盒裝豆腐在國內目前主要有中華食、大漢、義美、德昌等業者，4大知名廠商即占逾9成市占率，在盒裝豆腐形成寡占市場，而中華食長期維持高市占率超過50%。在激烈競爭下，雖無法大幅度成長，仍能保持穩定成長的銷售。 ◎ **長期供應優勢──地利優勢**：公司在全省各縣市均有經銷商，能在最短時間內運送到銷售點。另外，盒裝豆腐因冷藏保存期限短，也讓國外廠商不易進入市場競爭。 ◎ **長期需求優勢──品牌效應**：為台灣盒裝豆腐龍頭品牌，形象已深植消費者的心，由於產品單價不高，即使調整價格，其長期所建立的信任感仍能被大多數消費者埋單。
第3道關卡	◎ **發展策略與戰略的執行力**：觀察近幾年公司業務發展計畫中，公司所擬定的策略與目標，在團隊執行力方面確實良好。 ◎ **持續創新的能力**：公司在生產研發豆腐產品上的能力相當優秀，且同時具備生產線設備的開發能力。

資料來源：中華食年報、MoneyDj 理財網、Yahoo! 奇摩股市

富邦金（2881）

產業類別：金融業

簡　　介 富邦金是國內以銀行、保險為主要業務的第 2 大金控公司，旗下子公司包括台北富邦銀行、富邦產險、富邦人壽、富邦銀行（香港）、富邦證券、富邦投信、富邦資產管理……等，總計營業據點超過 300 處。連續多年蟬聯金控業界的獲利王，主要獲利來源是台北富邦銀行與富邦人壽。較特別的是富邦金是以壽險為主體的金控公司，與利率變化高度相關，屬於景氣循環型的金融類股。

營業比重 銀行業務 47.8%、保險 47.1%、證券 5.1%（2019 年）。

競爭優勢

<table>
<tr>
<td rowspan="2">第1道
關卡</td>
<td>◎ 事業理解度：金融控股公司就是旗下可以擁有銀行、壽險、產險、證券等各個橫跨不同金融業務領域的子公司。主要業務是轉投資，營收來源為長期股權投資收益（旗下各子公司的稅後純益上繳），扣除相關營業費用後就是實際獲利。</td>
</tr>
<tr>
<td>◎ 產業需求度：金融業務含銀行、壽險、借貸、信託、證券等產業，與消費者、企業及國家經濟發展有高度關聯性，為具穩定需求之產業。</td>
</tr>
<tr>
<td rowspan="3">第2道
關卡</td>
<td>◎ 經濟規模優勢 —— 寡占：為國內第 2 大金控公司，旗下子公司發展相當均衡，其版圖完整性、資產規模以及通路數等，皆為國內數一數二之業者，也讓整體金控業務的商品交叉銷售綜效的發揮效果相對出色。</td>
</tr>
<tr>
<td>◎ 長期供應優勢 —— 政府法規授權：擁有政府法規的特許授權，在政策保護下長期是金控業的資優生，旗下的銀行、壽險、產險、證券等子公司表現亦相當優秀。</td>
</tr>
<tr>
<td>◎ 長期需求優勢 —— 轉換成本：旗下金融、壽險等子公司長期擁有優質的信譽形象，加上金融產業客戶擁有一種特殊「信任感」的特性，且顧客轉換銀行相當耗時與麻煩，因此擁有高轉換成本優勢。</td>
</tr>
<tr>
<td rowspan="3">第3道
關卡</td>
<td>◎ 具提高市占率或開發新市場的野心與計畫：除了持續擴大亞洲地區的經營版圖之外，並發展網路及 AI（人工智慧），計畫成為金控業數位化的領導品牌。</td>
</tr>
<tr>
<td>◎ 持續創新的能力：旗下事業單位長期以來就非常積極從事研發新的金融商品，擁有領先同業的金融商品研發能力。</td>
</tr>
<tr>
<td>◎ 積極的行銷策略：擁有業界最完整的金融商品線，並運用內部整合行銷資源之優勢創造更多業務收入。</td>
</tr>
</table>

資料來源：富邦金年報、富邦金官網、法說會、MoneyDj 理財網

國泰金（2882）　　　　　　　　產業類別：金融業

簡　　介　國泰金是以國泰人壽為主體，並在銀行、壽險、產險、證券等領域擁有穩健發展的金控公司。其中，國泰世華銀行與國泰人壽經營規模與獲利能力在國內均居前段班。國泰世華銀行為國內營業據點最多的民營銀行，國泰人壽的營業據點與有效契約市占率亦是業界第 1，在國內金控產業中長期居領導地位。需要注意的是以壽險為主體的金控公司，與利率變化有高度相關，故為景氣循環型的金融股。

營業比重　銀行 34.4%、保險 62.9%、證券 1.1%、其他 1.6%（2019 年）。

競爭優勢

第1道 關卡	◎ **事業理解度**：金融控股公司就是旗下可以擁有銀行、壽險、產險、證券等各個橫跨不同金融業務領域的子公司。主要業務是轉投資，營收來源為長期股權投資收益（旗下各子公司的稅後純益上繳），扣除相關營業費用後就是實際獲利。 ◎ **產業需求度**：金融業務包含銀行、壽險、借貸、信託、證券等產業，與消費者、企業以及國家經濟發展有高度關聯性，為具有穩定需求之產業。
第2道 關卡	◎ **經濟規模優勢——寡占**：為國內握有最多資產可供運用的金控公司，以壽險為主體並運用全國完整服務據點之優勢，讓旗下各子公司得以共享資源共同創造獲利。 ◎ **長期供應優勢——政府法規授權**：金控公司為政府高度管理的特許行業，具有高度資本密集及投資回收期長的特性，公司更利用保險業務的規模、通路等資源共享給集團其他事業體，使集團產生更優異的競爭利基。 ◎ **長期需求優勢——轉換成本**：金融產業客戶原就有種「信任感」的特性，公司旗下各公司長期建立起的品牌形象與客戶忠誠度，加上顧客轉換銀行相當耗時與麻煩，使其擁有高轉換成本優勢。
第3道 關卡	◎ **發展策略與戰略的執行力**：觀察近幾年業務發展策略與戰略計畫中，對於未來金融科技的轉型所擬定的計畫策略，執行面非常出色。 ◎ **具提高市占率或開發新市場的野心與計畫**：目前仍持續積極進行海外市場經營，除了中國市場持續深耕之外，東南亞市場亦積極拓展據點，目前是台灣在東協市場布局最完整的金控。

資料來源：國泰金年報、國泰金官網、法説會、MoneyDj 理財網

玉山金（2884） 　　　　　　　產業類別：金融業

簡　介 玉山金控是國內經營體質良好的中型金控，旗下子公司包含玉山銀行、玉山票券、玉山證券、玉山保經及玉山創投等所組成，其中以玉山銀行為核心獲利主體，占金控獲利比重高達 9 成以上。玉山金是採用由專業經理人經營模式，並長期具備穩健的風險管理與優異的獲利能力，為國內少數不具有財團或官股背景，卻打造出小而美的優秀金控公司。

營業比重 銀行 97.8%、證券 2.1%、創投業務 0.2%（2019 年）。

競爭優勢

第1道關卡

◎ **事業理解度**：金融控股公司就是旗下可以擁有銀行、壽險、產險、證券等各個橫跨不同金融業務領域的子公司。主要業務是轉投資，營收來源為長期股權投資收益（旗下各子公司的稅後純益上繳），扣除相關營業費用後就是實際獲利。

◎ **產業需求度**：金融業務包含銀行、壽險、借貸、信託、證券等產業，與消費者、企業以及國家經濟發展有高度關聯性，為具有穩定需求之產業。

第2道關卡

◎ **長期供應優勢——政府法規授權**：擁有政府法規的特許授權，並以商業銀行為主體。規模不是最大，業務範圍不是最廣，獲利卻能長期穩健成長且現金股息發放政策穩定。

◎ **長期需求優勢——轉換成本**：優質的專業服務品質，加上顧客因轉換銀行相當耗時與麻煩，讓其客戶長期以來有著很高的黏著度。未來若能加強海外布局，其專業服務品質之優點將有機會挑戰更亮眼的表現。

第3道關卡

◎ **發展策略與戰略的執行力**：觀察近幾年公司業務發展計畫中，所擬定的策略與目標，其團隊執行力方面確實良好。

◎ **具提高市占率或開發新市場的野心與計畫**：近年積極在海外布局和投入數位金融發展的行動，顯見具有開發新市場的野心與計畫。

◎ **管理的嚴謹度**：具備良好的管理制度，其專業的管理能力，長期以來深獲國內外專業機構的肯定。

資料來源：玉山金年報、玉山金官網、法說會、MoneyDj 理財網

兆豐金（2886）　　　　　　　　　　產業類別：金融業

簡　　介 2006 年由中國商銀及交通銀行合併組成兆豐國際商業銀行，爾後陸續又併入中興票券、中國產物保險等公司而更名為兆豐金控。旗下子公司包含兆豐商銀、兆豐證券、兆豐票券等，以兆豐商銀為主要獲利主體，其中 OBU（國際金融業務分行）及海外分行獲利金額長期穩居本國銀行前段班。公股金融機構的背景造就在企業金融、國際金融、財務操作領域的優勢利基，亦是一檔穩定配發現金股息的優質金控股。

營業比重 銀行 88%、票券 8%、證券 2%、其他 2%（2019 年）。

競爭優勢

第1道關卡

◎ **事業理解度**：金融控股公司就是旗下可以擁有銀行、壽險、產險、證券等各個橫跨不同金融業務領域的子公司。主要業務是轉投資，營收來源為長期股權投資收益（旗下各子公司的稅後純益上繳），扣除相關營業費用後就是實際獲利。

◎ **產業需求度**：金融業務包含銀行、壽險、借貸、信託、證券等產業，與消費者、企業以及國家經濟發展有高度關聯性，為具有穩定需求之產業。

第2道關卡

◎ **長期供應優勢──政府法規授權**：擁有政府法規的特許授權，在政策保護下銀行業務長期表現亦相當穩健。

◎ **長期需求優勢──轉換成本**：中國商銀早期被央行指定為政府特許之國際貿易與匯兌專業銀行，2006 年合併之後，兆豐商銀順勢成為國內外匯業務的龍頭，並延續早期中國商銀在國際貿易與匯兌專業之形象，無形中也與顧客建立起特殊的信任感。

第3道關卡

◎ **發展策略與戰略的執行力**：歷經 2016 年美國裁罰事件衝擊之後，觀察近幾年業務發展計畫，其團隊改革的執行力確實有所轉變。

◎ **具提高市占率或開發新市場的野心與計畫**：積極推動轉型計畫，不再只專注企業金融、國際金融，而是全面加強擴大消費金融業務，亦積極整合子公司間業務資源的綜效。

資料來源：兆豐金年報、兆豐金官網、法說會、MoneyDj 理財網

上海商銀（5876）

產業類別：金融業

簡　　介 於 1915 年在上海成立，隨國民政府遷台，1965 年在台復業，為台灣民營銀行中歷史最悠久。公司以企業金融為核心業務，並發展消費金融、財富管理、信託、存匯與數位金融業務。截至 2020 年 3 月，在台灣擁有 72 家分行，另外，上海商銀除了設有香港、越南、新加坡分行，旗下亦擁有持股 57% 的香港上海商業銀行（在香港有超過 40 家營業據點，美國、英國、中國亦設有分行），版圖橫跨歐美亞洲。

營業比重 銀行 100%（2019 年）。

競爭優勢

第1道 關卡	◎ **事業理解度：** 銀行是主要的金融機構，業務範圍為吸收存款、放款及辦理票據貼現等。 ◎ **產業需求度：** 金融業務包含銀行、壽險、借貸、信託、證券等產業，與消費者、企業以及國家經濟發展有高度關聯性，為具有穩定需求之產業。
第2道 關卡	◎ **長期供應優勢──政府法規授權：** 擁有政府法規的特許授權，過去受惠於中國的經濟成長，獨特的「滬、港、台」經營模式造就其優勢地位。不過隨著中國經濟成長率趨緩，未來的營運與轉型狀況值得關注。 ◎ **長期需求優勢──轉換成本：** 公司的經營績效長期位於國內銀行前段班，優質的專業服務品質與保守穩健的財務狀況，加上轉換銀行相當耗時與麻煩，長期以來累積眾多高黏著度的客戶。
第3道 關卡	◎ **具提高市占率或開發新市場的野心與計畫：** 公司計畫持續強化國內外分行通路擴大服務網絡，並加速推動銀行業務數位化，促進業務成長動能。 ◎ **管理的嚴謹度：** 公司具備嚴謹的管理制度，其謹慎保守的管理與穩定的人事，經歷過金融風暴與卡債風暴等仍能穩健獲利。

資料來源：上海商銀年報、法說會、MoneyDj 理財網

統一超（2912）　　　　　　　　　　產業類別：貿易百貨業

簡　　介 為國內連鎖超商龍頭 7-ELEVEN，轉投資企業包括台灣星巴克、博客來、康是美、黑貓宅急便等。2002 年統一企業集團成立統一集團流通事業體系（PCSC），以統一超為首，整合運作所有與流通相關的水平與垂直關係企業，因此統一超除了便利商店業務之外，更結合統一集團內不同事業群，讓所有資源均能緊密地有效應用。

營業比重 便利商店61.48%、流通事業29.68%、物流事業0.82%、其他8.02%（2019 年）。

競爭優勢

第1道關卡	◎ **事業理解度：**主要提供食品、生活用品及多元服務的販售，且提供消費者便利的消費方式，並利用通路優勢創造出更多服務業務，包括愛金卡、購票、代收服務以及咖啡飲料供應服務等。 ◎ **產業需求度：**隨著經濟發展及國人消費習慣改變，便利商店營業額占零售業的比重也逐年增加，足見該產業長期具有穩定需求。
第2道關卡	◎ **經濟規模優勢──寡占：**目前國內連鎖超商市場趨近飽和，大致形成 4 大超商寡占的情況，統一超以約 50% 市占率長期位居領導地位。透過集團的整合，各事業群建構出完整物流支援體系及綿密的銷售網路，擁有強大的規模優勢，議價能力也也優於同業。 ◎ **長期需求優勢──品牌效應：**7-ELEVEN 擁有全台最多超商店數，截至 2020 年 6 月達 5,828 家，並持續提供多元服務，為眾多消費者心中最具代表性的超商品牌。
第3道關卡	◎ **發展策略與戰略的執行力：**觀察業務發展策略與戰略計畫中，公司約 1～2 年即會制定新的策略方向，團隊每年皆務實地執行所訂的策略計畫，為其追求利潤及成長。 ◎ **具提高市占率或開發新市場的野心與計畫：**除了 7-ELEVEN，更跨足海內外零售事業。截至 2020 年 6 月，統一集團流通事業體系總店數已超過 1 萬家。菲律賓 7-ELEVEN 店數亦突破 2,850 家店。 ◎ **可複製的經營模式與管理系統：**公司門市展店規畫具備可複製的經營管理模式。 ◎ **管理的嚴謹度：**長期具備嚴謹的管理制度，並常獲得零售相關產業機構的認可，可見其卓越的經營能力。

資料來源：統一超年報、統一超官網、法說會、MoneyDj 理財網、Yahoo! 奇摩股市

全家（5903）　　　　　　　　　　產業類別：貿易百貨業

簡　　介 全家便利商店源自日本 FamilyMart 體系，1988 年引進其便利商店
經營管理技術進入國內市場，為國內食品大廠泰山（1218）的轉投
資。台灣超商市場已趨飽和，現為寡占市場；全家的規模雖不及龍頭
7-ELEVEN，截至 2020 年 7 月在國內共有 3,687 家門市，市占率約
30%，但 2020 年以來獲利成長性卻明顯領先。近年全家藉由通路的
強勢主導權、多元化服務及異業結合，持續帶動公司成長。

營業比重 零售 93.4%、物流 4%、其他 2.6%（2019 年）。

競爭優勢

第1道 關卡	◎ **事業理解度**：公司主要提供各種食品、飲料、冰品、菸酒、日用品等零售業務，還提供各項費用代收服務、快遞及宅配等服務。 ◎ **產業需求度**：隨著經濟發展及國人消費習慣改變，超商營業額占零售業的比重也逐年增加，顯示該產業具有穩定需求。
第2道 關卡	◎ **經濟規模優勢——寡占**：國內連鎖超商第 2 大業者，藉由連鎖店數持續增加所建立的縝密銷售服務網及規模，成為主要競爭利基。 ◎ **長期需求優勢——品牌效應**：現代人為了方便，常在便利商店解決一餐。近幾年全家除了持續增加各項服務之外，在熱熟食方面求新求變，因而累積了不少忠實顧客，「全家就是你家」這個口號，也深植消費者心中。
第3道 關卡	◎ **發展策略與戰略的執行力**：觀察近幾年業務發展策略與戰略計畫中，公司每年幾乎會制定新策略計畫，其執行力表現亦非常出色。 ◎ **持續創新的能力**：公司不斷發展創新的商品及服務，並積極異業合作，進而創造更多商機。近年推出會員 App 提供咖啡寄杯、商品預售等服務，成功提高顧客黏著度，推動獲利明顯成長。 ◎ **可複製的經營模式與管理系統**：公司門市展店規畫具備可複製的經營管理模式。 ◎ **管理的嚴謹度**：良好的管理及創新是公司長期的企業文化，作為與消費者第一線接觸的產業，其管理制度亦深獲肯定。

資料來源：全家年報、MoneyDj 理財網、Yahoo! 奇摩股市

寶雅（5904）　　　　　　　　　　　　產業類別：貿易百貨業

簡　　介 主要經營美妝生活雜貨店，專賣國外流行彩妝、開架式美妝美材用品、進口流行飾品以及生活百貨等。產品來自台灣、日本、韓國及中國等地，為國內最大保養美妝通路專賣店。以數百坪大坪數與上萬種商品銷售模式而言，同性質競爭對手有美華泰、四季、佳瑪等；若以美妝通路業來看，康是美、屈臣氏及日系藥妝店等皆算是潛在競爭對手。

營業比重 時尚美妝美材保養品類 40.93%、生活日用品類 33.28%、精緻個人用品類 15.66%、流行內衣襪類 10.13%（2019 年）。

競爭優勢

第1道 關卡	◎ **事業理解度**：為綜合商品零售通路廠商，以內銷為主，屬內需型產業。主要銷售生活百貨及美妝美材商品，多樣化元素加上寬敞明亮的空間，與超市、藥妝店、超商等零售業有明顯市場區隔。 ◎ **產業需求度**：國內綜合商品零售產業已相當成熟，消費市場也已轉為消費者導向為主，若能維持目前高性價比及多樣化平價時尚特色，在近年國內民間消費情況持續成長趨勢下，該類型產業需求未來仍有穩定成長的空間。
第2道 關卡	◎ **規模優勢──獨占**：截至 2020 年 8 月，寶雅全台店數超過 250 家，市占率高達 8 成以上。其同業美華泰、四季、佳瑪店數加總不到 50 家，顯示公司營運已達規模經濟，並在同業中擁有更強的議價能力來降低成本，拉大與其他對手的競爭力。 ◎ **長期需求優勢──搜尋成本**：除了美妝美材保養品、流行飾品等深受女性消費者喜愛之外，其他數萬種生活商品，也時常讓消費者產生非預期性的消費行為。一站購足的方便性與好逛的舒適空間，讓許多消費者無形中養成了特定習慣。
第3道 關卡	◎ **發展策略與戰略的執行力**：觀察近幾年業務發展策略與戰略計畫，公司針對行銷、產品線及營業規模所制定的策略計畫，執行力表現非常出色。 ◎ **具提高市占率或開發新市場的野心與計畫**：公司計畫自 2020 年起，每年持續展店 20 家店，至 2025 年將達 350 家。另外，2019 年新設的五金連鎖品牌「寶家」，截至 2020 年 8 月底共有 15 家店，也計畫未來每年平均能展店 30 家。 ◎ **可複製的經營模式與管理系統**：展店的地點評估若合宜，其經營與管理模式可以快速複製。

資料來源：寶雅年報、MoneyDj 理財網、Yahoo! 奇摩股市

崑鼎（6803）　　　　　　　　　　產業類別：環保產業

簡　　介 崑鼎為全球工程服務商中鼎（9933）子公司，為投資控股公司型態。旗下業務跨足廢棄物清運、資源回收利用、焚化爐發電等，為國內最大的廢棄物處理、焚化爐龍頭公司。雖因產業特性受景氣影響程度低，但台灣焚化爐近年已趨於飽和，公司未來主要的成長動能為海外市場與其他環保領域。

營業比重 廢棄物處理 40.14%、售電 29.56%、服務特許權 10.78%、清運 1.32%、其他 18.19%、（2019 年）。

競爭優勢

第1道關卡	◎ **事業理解度：**主要是一般廢棄物及事業廢棄物收受管理服務，並且處理焚化爐灰渣、工商業及科學工業園區廢棄物的清運服務，也包括各縣市與機關的廢棄物轉運與清除服務。 ◎ **產業需求度：**廢棄物清運、資源回收利用產業，目前在國內具有穩定需求但成長幅度趨緩。
第2道關卡	◎ **經濟規模優勢——寡占：**公司營運已達規模優勢，且旗下的信鼎、倫鼎、裕鼎、暉鼎公司目前在國內環保與廢棄物處理市場上，其技術及規模已達領先地位。 ◎ **長期供應優勢——政府法規授權：**擁有烏日廠與苗栗廠 2 座 BOT 焚化廠，特許營運權 20 年期間不會有競爭的問題，為國內極少數可提供一貫化作業服務的廢棄物清理廠商，在國內該產業占有一定地位。
第3道關卡	◎ **發展策略與戰略的執行力：**觀察近幾年業務發展策略與戰略計畫中，公司規畫了原有營運業務以外的新業務發展策略，其執行方面算是良好。 ◎ **具提高市占率或開發新市場的野心與計畫：**由於國內目前焚化廠已趨於飽和，公司跨足水資源產業、軌道事業及機電技術等工作，並積極拓展海外市場，爭取中國地區與東南亞等地業務。

資料來源：崑鼎年報、MoneyDj 理財網、Yahoo! 奇摩股市

日友（8341）　　　　　　　　　　　產業類別：環保產業

簡　　介 日友環保為台灣第 1 家生物醫療廢棄物焚化處理廠，為潤泰新
（9945）轉投資的子公司，為有害廢棄物清運、焚化、固化、物化
及掩埋處理等一貫化作業的廠商。公司營運的項目必須擁有政府特許
執照，且其完善的處理技術能力，又具備一貫化作業能力及高市占率，
在市場上具有一定的競爭優勢。

營業比重 生物醫療廢棄物清運處理 38.22%、事業廢棄物清運處理 58.86%、
勞務及銷售 2.92%（2019 年）。

競爭優勢

第1道 關卡	◎ **事業理解度：**公司透過北、中、南設立的甲級清除公司收取廢棄物及垃圾，透過物化、固化、焚化處理後，最後在自有的彰濱工業區事業廢棄物資源回收處理廠的掩埋場做最終處置。 ◎ **產業需求度：**隨著環保意識抬頭、法令規範日趨嚴格，醫療廢棄物處理產業市場需求仍大於供給。
第2道 關卡	◎ **經濟規模優勢——寡占：**於醫療廢棄物處理業務擁有完善的處理技術優勢，國內醫療廢棄物處理市占率約 40%，北京廠醫療廢棄物處理市占率約 40% ～ 50%（2003 年 SARS 事件時，環保署指定日友處理 SARS 相關醫療廢棄物處理，可見其處理技術的專業性。而 2013 年正式營運的北京潤泰環保亦是北京最大醫療廢棄物處理中心，由於中國市場的業務供不應求，日友持續在中國擴廠，有利於未來營運成長）。 ◎ **長期供應優勢——政府法規授權：**公司擁有政府的醫療廢棄物處理特許執照，為兩岸少見的醫療廢棄物處理廠，更創造出與國內其他廢棄物處理同業的市場區隔。
第3道 關卡	◎ **發展策略與戰略的執行力：**觀察近幾年業務發展策略與戰略計畫中，所擬定的策略與目標，其團隊執行力方面確實良好。 ◎ **具提高市占率或開發新市場的野心與計畫：**公司在國內市場穩固後積極布局中國北京、上海及其他城市等據點，未來並計畫前進東南亞等地區發展環保產業。 ◎ **管理的嚴謹度：**公司具備相當良好的管理制度，客戶穩定度高。

資料來源：日友年報、MoneyDj 理財網、Yahoo! 奇摩股市

可寧衛（8422）　　　　　　　　　　　　產業類別：環保產業

簡　　介 可寧衛主要經營「有害事業廢棄物」的清除處理業務，是台灣最大的處理廠商，也是最大一站式開挖清運及固化掩埋垂直整合的合法環保公司，擁有台灣最大的固化體獨立分區掩埋場。

營業比重 廢棄物掩埋 71.56%、廢棄物固化及開挖 24.69%、廢棄物清運 3.01%、其他 0.75%（2019 年）。

競爭優勢

第1道關卡	◎ **事業理解度：**上游的鋼鐵廠、焚化爐、電子工業、汙水廠及汙染場址等產生的有害重金屬及廢棄物，經由公司的固化處理後，最終運至掩埋場處置。其中，下游廢棄物掩埋方面，由於土地取得不易，且合格掩埋場開設難度高，屬於高度賣方市場。
	◎ **產業需求度：**由於相關綠色環保及節能產業興起、環保意識抬頭及法規日趨嚴格等因素，處理有害事業廢棄物數量需求仍有成長空間。
第2道關卡	◎ **經濟規模優勢——寡占：**此種類型服務在專業技術、土地、執照取得方面較為困難，該產業不利新競爭者進入。可寧衛具備一站式整合服務及技術能力，加上擁有國內最大許可處理固化量，從開挖、清運、固化、掩埋均垂直整合，可有效簡化流程降低生產成本，其廢棄物處理技術能力更高於其他同業。
	◎ **長期供應優勢——政府法規授權：**固化廠、固化後掩埋場、廢棄物掩埋場等業務都是須政府核可的特許事業。目前國內較具規模的民營固化廠，除了可寧衛以外，尚有中聯資（9930）、台灣瑞曼迪斯、日友彰濱廠等。不過與同業間雖是競爭關係，但必須仰賴可寧衛的掩埋場，故有不少同業也是其下游客戶，因此在國內沒有顯著的競爭對手。
第3道關卡	◎ **具提高市占率或開發新市場的野心與計畫：**除了台灣現有業務，公司也積極開始規畫進軍柬埔寨、馬來西亞等東南亞市場。至於中國市場，則以策略夥伴合作模式進行評估。
	◎ **管理的嚴謹度：**公司具有嚴謹的管理制度，一站式的整合服務加上幾十年優良營運紀錄，業務遍布全台，與顧客的關係相當穩固。

資料來源：可寧衛年報、MoneyDj 理財網、Yahoo! 奇摩股市

台塑化（6505）　　　　　　　　　產業類別：油電燃氣業

簡　　介 台塑化是國內第 2 大油品煉製及銷售廠，為國內唯一民營石油煉製廠，在國內與國營企業中油公司寡占油品市場。公司在「台塑四寶」供應鏈處於上游角色，主要業務分為油品及煉油、塑化、電氣 3 大事業。

營業比重 油品 67.2%、石油化學品（乙烯、丙烯等）26.6%、電力及蒸氣 5.8%、其他 0.4%（2019 年）。

競爭優勢

第1道 關卡	◎ **事業理解度**：主要將原油煉化後分為油品類產品（汽油、柴油、輕油等），並優先供應給自行經營的加油站，也外銷到新加坡、菲律賓等國。此外，也將輕油裂解的石油化學品（乙烯、丙烯等）供應給集團內的台塑（1301）、台化（1326）、南亞（1303）及其他如國喬（1312）、台橡（2103）等國內石化廠商。擁有汽電共生廠，生產之電力和蒸氣供應集團各廠使用，剩餘電力再回售給台電公司。 ◎ **產業需求度**：石化產業產品在食、衣、住、行、醫藥等均需廣泛使用到，目前並無更好的替代品可取代，所以是一項具有穩定基礎需求的產業。
第2道 關卡	◎ **經濟規模優勢──寡占**：為台灣最大的石化基本原料製造廠商，乙烯產能更為亞洲第一。台塑化是國內唯一民營石油煉製業者，與中油 2 家公司分食國內油品市場，市占率約 20%，具有寡占與規模經濟優勢。 ◎ **長期供應優勢──地利優勢**：由於台灣並無量產石油，進口油品成本高，因此在國內市場形成台塑化與中油公司寡占。 ◎ **長期供應優勢──政府法規授權**：石化產業是相當重要的基礎工業且影響國計民生，設立與經營多半需要當地政府的特許權。
第3道 關卡	◎ **具提高市占率或開發新市場的野心與計畫**：透過集團內公司合作，持續投資海外全球市場，並強化長期營運利基提升競爭優勢。 ◎ **持續創新的能力**：擁有新進且彈性的製程與設備，使產品提高附加價值，並持續發展高值化產品。 ◎ **管理的嚴謹度**：長期以來受集團影響，具有嚴謹的管理制度。

資料來源：台塑化年報、MoneyDj 理財網、Yahoo! 奇摩股市

新海（9926）

產業類別：油電燃氣業

簡　　介 新海瓦斯是新光集團旗下子公司，主要銷售商品天然氣，是「公用事業」民營業者。公司以導管供應新北市三重區、板橋區及新莊區共約 31 萬戶天然氣，並提供用戶天然氣管線設備的裝置與維護作業。另在天然氣輸氣管線內鋪設光纜，經營長途陸纜電路出租業務，兼營第 1 類電信事業。

營業比重 天然氣 79.09%、裝置收入 9.94%、電信收入 1.48%、其他 9.49%（2019 年）。

競爭優勢

第1道 關卡	◎ **事業理解度：**公司提供營業區域內用戶瓦斯管、瓦斯安全設備的設計與施工，並兼營瓦斯爐具、相關安全器具的販售以及第 1 類電信事業的長途陸纜電路出租業務。 ◎ **產業需求度：**天然氣的使用隨都市化程度進展，使用上已逐漸普及，且國家能源政策亦以擴大天然氣使用為主，有利於天然氣使用發展。尤其在民生用燃料方面，目前尚未有其他能源對天然氣作為家用燃料造成影響。
第2道 關卡	◎ **經濟規模優勢──獨占：**公司在新北市三重區、板橋區及新莊區擁有最大的規模優勢，且擁有逾 31 萬用戶的通路優勢。 ◎ **長期供應優勢──政府法規授權：**天然氣事業投入設備金額較大，且在營業區域內埋設各類管線並不是短時間內可完成。公用天然氣事業需經政府機關核准在特許區域內經營，目前國內供氣區域互不重疊，故公司供氣區域內尚無競爭對手，有獨家供應優勢。
第3道 關卡	◎ **持續創新的能力：**公司利用相關通路推展自有品牌瓦斯器具，並取得能源效率標章。此外，亦積極強化用戶售後服務，藉此提升產品品質並導入新產品。

資料來源：新海年報、MoneyDj 理財網、Yahoo! 奇摩股市

大台北（9908）　　　　　　　　　產業類別：油電燃氣業

簡　　介 大台北瓦斯是新光集團旗下子公司，主要銷售商品天然氣，是「公用事業」民營業者。主要供應地區包括台北市松山、信義、大安、萬華、中正、大同、中山等 7 個行政區及士林區 2 個里。

營業比重 天然氣 77.64%、裝置收入 12.92%、租金收入 6.56%、通信收入 1.8%、器具收入 0.73%、勞務收入 0.35%（2019 年）。

競爭優勢

第1道 關卡	◎ **事業理解度**：主要事業除了導管瓦斯銷售、相關設備器材製造以及瓦斯器具的販賣，並兼營市內、國內長途陸纜電路出租與辦公大樓出租等業務。 ◎ **產業需求度**：天然氣的使用隨都市化程度的發展，使用上已逐漸普及，且國家能源政策亦以擴大天然氣使用為主，有利於天然氣使用發展，尤其在民生用燃料方面，目前尚未有其他能源對天然氣作為家用燃料造成影響。
第2道 關卡	◎ **經濟規模優勢——獨占**：供應區域為台北市 7 個行政區及士林區 2 個里，用戶數 39 萬戶，占區域總戶數 66.65%。由於公司營業區域在台北市精華地區，包含餐飲業、飯店業、旅館業眾多，故瓦斯銷售量保持穩定成長趨勢。 ◎ **長期供應優勢——政府法規授權**：天然瓦斯供應是經政府機關核准在區域內特許經營，在供氣區域內有獨家供應優勢。
第3道 關卡	◎ **持續創新的能力**：公司發展策略朝向多角化經營，並參與如燃料電池應用相關研究計畫，試圖轉型成為提供多元化能源的公司。

資料來源：大台北年報、MoneyDj 理財網、Yahoo! 奇摩股市

永記（1726）　　　　　　　　　　　產業類別：化學工業

簡　　介 永記是台灣最大塗料製造廠商，以銷售品牌「虹牌油漆」享譽國內塗料業界，擁有台灣、中國、越南、馬來西亞及美國 5 個生產基地。除了生產一般性的塗料外，亦有生產技術門檻高的特殊機能塗料，如耐候型塗料、船底防汙漆及彩鋼漆等。

營業比重 塗料 94.7%、塗裝工程 5.3%（2019 年）。

競爭優勢

第1道關卡	◎ **事業理解度**：油漆塗料是一種複合材料，由多種化學原料調配混合而成，產品的原料配方大致分為塗膜成分的樹脂、顏料、添加劑、填充劑和非膜成分溶劑。 ◎ **產業需求度**：塗料使用量多寡與經濟成長有高度相關性，國內市場已近飽和，因此塗料成長性有限；但亞洲市場則因近年的快速開放發展，塗料的供給有大幅成長空間。
第2道關卡	◎ **經濟規模優勢 —— 寡占**：國內塗料市場小廠眾多競爭激烈，永記與國際大廠的規模相比雖然小，但在國內穩居領導地位；市占率約 15.74%，具備經濟規模。永記一貫化生產流程的生產線有助降低成本，以及其特殊機能性產品的研發能力，皆具有相當的優勢。 ◎ **長期供應優勢 —— 地利優勢**：油漆塗料在運輸上被視為危險性產品，在時效及氣候上有很多限制，屬地域性強的產業。故在國內與國際大廠競爭下，多了地利優勢。 ◎ **長期需求優勢 —— 品牌效應**：「虹牌油漆」為國內知名油漆品牌，產品分布於國內油漆經銷商及大型賣場，其品牌形象也時常出現在國際大型體育轉播贊助及賽事電視廣告上，產品代表性的連結極高。
第3道關卡	◎ **具提高市占率或開發新市場的野心與計畫**：近年將營運策略著重在海外市場的開拓，透過與國際大廠技術合作與策略聯盟，試圖將銷售版圖延伸到海外新市場。 ◎ **持續創新的能力**：研發能力堅強，在開發新品與品質改良技術上領先其他同業，各項產品亦陸續取得多項國內外專利。 ◎ **管理的嚴謹度**：長期具備良好的管理制度，在生產效率及管理方面相當出色，品質與服務也獲得相當高的肯定。

資料來源：永記年報、永記官網、MoneyDj 理財網、Yahoo! 奇摩股市

和泰車（2207）　　　　　　　　　　產業類別：汽車工業

簡　　介 和泰車初期以貿易為主要業務，隨後陸續取得豐田（Toyota）、日野汽車以及橫濱輪胎等知名品牌代理權。公司並代理銷售其轉投資的國瑞汽車所生產的各型車輛，且陸續發展汽車產業鏈相關服務，如租賃、車貸、配件、保險等。即一輛汽車從製造、銷售、保養維修、保險、中古市場直到報廢為止，皆能從中賺取獲利。

營業比重 豐田及日野產品總代理 56.81%、其他 29.78%、租賃事業 9.41%、分期事業 4%（2019 年）。

競爭優勢

第1道關卡	◎ **事業理解度**：以代理日本豐田汽車為主業務，分為 2 種模式：一是輸入汽車相關零組件在台灣組裝生產，二是以整車方式進口來台，再由國內代理商透過經銷體系銷售，並提供售後服務與維修服務。
	◎ **產業需求度**：汽車產業是具有穩定的基礎需求產業，另外其產業鏈相關服務如租賃、車貸、配件、保險等，亦有穩定需求空間。
第2道關卡	◎ **經濟規模優勢──寡占**：由於日本母公司與產品品質有良好之形象，長期穩居國內車市龍頭，並透過轉投資模式，將觸角延伸到汽車產業鏈相關服務，在國內已擁有完整的汽車銷售產業鏈整合優勢。
	◎ **長期供應優勢──品牌效應**：車款耐操、耐用以及高 CP 值形象，長期受到消費者的肯定，在同等級的汽車市場中，擁有相對較高的信任感與代表性。
第3道關卡	◎ **發展策略與戰略的執行力**：觀察近幾年業務發展策略與戰略計畫，在汽車價值鏈建構策略上，執行力相當優異，並能隨時觀察市場需求進行調整因應。
	◎ **積極的行銷策略**：除了整合經銷商、中古車、分期、租賃、保險等集團資源之外，其行銷及企畫能力表現也相當優秀。
	◎ **管理的嚴謹度**：具有嚴謹的管理制度，經營團隊長期在各部門的整合能力也有相當高的水準。

資料來源：和泰車年報、和泰車官網、法說會、MoneyDj 理財網、Yahoo! 奇摩股市

豐興（2015）

產業類別：鋼鐵工業

簡　　介 豐興鋼鐵是目前國內唯一可生產型鋼、條線及鋼筋 3 大類產品的煉軋合一鋼廠商，也是東南亞各電爐廠中，首先成功開發以電爐生產特殊（SBQ）鋼胚的鋼廠，與國內大多數鋼鐵廠以生產鋼筋為主的營運模式不同。豐興鋼鐵以內銷為主，並且在一貫化製程及彈性的產品組合策略下，在國內長期擁有穩定的高市占率。

營業比重 鋼筋 48.47%、條線（棒鋼、盤元）26.19%、型鋼（角鋼、槽鋼等）25.31%、其他 0.03%（2019 年）。

競爭優勢

第1道 關卡	◎ **事業理解度：**主要產銷產品有型鋼、鋼筋、棒鋼等，內銷比重約 85%。銷售方式主要是提供給經銷商，並有些許部分直接出貨到工地。棒鋼則主要應用在金屬產品加工及機械產業，且棒鋼與型鋼的毛利率較高，為公司獲利關鍵。 ◎ **產業需求度：**鋼鐵業是基礎工業，在鋼筋市場上有眾多廠商，競爭激烈。而公司主力產品是棒鋼及型鋼，比較不受景氣波動影響，具有穩定需求空間。
第2道 關卡	◎ **經濟規模優勢——寡占：**鋼筋在國內市場競爭激烈，至於型鋼生產門檻較高，屬於寡占市場；另外，棒鋼主要競爭對手為中鋼，在國內也是寡占市場，因此讓公司在市場上具有一定的競爭力。豐興長期為國內中型鋼市占龍頭，品質穩定、供貨充足。加上行銷網路遍及全國各地，在市場上有相當高的優勢。
第3道 關卡	◎ **發展策略與戰略的執行力：**觀察近幾年業務發展策略與戰略計畫，皆務實地執行公司的策略。目前更規畫導入智慧化、數位化生產，迎接工業 4.0 時代來臨。 ◎ **持續創新的能力：**長期致力於自煉特殊鋼種開發，在改善新品開發製程及提升品質方面，擁有比同業更優秀的能力。 ◎ **管理的嚴謹度：**對內部管理制度上非常嚴謹，也很注重培養人才以及完整的企業管理制度。

資料來源：豐興年報、豐興官網、法說會、MoneyDj 理財網、Yahoo! 奇摩股市

台積電（2330）　　　　　　　　產業類別：半導體業

簡　介 台積電是全球第 1 家亦是規模最大的專業積體電路（IC）製造服務商，經營策略是只提供客戶晶圓代工服務，而不另外產銷自有品牌與客戶競爭。目前營運仍保持成長趨勢，製程技術居產業領導地位。產業競爭門檻高，對手不易跨入，競爭優勢相當優異。

營業比重 晶圓 86.67%、其他 13.33%（2019 年）。

競爭優勢

第1道關卡	◎ **事業理解度**：IC 產業鏈由上而下分為設計、製造、封裝及測試，公司僅從事 IC 製造的專業分工，包括晶圓製造、光罩製作、晶圓測試與錫鉛凸塊封裝及測試等客戶支援服務。
	◎ **產業需求度**：半導體產業應用範圍廣泛，在通訊、消費性電子、汽車與工業用設備、電腦等皆有涵蓋，是具有穩定需求的產業。
第2道關卡	◎ **經濟規模優勢──寡占**：晶圓代工是資本密集行業，為寡占市場，訂單逾 7 成集中在全球前幾大廠商。台積電在技術及產能均大幅領先同業，擁有全球半導體代工 60% 的高市占率；隨著製程愈先進，門檻就愈高，加上有學習曲線之特性，使得市占率長期穩居高檔。
	◎ **長期供應優勢──地利優勢**：晶圓代工廠需要外部支援的項目非常多，而台灣已形成相當完整的生產供應鏈，其地利及群聚效應的優勢短期內很難被取代。
	◎ **長期需求優勢──專利**：目前在全球的專利超過 3 萬 9,000 項以上，除了用以確保技術領先之外，更能強化在全球營運自由（Free to Operate）之優勢。
第3道關卡	◎ **發展策略與戰略的執行力**：觀察近幾年業務發展策略與戰略計畫，長期會因應市場的變動，制定新的策略計畫，其執行力亦非常出色。
	◎ **具提高市占率或開發新市場的野心與計畫**：除了擁有先進製程技術，近年仍持續投資於擴充產能及研發，以維持高市占率。
	◎ **持續創新的能力**：長期以來持續透過內部工程研發努力開發技術，並利用其研發成果來延續技術領先的優勢。
	◎ **管理的嚴謹度**：內部管理以嚴格聞名，並積極要求合作的供應鏈廠商也需延伸配合，帶動起產業間的正向循環。

資料來源：台積電年報、台積電官網、法說會、MoneyDj 理財網、Yahoo! 奇摩股市、《經濟日報》

致茂（2360）　　　　　　　　　　　　產業類別：其他電子業

簡　　介 致茂電子為國內精密量測儀器及系統的領導廠商，主要提供測光、測電、測色彩的高技術精密儀器商。早期以生產精密儀器為主，近年已轉型成整合系統解決方案提供廠商，並以自有品牌「Chroma」行銷全球。客戶涵蓋監視器、電源供應器、被動元件、LCD 模組、LED、半導體、太陽能及電動車產業，提供其產品測試驗證用。

營業比重 量測儀器設備 75.81%、特殊材料 15.08%、自動化運輸工程設備 7.25%、其他 1.85%（2019 年）。

競爭優勢

第1道 關卡	◎ **事業理解度**：主要的服務是對資訊、電子科技等相關產業客戶在研發及生產時，提供產品最佳品質測試解決方案。 ◎ **產業需求度**：隨著資訊電子科技不斷推陳出新，精密量測技術應用也不斷延伸，而帶動測試儀器產業有需求穩定成長空間。
第2道 關卡	◎ **經濟規模優勢──小眾利基型**：精密量測技術應用非常廣泛，舉凡傳產、自動化工業、航太到高科技產業等都需用到。公司專攻利基市場，並在電源供應器測試、被動元件測試、電氣安規測試設備以及 LED 測試設備等市場，為台灣最大並占有高市占率。 ◎ **長期供應優勢──地利優勢**：由於台灣的半導體與光電產業已發展成熟，間接也讓公司與台灣相關產業鏈緊密結合，與國內外廠商間多了地利之便的服務優勢。 ◎ **長期需求優勢──搜尋成本**：精密量測儀器技術進入門檻高，加上擁有技術領先利基，並能提供客戶一站式方案服務，因此具有搜尋成本優勢。
第3道 關卡	◎ **具提高市占率或開發新市場的野心與計畫**：隨著新能源車市場快速發展，公司近年也積極強化檢測標準與研發能量，來完善新能源車測試市場領域布局。 ◎ **持續創新的能力**：長期以來重視內部研發能力，加上產品技術進入障礙高，因而在各項產品技術都能保持領先地位。 ◎ **管理的嚴謹度**：具備相當嚴謹的管理制度，並且採取精實營運管理，能有效提升產品研發速度與品質。

資料來源：致茂年報、致茂官網、法說會、MoneyDJ 理財網、《天下雜誌》

耕興（6146）　　　　　　　　　　　産業類別：其他電子業

簡　　介　耕興是國內智慧型手機與網通設備檢測大廠，主要從事電子電氣產品的電磁相容（EMC）認證、安規檢測服務、無線網通認證、手機認證、家電產品認證等服務，為國內檢測產業領導廠商。公司在全球市場廣泛設置服務據點，為全球極少數可以提供電子產品完整測試驗證服務的業者。由於大多數電子產品在全球先進國家大多已立法管制，必須先通過安全認證才能上市，故檢測服務是具有穩定需求的市場。

營業比重　測試報告 88.59%、零件 8.64%、安規 2.77%（2019 年）。

競爭優勢

第1道關卡

◎ **事業理解度：**檢測認證分為強制性（電磁相容（EMC）、安規（Safety）、人體電磁波吸收比（SAR）、無線電射頻（RF）），以及符合性（射頻與軟體協定等，電信廠商會要求手機業者提供該項檢測報告）。

◎ **産業需求度：**隨著無線網通和行動通訊產品普及化，各國政府對電子電氣產品有規定強制的測試，所以產品的測試以及認證需求仍具有成長的空間。

第2道關卡

◎ **經濟規模優勢──寡占：**擁有多國知名機構授權發證，長期累積的認證技術，也讓該產業跨入門檻極高，目前幾乎是寡占市場。

◎ **長期需求優勢──搜尋成本：**近年電子各大廠商不斷推出新產品，需要能提供穩定的檢測品質與速度之檢測業者，以利於在最短時間內讓產品上市。公司長期擁有良好服務品質與效率，並以就近服務客戶為原則，因此具有搜尋成本優勢。

第3道關卡

◎ **發展策略與戰略的執行力：**觀察近幾年業務發展策略與戰略計畫，公司在地化及自動化的服務策略，團隊執行力佳。

◎ **持續創新的能力：**在新技術檢測的研發以及資本投資，長期以來一直維持領先，因此能持續掌握新產品的高市占率。

◎ **管理的嚴謹度：**管理制度、服務效率及研發管理表現良好，並擁有最完整的檢測設備、分布最多的檢測地點及技術，積極為客戶快速提供測試、修改及報告發放服務，客戶長期對於公司有高評價。

資料來源：耕興年報、MoneyDj 理財網、Yahoo! 奇摩股市

信錦（1582）

產業類別：電子零組件業

簡　介 信錦是全球監視器底座與 TV 底座的領導廠商，主要業務是液晶監視器底座、液晶電視底座以及 AIO（All-in-One）電腦底座的設計、製造、量產等一條龍式服務業務，並且積極結合電子網通領域提升軸承底座的附加價值。

營業比重 底座產品 93.06%、模具 6.94%（2019 年）。

競爭優勢

<table>
<tr>
<td rowspan="2">第1道
關卡</td>
<td>◎ 事業理解度：產品主要是液晶顯示器、液晶電視、AIO 電腦的樞紐及底座產品，是一項成熟的產業。</td>
</tr>
<tr>
<td>◎ 產業需求度：顯示器產業雖已是成熟產業，成長動能趨緩，但是由於底座產品應用範圍廣泛，無論液晶顯示器產品如何變化，底座、樞紐產品仍為液晶顯示器不可或缺的重要組件，有穩定的市場需求。</td>
</tr>
<tr>
<td rowspan="2">第2道
關卡</td>
<td>◎ 經濟規模優勢——小眾利基型：為全球最大顯示器樞紐製造商，液晶顯示器底座全球市占率 25%、AIO 電腦底座全球市占率 26%。由於產品應用的產業已趨成熟，市場規模不大，不易有新競爭者加入，擁有該產業特定的規模優勢。</td>
</tr>
<tr>
<td>◎ 長期需求優勢——搜尋成本：擁有業界最多的顯示器底座、樞紐機構專利及技術，並具高度客製化能力，能提供整台底座的開發、測試到量產的快速服務，也大力節省客戶的研發成本。</td>
</tr>
<tr>
<td rowspan="3">第3道
關卡</td>
<td>◎ 具提高市占率或開發新市場的野心與計畫：由於電視軸承與底座業務已為紅海市場，近年規畫的轉型方向主要是透過產業合作或策略購併等方式，來擴大營運規模。</td>
</tr>
<tr>
<td>◎ 持續創新的能力：除了投入自動化生產設備開發之外，對於新產品開發及新技術的創新也不遺餘力。</td>
</tr>
<tr>
<td>◎ 管理的嚴謹度：具有嚴謹的管理制度，團隊能在生產流程嚴密管控下創造穩定的獲利空間。</td>
</tr>
</table>

資料來源：信錦年報、信錦官網、MoneyDj 理財網、Yahoo! 奇摩股市

台達電（2308）　　　　　　　　　産業類別：電子零組件業

簡　　介　台達電以製造繞線式磁性元件起家，現為全球磁性及散熱元件重要供應商，並以此核心技術發展生產電源供應器，目前是全球最大的交換式電源供應器廠商。近年轉型成系統整合解決方案業者，並積極布局智慧電網、研發系統性能源解決方案；近年持續往自動化布局，主要為工業與樓宇自動化，工業自動化部分橫跨十幾個產業應用領域。

營業比重　電源及零組件 49.6%、基礎設施產品 36.1%、自動化產品 14%、其他 0.3%（2019 年）。

競爭優勢

第1道 關卡	◎ **事業理解度**：主要業務是設計製造電源及零組件（交換式電源供應器、零組件、風散與散熱）、能源管理（太陽能、風能、通訊電源、不斷電系統、工業自動化、車用電子）、智能綠生活（視訊、LED 照明、電子紙、語音辨識、雲端運算）等，並提供品牌加值服務。 ◎ **產業需求度**：產品從電腦應用逐漸發展到工業應用、車用電子、建築等領域，應用的產業領域非常廣泛也具有需求成長的空間。
第2道 關卡	◎ **經濟規模優勢──寡占**：電源供應器、無刷直流風扇、通信電源等產品長年穩居全球龍頭地位，工業自動化領域亦擁有完整的垂直整合產品線。
第3道 關卡	◎ **發展策略與戰略的執行力**：觀察近幾年公司業務發展計畫中，所擬定的策略與目標執行力方面確實良好。 ◎ **具提高市占率或開發新市場的野心與計畫**：除了深耕汽車電子、工業自動化及能源基礎設施等原業務之外，亦積極加強專利申請及擴大產品應用領域等。 ◎ **持續創新的能力**：長期以來就特別專注在創新與研發上，堅實的研發能力讓其保有技術上領先的優勢。 ◎ **管理的嚴謹度**：具備相當嚴謹的管理制度，且長期累積的正派企業形象獲得不少客戶的肯定。

資料來源：台達電年報、台達電官網、法說會、MoneyDj 理財網、Yahoo! 奇摩股市

大聯大（3702）　　　　　　　　產業類別：電子通路業

簡　介 IC 通路商，以控股模式有效整合競爭激烈的電子零件通路商，旗下擁有世平、品佳、詮鼎及友尚等集團，代理產品供應商超過 250 家，目前全球營運據點逾 105 處，為亞太區最大的半導體零組件通路廠商。公司近年已攻入美國市場，邁向國際性代理、經銷商。

營業比重 核 心 元 件 29.6%、 類 比 及 混 合 訊 號 元 件 21.58%、 記 憶 元 件 19.57%、離散及邏輯元件 14.19%、光學及感測元件 7.86%、被動及電磁及連接器元件 5.22%、其他元件 1.98%（2019 年）。

競爭優勢

第1道 關卡	◎ **事業理解度：**為 IC 通路商，並無製造工廠，主要代理、經銷上游 IDM 或 FablessIC 設計公司的半導體零組件。經由本身專業的附加價值服務，將代理、經銷的半導體零組件，銷售至下游電子成品製造商。 ◎ **產業需求度：**在 AIoT（人工智慧物聯網）智慧時代帶動下，行動通訊、汽車電子、工業電子等 3 大領域，以及物聯網、人工智慧等所帶來的龐大商機，將持續推動半導體產業的成長。
第2道 關卡	◎ **經濟規模優勢──寡占：**公司為全球第 2 及亞太第 1 的 IC 通路商，由於 IC 通路產業講求規模經濟，故能提供客戶一次購足服務及多種系統整合解決方案。在全球有超過百處分銷據點，及對客戶支援的能力非常優異，這項優勢不易被取代。 ◎ **長期供應優勢──地利優勢：**全球的半導體製造商大多在亞太地區，而公司擁有地理位置優勢。經銷據點遍布亞洲，故全球製造大廠所需的零組件幾乎均要向公司購買。
第3道 關卡	◎ **發展策略與戰略的執行力：**觀察近幾年業務發展策略與戰略計畫中，所擬定的策略與目標其團隊執行力方面確實良好。 ◎ **具提高市占率或開發新市場的野心與計畫：**公司積極透過購併，並計畫與國際大型半導體零組件通路業者建立策略聯盟，進而成為國際行銷通路商。 ◎ **管理的嚴謹度：**公司具備嚴謹的管理制度，因此很多客戶對於其服務皆給予相當高評價，客戶的黏著度亦非常穩定。

資料來源：大聯大年報、大聯大官網、法說會、MoneyDj 理財網、Yahoo! 奇摩股市

研華（2395）　　　　　　產業類別：電腦及周邊設備業

簡　　介　研華是全球工業電腦前 3 大廠商，並以自有品牌「ADVANTECH」行銷全球。工業電腦主要應用於自動化設備及智能系統，在工業 4.0 時代占據關鍵的地位。產品應用領域十分廣泛，遍及醫療、娛樂、交通、安全監控、博弈樂透彩等多項領域。近年積極切入新的應用市場與物聯網產業，建構自家軟體平台，期待能成為未來新的成長引擎之一。

營業比重　嵌入式板卡及系統 49%、產業電腦及工業控制 40%、售後服務及其他 11%（2019 年）。

競爭優勢

第1道關卡

◎ **事業理解度**：工業電腦產業分為上游的零組件供應商，中游的硬體製造商，下游的系統整合廠商。公司主要銷售工業電腦及其相關應用產品等，位於產業中游。

◎ **產業需求度**：相較於 PC（個人電腦）與智慧型手機，工業電腦偏小眾利基市場產業；但近年隨著物聯網需求持續成長，工業電腦產業應用也更加廣泛，未來仍具有成長空間。

第2道關卡

◎ **經濟規模優勢──寡占**：為國內工業電腦領域第 1 大領導廠商，全球工業電腦市占率估逾 30%，為少數能將業務從物聯網產品拓展到物聯網整合解決方案的工業電腦廠商。

◎ **長期需求優勢──轉換成本**：長期專注在工業電腦領域發展，產品滲透涵蓋的領域比其他同業優秀，加上研發與客製化能力非常強，形成一道競爭者難以模仿的障礙。加上產品的複雜度與售後需長期維修保養等因素，也讓顧客的轉換成本更高。

第3道關卡

◎ **發展策略與戰略的執行力**：觀察業務發展策略與戰略計畫中，公司約 3 ～ 5 年即會制定新的發展策略，過去所擬定的策略大多有完整落實。

◎ **具提高市占率或開發新市場的野心與計畫**：在研發上維持一貫高度的投資，並積極尋求跨產業策略聯盟與購併的機會，藉此來提升自身技術力與市占率。

◎ **管理的嚴謹度**：具有嚴謹的管理制度，經營團隊長期以來在品質及維護服務方面要求甚高。

資料來源：研華年報、研華官網、法說會、MoneyDj 理財網、Yahoo! 奇摩股市

大立光（3008）　　　　　　　　　　　　　產業類別：光電業

簡　　介 國內生產光學鏡頭及鏡片的領導廠商，光學元件應用領域涵蓋多功能事務機、智慧型手機、平板電腦、相機、穿戴式裝置鏡頭、虹膜辨識鏡頭、光學滑鼠等鏡頭、醫療儀器用鏡頭、汽車鏡頭等。近年隨智慧型手機市場蓬勃發展，產業快速成長，公司在高階智慧型手機的技術能力與市占長期獨占鰲頭，並藉由提升更先進規格技術來拉高其他業者的進入障礙。目前全球前 5 大手機品牌高階鏡頭皆是其重要的客戶。

營業比重 光學元件 100%（2019 年）。

競爭優勢

第1道 關卡	◎ **事業理解度：**光學元件產業大致上可分為：使用玻璃鏡片與塑膠鏡片、球面鏡片與非球面鏡片等。隨著各種光電影像產品的輕薄短小及價格考量等趨勢下，光學元件也往輕薄、量產、質佳、價廉的方向前進。 ◎ **產業需求度：**在資訊科技不斷創新之下，基本上任何影像輸出輸入幾乎都要各式的光學鏡片或鏡頭。智慧型手機市場雖已趨向飽和，但在汽車、微型投影機及空拍機等領域的鏡頭需求，仍具有可期待的成長空間。
第2道 關卡	◎ **經濟規模優勢——獨占：**在高階塑膠鏡頭及鏡片擁有全球最大市占率，在塑膠鏡頭的技術及產能規模皆具備領先優勢。目前開發高階產品速度及導入量產的生產能力亦優於同業，現階段技術仍居全球領導地位。值得注意的是，中國廠商急起直追，公司未來的挑戰可能會加大。 ◎ **長期供應優勢——專利：**在塑膠鏡頭及鏡片的技術、良率皆優於其他同業，並運用領先的設計專利建構起競爭對手的生產障礙，創造出更低的生產成本。
第3道 關卡	◎ **發展策略與戰略的執行力：**觀察近幾年業務發展策略與戰略計畫中，公司在生產、銷售、研發、營運的策略，皆能穩健地執行各目標與發展計畫。 ◎ **持續創新的能力：**隨著光學鏡頭應用產品需求與日俱增，公司仍持續投入更高階產品的研發。 ◎ **管理的嚴謹度：**具備嚴謹的管理制度，內部方面不管生產線、研發還是管理部門，皆能確實達成研發進度及生產良率。

資料來源：大立光年報、大立光官網、法說會、MoneyDJ 理財網、Yahoo! 奇摩股市

中華電（2412）

產業類別：通信網路業

簡　　介 國內電信業龍頭，在行動通信、固網語音、網際網路市占率均居第 1。台灣電信市場雖為寡占市場，但前 3 大公司競爭激烈；由於消費者對電信服務品質及價格要求愈來愈高，故掌握市場環境變化與消費傾向，並發展更多具吸引力的產品或供應鏈整合，方能持續保持優勢。

營業比重 行動通信及加值業務 28.29%、商品銷售 20.04%、其他 14.03%、市內及長途網路 13.46%、寬頻接取及國內電路出租 10.66%、數據網路服務 10.12%、國際網路及電路出租 3.41%（2019 年）。

競爭優勢

第1道關卡	◎ **事業理解度**：主要業務有國內固定通信服務（市內電話、長途電話等）、行動通信服務（4G、5G 行動加值服務）、網際網路服務、國際固定通信服務（國際電話、國際電路出租業務）。基本上，打電話、上網及其他與通訊相關的服務，皆為中華電信服務範疇。 ◎ **產業需求度**：隨著全球行動終端設備普及化，智慧型手機與平板電腦愈趨輕薄與成熟；未來雲端運算、高速網路科技將持續進步，電信產業仍有穩定基本需求空間。
第2道關卡	◎ **經濟規模優勢──寡占**：電信產業屬高技術與高資本密集的產業，目前國內電信市場主要業者有 5 家，其中又以中華電、台灣大、遠傳瓜分逾 9 成市占率，並以中華電的營收獲利規模居首。雖然國內競爭已日趨激烈，不過公司骨幹網路系統及基本線路建設完整，且現有的通路涵蓋面廣，仍有領先優勢。 ◎ **長期供應優勢──政府法規授權**：電信產業為消費者日常生活的基本需求，且因為政府控管關係，國內市場仍具有寡占與集中度高的特性。
第3道關卡	◎ **具提高市占率或開發新市場的野心與計畫**：面對國內市場的激烈競爭，積極開拓新業務及發展資通訊整合服務專案，並嘗試結合策略夥伴拓展企客及海外市場。 ◎ **管理的嚴謹度**：長期具備良好的管理制度，並在服務效率及業務管理方面表現相當出色。

資料來源：中華電年報、中華電官網、法說會、MoneyDj 理財網、Yahoo! 奇摩股市

台灣大（3045）

產業類別：通信網路業

簡　　介 台灣大哥大是國內第 2 大電信業者，除了提供電信業務，另有固網、有線電視等整合性通信服務；旗下富邦媒（8454）為國內 B2C 電子商務龍頭。國內電信產業目前以電信三雄寡占市場，各自擁有龐大的客戶群。不過，隨著國內電信通訊市場日趨飽和，如何維持市占率及穩定獲利能力將是未來電信業者新的挑戰。

營業比重 行動通信 34.67%、銷貨收入 55.44%、數據通信 2%、國際固定通信 0.86%、國內固定通信 0.41%、其他收入 6.62%（2019 年）。

競爭優勢

第1道關卡

◎ **事業理解度**：主要業務為提供個人行動電信服務、企業用戶資訊及通訊整合、有線電視及寬頻網路等；轉投資的富邦媒主要經營電視購物、網路購物，為近年貢獻台灣大獲利重要功臣。。

◎ **產業需求度**：隨著全球行動終端設備普及化，智慧型手機與平板電腦愈趨輕薄與成熟，未來隨著高速網路科技、雲端運算持續蓬勃發展，電信產業仍具有穩定市場需求。

第2道關卡

◎ **經濟規模優勢——寡占**：國內電信市場由電信三雄寡占，行動通信業務方面，台灣大以約 25% 市占率居於第 2，營運及財務體質長期表現穩定。有線電視業務是國內第 4 大多系統經營者；零售事業富邦媒則是國內 B2C 龍頭。公司充分運用行動、固網、影視媒體等資源的三網匯流，加上強大的技術能力及行銷團隊，創造出多元銷售通路，為最大的競爭優勢。

◎ **長期供應優勢——政府法規授權**：電信產業為一般大眾的基本需求，且因受政府控管，具有寡占與集中度高的特性。

第3道關卡

◎ **發展策略與戰略的執行力**：觀察近幾年業務發展策略與戰略計畫，隨著電信產業的商業模式發展不斷進步，執行力方面確實良好。

◎ **具提高市占率或開發新市場的野心與計畫**：公司積極運用既有資源的結合提供更多元的應用服務，並積極開發電子商務及電視購物業務的東南亞及海外市場。

◎ **管理的嚴謹度**：公司長期具備良好的管理制度，並在零售業務與服務方面方面表現相當出色

資料來源：台灣大年報、台灣大官網、法說會、MoneyDj 理財網、Yahoo! 奇摩股市

敦陽科（2480）　　　　　　　　產業類別：資訊服務業

簡　　介 國內最大系統整合廠商，為國內少數提供伺服器設備、網路設備相關與軟體服務的廠商。代理品牌超過 40 種以上，包含 IBM、Microsoft、HP 等國際大廠的產品。國內 1000 大企業中有半數是其客戶，產業涵蓋電子業、金融業、電信、政府、傳產等各大產業。

營業比重 諮詢與維修服務 31.26%、儲存設備 16.77%、網路產品 21.57%、工作站及伺服器主機 13.5%、電腦軟體 9.22%、電腦周邊產品 5.45%、個人電腦 1.98、其他 0.23%、工程 0.02%、（2019 年）。

競爭優勢

第1道關卡

◎ **事業理解度**：主要營運項目包含機房建置、伺服器相關代理、電腦相關產品銷售、諮詢服務與維修，技術服務包含軟硬體建置、商業模式開發等。

◎ **產業需求度**：隨著全球企業電腦化持續蓬勃發展，系統整合成為企業提升整體競爭力的要件之一，也促使系統整合服務相關產業近年需求持續成長，未來仍具穩定需求。

第2道關卡

◎ **經濟規模優勢——寡占**：為國內 3 大系統整合廠商之一（精誠、趨勢、敦陽科），客戶逾 5,000 家以上。在洗錢防制系統領域市占率高達 5 成以上，為國內最大洗錢犯罪防制服務提供廠商。更是國內少數能提供大型 IT 整合案之廠商，且因客戶產業別分散，每年營運表現穩健。

◎ **長期需求優勢——轉換成本**：隨著企業電腦化發展，數位犯罪也愈來愈多，資安與系統維護顯得更加重要，輕易轉換廠商相對需要面對一定的風險，也可能造成額外的訓練成本。

第3道關卡

◎ **發展策略與戰略的執行力**：觀察近幾年業務發展策略與戰略計畫中，公司非常注重研發技術能力培養，並致力於新軟體研發，團隊的執行力確實表現優異。

◎ **具提高市占率或開發新市場的野心與計畫**：近年持續積極在擴大目標客戶群，增加更多不同產業客戶的經營，並積極研發新軟體試圖尋找進入新的利基市場。

◎ **管理的嚴謹度**：具有嚴謹的管理制度。且產品代理種類齊全，能提供完整產品線以滿足客戶的需要，並能提供完整的客戶服務網。

資料來源：敦陽科年報、敦陽科官網、法說會、MoneyDj 理財網、Yahoo! 奇摩股市

中菲（5403）　　　　　　　　產業類別：資訊服務業

簡　　介 中菲電腦為系統軟體服務公司，主要業務專注於證券、金融、海運、流通等領域。由於部分軟體研發涉及文化差異，故仍以國內為主要市場。國內資訊服務業競爭者眾多，然而資訊科技產品不斷更新，即使從事相同業務，市場區隔亦有顯著差異；個別產業市場規模不大，但業務相對穩定。中菲長期耕耘金融相關產業應用系統，目前穩居金融產業市場領導廠商。

營業比重 銷貨收入 54.04%、勞務收入 45.96%（2019 年）。

競爭優勢

第1道 關卡	◎ **事業理解度**：公司主要提供客戶應用軟體設計、代理國內外軟體、經銷國內外電腦設備及系統整合、維護和教育訓練的服務。 ◎ **產業需求度**：資訊服務市場在雲端運算、巨量資料、行動應用等資訊科技帶動下，在國內及全球市場仍具有持續成長的市場商機。
第2道 關卡	◎ **經濟規模優勢——寡占**：資訊服務業雖競爭者多，但公司聚焦在複雜度高，且有較高進入門檻的金融產業，目前約有 7 成以上客戶來自金融業。在銀行信託業務方面，市占率逾 80%，券商前後台系統市占率約 30%。 ◎ **長期需求優勢——轉換成本**：金融業的資訊系統一旦開始使用，輕易更換廠商可能會有錯帳風險，且新系統將造成更多員工學習與時間成本。
第3道 關卡	◎ **發展策略與戰略的執行力**：觀察近幾年業務發展策略與戰略計畫，團隊每年皆務實地執行公司的策略，為公司追求利潤及成長。 ◎ **持續創新的能力**：公司每年仍積極持續研發應用系統的核心技術，並強化市場資訊蒐集及新產品的引進。 ◎ **管理的嚴謹度**：公司具有嚴謹的管理制度，並擁有專業技術人才及經驗豐富團隊，在維護專業服務方面表現非常好，使得與舊客戶長期保持穩定的合作關係。

資料來源：中菲年報、法說會、MoneyDj 理財網、Yahoo! 奇摩股市

中保科（9917）

產業類別：保全業

簡　　介 中興保全科技股份有限公司業務以系統保全為主，駐警服務及運鈔服務為輔，是台灣規模最大的保全公司。其業務貫穿公營、商業及居家範疇，客戶超過 22 萬戶。公司在國內市場成立時間最早且規模最大，加上品牌知名度高，擁有品牌效應與經濟規模優勢。

營業比重 保全系統 49.42%、留駐警衛 16.85%、運鈔服務 7.49%、物流 6.39%、其他 19.85%（2019 年）。

競爭優勢

第1道 關卡	◎ **事業理解度**：系統保全主要是針對企業及住家用戶安全需求，提供保全系統遠端連線，以確保生命與財產安全。 ◎ **業需求度**：安控服務產業目前在國內相當競爭，全台有數百家同業競爭；面對邁入成熟期的安控市場，公司的策略是加強產品差異化及創新服務，估未來仍能持續穩定成長。
第2道 關卡	◎ **經濟規模優勢──寡占**：公司在國內的規模最大，市占率約逾 5 成，且其服務網絡遍及全台，可降低重複資源的投入。 ◎ **長期需求優勢──轉換成本**：系統保全安裝後，對民眾而言只要安控服務需求有做好，通常不會輕易更換廠商。 ◎ **長期需求優勢──品牌效應**：公司的安控服務與實務經驗優異，累積無可取代的良好口碑，且是國內少數安控上市公司，即使產品價格稍貴，仍深受客戶喜愛。
第3道 關卡	◎ **發展策略與戰略的執行力**：觀察近幾年業務發展策略與戰略計畫中，公司所規畫的發展策略，其執行方面算是良好。 ◎ **具提高市占率或開發新市場的野心與計畫**：隨著國內保全產業邁入成熟期，面對全台數百家同業競爭下，公司仍積極整合集團資源加強產品研發，並全力發展智慧城市相關業務，以創造營運成長。

資料來源：中保年報、MoneyDj 理財網、Yahoo! 奇摩股市

新保（9925）

產業類別：保全業

簡　　介 新光保全隸屬新光集團，主要從事電子保全系統、現金運送、駐衛保全及人身保全服務等，目前在國內市占率約 30%，是台灣第 2 大保全業者。公司並開啟台灣保全產業的先河，成功在中國華北、華中、華南等地區設立據點營業，並於 2007 年在泰國曼谷設立「泰國新光保全」，逐步向國際市場開發。

營業比重 電子保全系統服務 41.32%、駐衛服務 21.01%、其他 23.13%、現金及貴重物品運送服務 14.54%（2019 年）。

競爭優勢

第1道關卡	◎ **事業理解度**：系統保全主要是針對企業及住家用戶安全需求，提供保全系統遠端連線，以確保生命與財產安全。 ◎ **產業需求度**：安控服務產業目前在國內已是完全競爭階段，全台有數百家同業競爭，面對邁入成熟期的安控市場，公司仍積極進行新產品及服務的研發，估未來仍能持續穩定成長。
第2道關卡	◎ **經濟規模優勢——寡占**：公司在國內為第 2 大，且新光集團事業觸角甚廣，目前在台灣金融、公營、連鎖市場已取得絕對規模優勢，且透過集團成員間整合行銷及與外部產業策略聯盟，為公司提供其他同業難望項背的資源與客源。 ◎ **長期需求優勢——轉換成本**：系統保全安裝後，對民眾而言只要安控服務需有做好，通常不會輕易更換廠商。 ◎ **長期需求優勢——品牌效應**：全台灣擁有 78 個服務據點（截至 2020 年 8 月 31 日），軟、硬體系統所建構綿密服務網路，長期持續性累積的服務基礎，具有品牌效應的競爭力。
第3道關卡	◎ **發展策略與戰略的執行力**：觀察近幾年業務發展策略與戰略計畫，公司在智慧生活與物聯網服務布建策略上，執行力表現良好。 ◎ **具提高市占率或開發新市場的野心與計畫**：公司在國內持續透過積極布局創新服務模式、異業合作的策略，整合各產業科技技術來擴大本業市占率，而中國及泰國等市場業務亦積極展開中。

資料來源：新保年報、MoneyDj 理財網、Yahoo! 奇摩股市

中租 -KY（5871）　　　　　　　　　　產業類別：租賃業

簡　　介 中租控股為台灣租賃產業龍頭。早期以企業租賃服務為主，2005 年進軍中國，在上海成立子公司仲利國際租賃，並陸續拓展東協國家等新興市場。中租面對中小或微型企業客戶，運用靈活的產業調查及客戶信用評估方式，迅速審核與報價，彌補傳統金融體系不足的服務。其獨特的中小企業融資模式及核心競爭力，使獲利連年穩定成長。

營業比重 銷貨收入 21.8%、分期付款銷貨收入 16.1%、融資租賃利息 29.4%、租賃收入 5.7%、放款利息 7.9%、其他 19%（2019 年）。

競爭優勢

第1道 關卡	◎ **事業理解度：**中小企業大多成立時間較短、規模較小、擔保能力不足，取得銀行融資方面比較困難，此時租賃產業等金融周邊業者可提供較具彈性的融資，彌補資本市場及傳統金融體系功能的不足。 ◎ **產業需求度：**按 2019 年世界租賃年鑑統計，自金融海嘯後，全球租賃市場近幾年呈穩健成長態勢，主要是全球租賃交易量前兩大國──美國與中國的持續成長，故租賃市場需求度與已開發及開發中國家的市場景氣成長呈正相關。
第2道 關卡	◎ **經濟規模優勢──寡占：**長期居於台灣租賃產業領先地位，累積龐大的客戶資料庫及產業察照知會的網絡，在該領域已具備規模優勢。 ◎ **長期供應優勢──轉換成本：**公司主要提供企業多元的租賃服務，期間合約若提前解除會產生違約金問題。
第3道 關卡	◎ **發展策略與戰略的執行力：**公司的營運管理發展，隨著時代變遷，不停制定新的策略與戰略計畫，團隊執行能力更是相當優異。 ◎ **具提高市占率或開發新市場的野心與計畫：**公司持續加速海外市場的拓展及布局，特別是近年經濟發展迅速的東協地區，計畫打造除台灣及中國地區外的第 3 具成長引擎。 ◎ **持續創新的能力：**相較其他租賃同業，更能有效率地依客戶營業計畫及現金流量，量身訂做專案，並具有推出新服務的創新能力。 ◎ **可複製的經營模式與管理系統：**公司針對中小企業建立了一套有效的評估系統，能精準評估借貸能力，此系統能有效複製在不同國家市場。

資料來源：中租年報、MoneyDj 理財網、Yahoo! 奇摩股市

裕融（9941） 　　　　　　　　　　　　產業類別：租賃業

簡　　介 主要從事車輛分期付款、應收帳款收買、中古車貸款仲介、設備租賃、租車以及中國汽車放款等業務，為裕隆（2201）集團成員之一。為國內前 3 大租賃業者，長期深耕商用車領域，並且受惠於裕隆集團旗下資源，擁有日產、三菱與納智捷等系列的汽車貸款業務。

營業比重 租賃收入 27.9%、銷貨收入 17.39%、應收帳款利息 21.21%、放款利息 7.5%、分期付款銷貨利息 7.18%、推廣報酬 1.63%、融資租賃利息 13.02%、其他 4.17%（2019 年）。

競爭優勢

第1道關卡	◎ **事業理解度**：為金融周邊業者，可提供較具彈性的融資，彌補資本市場及傳統金融體系功能的不足。 ◎ **產業需求度**：按 2019 年世界租賃年鑑統計，自金融海嘯後，全球租賃市場近幾年呈穩健成長態勢，主要是全球租賃交易量前 2 大國——美國與中國的持續成長，故租賃市場需求度與已開發及開發中國家的市場景氣成長呈正相關。
第2道關卡	◎ **經濟規模優勢 ── 寡占**：除了現有母集團經銷營業據點之外，並掌握了其他非集團品牌的汽車銷售通路。2019 年度中古車分期付款業務以市占率 10.71% 居冠；新車分期付款業務市占率 13.06%，居於第 2 名。 ◎ **長期需求優勢 ── 轉換成本**：公司轉投資的格上租車、新鑫、裕富資融等公司，以各式車用租賃為主要獲利來源，此期間客戶若解約會有違約金問題，故轉換成本高。
第3道關卡	◎ **發展策略與戰略的執行力**：觀察近幾年業務發展策略與戰略計畫中，公司長期穩健擬定新的策略計畫，執行力良好。 ◎ **具提高市占率或開發新市場的野心與計畫**：公司在國內除了持續深耕商用車租賃領域之外，在中國則積極擴大新車與中古車市場；東協地區也從菲律賓開始拓展新領域。 ◎ **可複製的經營模式與管理系統**：建立一套有效的租賃評估系統之後，此系統能複製在不同的國家市場。

資料來源：裕融年報、MoneyDj 理財網、Yahoo! 奇摩股市

巨大（9921）　　　　　　　　　產業類別：自行車工業

簡　　介 巨大機械工業股份有限公司是全球最大的自行車製造龍頭，初期是以
外銷為導向的 OEM（原廠委託製造）經營模式，1981 年自創品牌
「Giant 捷安特」銷售，公司採取 ODM（委託設計製造）與自有品
牌並重的行銷策略。

營業比重 自行車 88.15%、材料 6.58%、其他 4.27%（2019 年）

競爭優勢

第1道關卡	◎ **事業理解度：**公司供應全系列自行車相關產品，包括登山車、公路競賽車、休閒車、淑女車、輕量化之碳纖維競賽車等等，供應全球各地市場的需求。 ◎ **產業需求度：**全球自行車市場規模約 1 億 2,000 萬輛，基於自行車在生活、交通代步、休閒運動等各功能，各國政府也鼓勵推動騎乘自行車並積極投入自行車相關建設，因此未來產業仍有成長的空間。
第2道關卡	◎ **經濟規模優勢——寡占：**以自創品牌行銷全球，目前全世界有 9 座生產基地，在全球有多達 1 萬個以上服務據點，在台灣、中國市占率皆為第 1，在歐洲、美國皆為前 3 大品牌之一。 ◎ **長期需求優勢——品牌效應：**公司在國際上擁有高價位的品牌形象，且從研發、生產製造、技術、行銷通路、售後服務及營運管理皆已完成產業鏈整合，完整的經營價值鏈與品牌形象，在全球也培養出為數不少的忠實愛好者。
第3道關卡	◎ **發展策略與戰略的執行力：**觀察近幾年業務發展策略與戰略計畫中，公司長期在製造、行銷、研發方面的策略計畫上，執行力表現確實良好。 ◎ **持續創新的能力：**公司每年投入龐大資源進行創新技術及新車種研發，以產品差異化創造競爭優勢。 ◎ **積極的行銷策略：**公司透過運動行銷積極提高品牌知名度與形象，並透過門市服務與體驗加強消費者對品牌的忠誠度。 ◎ **管理的嚴謹度：**公司以台灣為營運總部的全球運籌管理模式，並整合全球各地的資源，建立強大的價值鏈系統，其效率及管理皆相當出色。

資料來源：巨大年報、MoneyDj 理財網、Yahoo! 奇摩股市

桂盟（5306）

產業類別：自行車工業

簡　　介 桂盟是專製金屬鏈條的廠商，主要產品為自行車鏈條、機車鏈條與鏈輪，目前是全球自行車鏈條生產龍頭，市占率高達 80%。公司在全球各地設有 10 座工廠、11 個服務據點，分布在台灣、中國、荷蘭、美國、印尼、越南等地。

營業比重 自行車傳動產品 77.3%、機車傳動產品 10.2%、汽車正時系統 6.3%、車庫開門機系統 6.2%（2019 年）。

競爭優勢

第1道關卡

◎ **事業理解度**：公司主要產品為自行車鏈條，其次為機車鏈條，亦提供汽車正時系統、車庫開門機傳動零件等產品。

◎ **產業需求度**：全球自行車市場仍有很大成長空間，而全球機車市場隨著亞洲開發中國家需求的成長，因此未來需求應仍有成長空間。

第2道關卡

◎ **經濟規模優勢**：在全球擁有極高的市占率，已具備相當的經濟規模優勢，並透過全球各生產基地及服務據點的相互支援，在成本與供應速度上形成極大的優勢。

◎ **長期需求優勢——搜尋成本**：公司所銷售的自行車鏈條及各式車輛鏈條，因具有獨特的核心技術，在各國市場均享有極高知名度。其技術、優越功能性及穩定品質，長期深受客戶的肯定，使其他同業難以取代。

第3道關卡

◎ **具提高市占率或開發新市場的野心與計畫**：公司計畫在汽車正時系統業務擴大市場占有率，並在自行車鏈條與機車零件業務上，朝環保節能方向設計，並持續強化品牌行銷與在地服務的計畫。

◎ **持續創新的能力**：長期專注在創新與研發能力，其產品在系統相容性、超耐磨耗、高剛性、輕量化等關鍵技術皆能領先同業，產生獨特的市場價值。

◎ **管理的嚴謹度**：公司具備嚴謹的管理制度，透過全球生產基地與服務據點的支援，建立起強大的經銷服務網絡，同時也積極為客戶提供零時差的即時服務。

資料來源：桂盟年報、桂盟官網、MoneyDj 理財網、Yahoo! 奇摩股市

台泥（1101）

產業類別：水泥工業

簡　　介 台泥在 1954 年由公營轉為民營公司，為台灣第 1 家上市公司。現為台灣最大水泥及預拌混凝土製造商，2019 年市占率 37%；亦是中國前 10 大水泥廠，在中國市場以華南地區為主，近年藉由擴廠及購併策略，創造更大的經濟規模優勢。另有轉投資事業包括和平電廠、和平港、信昌化（4725）以及達和航運……等。

營業比重 水泥部門 76.6%、電力部門 11.8%、化工部門 8.4%，其他 3.2%（2019 年）。

競爭優勢

第1道 關卡	◎ **事業理解度**：公司主要生產水泥，並加工製成預拌混凝土或水泥製品，再供應給下游的公共工程或民間營造商。 ◎ **產業需求度**：國內水泥產業是成熟產業，需求穩定。產業會受到國際原料價格波動、國內房地產盛衰、政策及景氣循環的影響。
第2道 關卡	◎ **經濟規模優勢——寡占**：為台灣水泥產業龍頭，享有規模優勢；在成本、配銷以及產品垂直整合之完整性等，皆優於台灣大部分同業。2019 年於中國水泥熟料產能排行第 8。 ◎ **長期供應優勢——特定資源開發權**：水泥產業需要投入龐大的資本及機器設備，且須擁有政府核可的採礦權，控管嚴謹，進入門檻相當高。 ◎ **長期供應優勢——地利優勢**：公司在水泥發貨據點及預拌混凝土廠遍及台灣各地，各大都會區均擁有完整據點及銷售網。由於水泥製品易受潮無法久存，不利於長途運輸，對地域性強的現有當地業者有利。
第3道 關卡	◎ **發展策略與戰略的執行力**：觀察近幾年業務發展策略與戰略計畫中，公司會追蹤產業動態與環境而調整策略，3 大部門（水泥、電力、化工）執行力表現亦非常出色。 ◎ **具提高市占率或開發新市場的野心與計畫**：除台灣及中國兩岸的水泥事業之外，公司近年積極擴大水泥事業板塊至全球其他地區以及開拓能源事業。 ◎ **持續創新的能力**：公司設有全台唯一的水泥及混凝土專業研究室，研究範疇包含水泥、混凝土及資源再利用等 3 大領域，並持續進行各項產品開發及品質優化研究。

資料來源：台泥年報、法說會、MoneyDj 理財網、Yahoo! 奇摩股市

亞泥（1102）

產業類別：水泥工業

簡　　介 亞泥為台灣第 2 大水泥業者，2019 年市占率約 28.32%，主要業務為供應水泥及熟料，現已完成垂直整合經營。亞泥是最早赴中國設廠的水泥公司，亦擁有綿密的產、運、銷網絡，目前在武漢、南昌、九江、揚州已是市占率第 1 的大廠，2019 年在中國排名第 10。值得注意的是，公司與遠東集團子公司有交叉持股情況，因此除了本業表現外，也受其他持股公司獲利表現的影響。

營業比重 產、運、銷水泥及熟料 96%、爐石粉 4%（2019 年）。

競爭優勢

第1道 關卡	◎ **事業理解度：**亞泥為水泥供應商，主要供應給下游公共工程或民間營造商。 ◎ **產業需求度：**國內水泥產業已是成熟產業，需求穩定。而該產業會受到國際上的原料價格波動、國內房地產好壞、政府政策及經濟景氣循環的影響。
第2道 關卡	◎ **經濟規模優勢——寡占：**公司是國內第 2 大及中國前 10 大廠商，在成本、配銷以及產品垂直整合等方面皆優於大部分同業。本業方面擁有地理位置優勢，在中國市場某些特定區域更有寡占優勢。 ◎ **長期供應優勢——特定資源開發權：**公司上游部分原料的生產需經政府核可採礦權，由於控管嚴謹，因此使公司保有特定的優勢。 ◎ **長期供應優勢——地利優勢：**公司在台灣市占率近 3 成且是第 2 大水泥供應商，由於水泥製品易受潮無法久存不利於長途運輸，對地域性強的現有業者有利。
第3道 關卡	◎ **發展策略與戰略的執行力：**觀察近幾年業務發展策略與戰略計畫中，公司長期針對個別市場擬定不同發展策略，執行力亦非常良好。 ◎ **具提高市占率或開發新市場的野心與計畫：**除了穩固台灣水泥事業之外，在中國的發展仍持續擴充營運規模。

資料來源：亞泥年報、法說會、MoneyDj 理財網、Yahoo! 奇摩股市

台塑（1301）　　　　　　　　　　　　產業類別：塑膠工業

簡　　介 為台灣最大的石化集團，亦是台灣 PVC 粉（聚氯乙烯樹脂）的最大生產廠商。經由集團交叉持股的「台塑四寶」，在塑化產業已垂直整合上中下游產業鏈。集團旗下還涵蓋塑膠、紡織、電子、能源、運輸、生技、醫療、教育等事業領域，每年對獲利均有不錯的貢獻。

營業比重 塑膠事業占 34.78%，聚烯事業 17.84%，聚丙烯占 17.75%，台麗朗事業占 14.6%（丙烯酸酯、碳素纖維、正丁醇、高吸水性樹脂等），化學品事業占 13.46%、其他 1.57%（2019 年）。

競爭優勢

第1道 關卡	◎ **事業理解度：**石化產業是從最上游將原料裂解原油及提煉成小分子化合物後，到中游將其聚合、酯化加工成塑膠、纖維原料，最後是由下游再加工製成塑膠、人造纖維、清潔劑、化妝品等各類用品等。而台塑主要業務位處產業的中游。 ◎ **產業需求度：**塑化產業產品在食、衣、住、行、醫藥等均廣泛使用到，是具有穩定基礎需求的產業。
第2道 關卡	◎ **經濟規模優勢──寡占：**在產業上享有集團內完整的垂直整合供應鏈，得以取得更低的原料成本。且因其產業有高度資本及技術密集之特性，自然形成強大的進入障礙，具有寡占優勢。不過，要注意石化產業有明顯景氣循環情況。 ◎ **長期供應優勢──政府法規授權：**享有台塑集團的特許優勢，國內其他塑化廠需倚賴中油裂解原油，而台塑原料來自上游的台塑化裂解廠，相對在原料供應穩定度及成本結構上比同業更具優勢。
第3道 關卡	◎ **具提高市占率或開發新市場的野心與計畫：**透過集團內各公司的相互合作配合持續投資海外市場，並積極強化長期營運利基。 ◎ **持續創新的能力：**憑藉著在產業鏈整合優勢，公司不斷進行新產品研究開發，並在提高產品生產力及附加價值上甚具成效。 ◎ **管理的嚴謹度：**具有嚴謹的管理制度，公司治理及管理長期以來經由集團的影響，已內化為企業文化的一部分。

註：台塑四寶為台塑、台塑化（6505）、南亞（1303）、台化（1326）
資料來源：台塑年報、台塑官網、法說會、MoneyDj 理財網

南亞（1303）

產業類別：塑膠工業

簡　　介 南亞是台塑集團成員之一，亦是台塑集團成員裡最多角化經營的公司，業務橫跨電子、石化、聚酯纖維及塑膠，有上千種產品。目前是全球最大塑膠加工廠，全球第 4 大乙二醇製造廠。

營業比重 電子材料 36.14%、塑膠原料 21.43%、塑膠加工 11.32%、聚酯產品 18.77%、其他 12.34%（2019 年）。

競爭優勢

第1道關卡	◎ **事業理解度：**主要事業分為塑膠加工、塑膠原料、電子材料、聚酯產品、機電工程 5 大類，原料大多由集團內關係企業供應或自行產製。
	◎ **產業需求度：**石化相關產業產品在食、衣、住、行、醫藥等均會廣泛使用到，是具有穩定基礎需求的產業。
第2道關卡	◎ **經濟規模優勢——寡占：**為全球最大的塑膠加工廠商，並享有集團內完整的垂直整合供應鏈，得以取得集團上游廠更低的原料成本。
	◎ **長期供應優勢——政府法規授權：**憑藉著集團內政府特許優勢，以及擁有完整的垂直整合能力，原料大多來自同集團的相關事業體，相對在原料供應穩定度及成本結構上形成更大優勢。
第3道關卡	◎ **具提高市占率或開發新市場的野心與計畫：**透過集團內各公司的相互合作持續投資海外市場，並積極強化長期營運利基。
	◎ **持續創新的能力：**是在集團裡最多角化經營的公司，故產品甚多，並透過內部研發中心持續進行新產品研究開發，將產品高值化。
	◎ **管理的嚴謹度：**具有嚴謹的管理制度，公司治理及管理長期以來經由集團的影響，已內化為企業文化的一部分。

資料來源：南亞年報、南亞官網、法說會、MoneyDj 理財網

台化（1326）　　　　　　　　　　　　產業類別：塑膠工業

簡　　介　台化是台塑集團成員之一，位於集團供應鏈中游位置，原先主要是從事紡織、纖維產品的製銷，爾後陸續加入石化塑膠原料的生產。1995 年結合集團企業參與麥寮六輕專案計畫後，轉型成以生產石化、塑膠產品為主要事業。公司與台塑集團上下游供應鏈關係密切，所需原料由上游集團供給率高達 8 成以上。

營業比重　化工類 59%、塑膠類 32.7%、纖維類 3.9%、工務 2.5%、縲縈專案 1.5%、紡織 0.4%（2019 年）。

競爭優勢

第1道 關卡	◎ **事業理解度：**目前主要產品包括石化塑膠原料、人造纖維產品，原料來源大部分由集團內的台塑、台塑化、南亞供應，生產過程中需要的水、電、蒸氣，也是自行設置汽電共生廠供應。 ◎ **產業需求度：**石化產業產品在食、衣、住、行、醫藥等均會廣泛使用到，是一項具有穩定基礎需求的產業。
第2道 關卡	◎ **經濟規模優勢──寡占：**為全球第 2 大苯乙烯製造廠商、全球第 3 大 ABS、合成酚製造廠商、全球第 7 大芳香烴、純對苯二甲酸、聚碳酸酯樹脂製造廠商，在台灣及亞洲地區具有領導地位。其中，苯乙烯在國內由台化、台苯（1310）及國喬 3 家寡占市場。 ◎ **長期供應優勢──政府法規授權：**享有台塑集團的特許優勢，國內其他塑化廠需倚賴中油裂解原油，而公司原料來自上游的台塑化裂解廠，相對在原料供應穩定度及成本結構上比同業更具優勢。
第3道 關卡	◎ **具提高市占率或開發新市場的野心與計畫：**透過集團內各公司的相互合作配合持續投資海外市場，並積極強化長期營運利基。 ◎ **管理的嚴謹度：**具有嚴謹的管理制度，公司治理及管理長期以來經由集團的影響，已內化為企業文化的一部分。

資料來源：台化年報、台化官網、法說會、MoneyDj 理財網

葡萄王（1707）

產業類別：生技醫療

簡　　介 葡萄王生技為國內知名保健食品廠商，產品包括機能飲料康貝特、靈芝、樟芝系列，以及益生菌等保健食品，在國內有極高的知名度與市占率。主要 3 個核心事業體分別為零售通路與代工的台灣葡萄王、直銷通路的葡眾、代工與原料生產的上海葡萄王，其中又以葡眾占整體營收比重為最大（約逾 8 成）。

營業比重 保健食品 84%、受託代工 10%、飲料 2%、其他 4%（2019 年）。

競爭優勢

第1道 關卡	◎ **事業理解度**：主要從事菇蕈類、益生菌類保健食品之產銷，產品主要透過葡眾企業以直銷方式銷售，另有購物台、經銷商、量販店、藥局等通路販售。 ◎ **產業需求度**：由於人口朝高齡化發展，民眾對於保健觀念逐漸提高，亦使相關食品成為一般民眾日常生活中的補充品之一。根據食品工業發展研究所 ITIS 計畫調查及推估，2017 年台灣保健食品市場規模為 1,292 億元，並且每年仍有增加趨勢，顯示保健食品產業具有穩定成長的空間。
第2道 關卡	◎ **經濟規模優勢——寡占**：靈芝、樟芝等系列食品，長期為國內知名領導品牌，市占率超過 50%。另外，旗下的葡眾企業在國內為第 2 大直銷商，僅次於國際直銷商安麗，其規模優勢相當明顯。 ◎ **長期需求優勢——品牌效應**：「康貝特」機能飲料是早期大家耳熟能詳的熱銷品，「靈芝王」、「樟芝王」、「益菌王」等產品，更為國內市場的第 1 品牌，讓公司站穩在益生菌與真菌類保健食品上專業的代表性地位。 ◎ **長期需求優勢——習慣效應**：子公司葡眾是國內最大的本土直銷公司，會員數已突破 21 萬人，其營收來源有近 8 成來自舊會員，顯示擁有非常高的會員留存率以及長期持續購買自家商品的習慣。
第3道 關卡	◎ **發展策略與戰略的執行力**：觀察近幾年業務發展策略與戰略計畫中，管理階層針對 3 個事業體制定的策略目標，團隊執行表現都很優秀。 ◎ **具提高市占率或開發新市場的野心與計畫**：除了積極研發新品開拓新客群之外，亦積極嘗試開發網路及其他新通路。海外市場方面，則是加強中國與東協地區的滲透率。

資料來源：葡萄王年報、葡萄王官網、法說會、MoneyDj 理財網、Yahoo! 奇摩股市、《經濟日報》

億豐（8464）　　　　　　　　產業類別：窗簾製造業

簡　　介 億豐是全球窗簾領導廠商之一，在美國創立自有品牌「NORMAN」，專注於客製化窗簾商品的銷售。通路包括大型連鎖店、窗簾加工廠、經銷商、零售店或室內設計師等。公司具備研發、製造、服務和維修北美大型連鎖店專用窗簾裁切機能力。透過量販店的店員操作裁切機台，可使固定尺寸窗簾調整成符合部分客製化尺寸的需求，與北美大型連鎖店（HomeDepo、WalMart 等）的關係相當緊密。

營業比重 窗簾 95.7%、其他 4.3%（2019 年）。

競爭優勢

第1道關卡	◎ **事業理解度：**主要製造及銷售各式窗簾、百葉窗、百葉門等，分為客製化產品與固定尺寸窗簾產品，營收近 8 成來自北美。
	◎ **產業需求度：**窗飾產品廣泛用於住宅及各式商用場所，是居家裝潢的一部分，其產業與房地產景氣有高度相關性。
第2道關卡	◎ **經濟規模優勢——寡占：**在北美地區已具備規模優勢，其中高端百葉門在北美市占率更達 4 成以上，為最大的百葉門品牌。
	◎ **長期供應優勢——專利：**公司擁有自主研發能力及多項相關專利，專業的客製化能力與以大型連鎖店為主的固定尺寸窗簾導入專業裁切機台，使得競爭廠商有很高的進入障礙。
	◎ **長期需求優勢——搜尋成本：**由於持續研發客製化產品並以自有品牌深耕通路，同時具備有效率的生產模式及垂直整合，使得公司擁有搜尋成本的優勢。
第3道關卡	◎ **具提高市占率或開發新市場的野心與計畫：**公司近年也陸續計畫開拓北美以外的市場，在荷比盧地區及日本市場，除了持續發展高附加價值、高客製化產品，也開發新的市場與通路。
	◎ **持續創新的能力：**公司擁有持續創新的能力，利用其研發能力不斷推出高附加價值的新產品。
	◎ **管理的嚴謹度：**公司具有嚴謹的管理制度，且生產供應鏈垂直整合至原物料，並導入豐田系統生產管理，有效提高生產效率且兼顧品質的要求。另外，長期在顧客管理比競爭同業更積極，透過多樣化的產品及完整的服務流程，持續強化與客戶的長期合作關係。

資料來源：億豐年報、MoneyDj 理財網、Yahoo! 奇摩股市

儒鴻（1476）

產業類別：紡織業

簡　　介 儒鴻為生產各式彈性圓編針織布料與成衣廠，生產織布、染整、定型、成衣，擁有上下游垂直整合生產供應鏈的能力。公司以機能性運動休閒服飾切入市場，研發出多款具有運動、休閒、環保等功能性的布料，深獲各大國際品牌廠商的青睞，近年更從代工製造轉型為 ODM 設計製造，並自創品牌。

營業比重 成衣 59.52%、針織布 30.48%（2019 年）。

競爭優勢

<table>
<tr>
<td rowspan="2">第1道
關卡</td>
<td>◎ 事業理解度：國內紡織產業早期大多為各自發展的勞力密集產業，後來逐漸轉變為在各自領域內，找出適合自己發展的垂直整合之型態。儒鴻則是擁有從織布、染整、成衣等垂直整合供應鏈，並切入生產彈性針織布及專業功能性服裝為主的廠商。</td>
</tr>
<tr>
<td>◎ 產業需求度：產品多為運動休閒等服為主的機能性布料與成衣，前十大客戶多為全球知名品牌及零售商，包括 Nike、瑜伽服品牌 Lululemon 等。隨著運動休閒產業的成長，消費者對專業機能性運動服飾的需求愈來愈高，根據 Statista 預估，全球運動服飾市場需求至 2024 年仍有 4% 的年複合成長率。</td>
</tr>
<tr>
<td rowspan="2">第2道
關卡</td>
<td>◎ 經濟規模優勢──寡占：目前台灣廠商占全球機能性布料高達 7 成市占率，其中又以國內機能性服飾龍頭儒鴻占比最高，憑藉著優異的垂直整合能力也讓儒鴻具備規模優勢。</td>
</tr>
<tr>
<td>◎ 長期需求優勢──搜尋成本：除了滿足品牌客戶的高度客製化需求之外，每年並提供逾 3,000 種以上新布料與有效率縮短開發時間等服務，充分發揮客戶搜尋成本的優勢。</td>
</tr>
<tr>
<td rowspan="3">第3道
關卡</td>
<td>◎ 發展策略與戰略的執行力：觀察近幾年業務發展策略與戰略計畫中，公司對於全球產業趨勢的掌握度非常精準，並能快速提出策略應對，其執行力表現非常出色。</td>
</tr>
<tr>
<td>◎ 具提高市占率或開發新市場的野心與計畫：在台灣、越南及柬埔寨擁有成衣及紡織布料的生產據點，近年並積極在印尼新建織布及成衣一貫廠以滿足客戶需求，同時規畫購併或策略聯盟，來強化上游產業的整合。</td>
</tr>
<tr>
<td>◎ 持續創新的能力：在織布及染整的技術上居業界領先地位，並持續積極強化布料研發及服飾設計的能力。</td>
</tr>
</table>

資料來源：儒鴻年報、儒鴻官網、法說會、MoneyDj 理財網、Yahoo! 奇摩股市、《經濟日報》

Note

國家圖書館出版品預行編目資料

耕股——價值投資最重要的事 / 洪鑑穩著. -- 一版. --
臺北市：Smart智富文化, 城邦文化, 2020.09
　　面；　公分
ISBN 978-986-98797-7-4(平裝)

1.股票投資 2.投資技術 3.投資分析

563.53　　　　　　　　　　　　　　　109013260

Smart 智富

耕股──價值投資最重要的事

作者	洪鑑穩
企畫	黃嫈琪
研究協作	戴子雄
商周集團	
榮譽發行人	金惟純
執行長	郭奕伶
總經理	朱紀中
Smart 智富	
社長	林正峰（兼總編輯）
副總監	楊巧鈴
編輯	胡定豪、施茵曼、連宜玫、陳婕妤、陳婉庭、劉鈺雯
資深主任設計	張麗珍
封面設計	廖洲文
版面構成	林美玲、廖彥嘉
出版	Smart 智富
地址	104 台北市中山區民生東路二段 141 號 4 樓
網站	smart.businessweekly.com.tw
客戶服務專線	（02）2510-8888
客戶服務傳真	（02）2503-5868
發行	英屬蓋曼群島商家庭傳媒股份有限公司城邦分公司
製版印刷	科樂印刷事業股份有限公司
初版一刷	2020 年 09 月
初版四刷	2021 年 08 月
ISBN	978-986-98797-7-4

Smart 智富 讀者服務卡

為了提供您更優質的服務，《Smart 智富》會不定期提供您最新的出版訊息、優惠通知及活動消息。請您提起筆來，馬上填寫本回函！填寫完畢後，免貼郵票，請直接寄回本公司或傳真回覆。Smart 傳真專線：（02）2500-1956

1. 您若同意 Smart 智富透過電子郵件，提供最新的活動訊息與出版品介紹，請留下
   電子郵件信箱：_____

2. 您購買本書的地點為：☐ 超商，例：7-11、全家
   ☐ 連鎖書店，例：金石堂、誠品
   ☐ 網路書店，例：博客來、金石堂網路書店
   ☐ 量販店，例：家樂福、大潤發、愛買
   ☐ 一般書店

3. 您最常閱讀 Smart 智富哪一種出版品？
   ☐ Smart 智富月刊（每月 1 日出刊）　☐ Smart 叢書　☐ Smart DVD

4. 您有參加過 Smart 智富的實體活動課程嗎？　☐ 有參加　☐ 沒興趣　☐ 考慮中
   或對課程活動有任何建議或需要改進事宜：_____

5. 您希望加強對何種投資理財工具做更深入的了解？
   ☐ 現股交易　☐ 當沖　☐ 期貨　☐ 權證　☐ 選擇權　☐ 房地產
   ☐ 海外基金　☐ 國內基金　☐ 其他：_____

6. 對本書內容、編排或其他產品、活動，有需要改善的事項，歡迎告訴我們，如希望 Smart
   提供其他新的服務，也請讓我們知道：_____

您的基本資料：（請詳細填寫下列基本資料，本刊對個人資料均予保密，謝謝）

姓名：	性別：☐男 ☐女
出生年份：	聯絡電話：
通訊地址：	

從事產業：☐軍人　☐公教　☐農業　☐傳產業　☐科技業　☐服務業　☐自營商　☐家管

您也可以掃描右方 QR Code、回傳電子表單，提供您寶貴的意見。

想知道 Smart 智富各項課程最新消息，快加入 Smart 自學網 Line@。

●填寫完畢後請沿著右側的虛線撕下。

104 台北市民生東路 2 段 141 號 4 樓

廣 告 回 函
台灣北區郵政管理局登記證
台北廣字第 000791 號
免 貼 郵 票

行銷部 收

●請沿著虛線對摺，謝謝。

書號：WBSI0097A1
書名：耕股──價值投資最重要的事